災害資本主義と「復興災害」
―人間復興と地域生活再生のために―

目次

はじめに　憲法と文化的伝統を活かす復興を ……………4

序論　災害資本主義の悲劇——それを克服する方向性を求めて—— ……………15

第1部　災害資本主義 ……………27
第1章　日本の災害思想と災害理論 ……………29
第2章　災害資本主義 ……………40
第3章　災害資本主義——大恐慌と戦争—— ……………55
第4章　原子力エネルギーとソディの経済学 ……………63
第5章　核技術と原子力エネルギーシステムの形成史 ……………69

第2部　「開発・成長型復興」と「復興災害」 ……………79
第6章　関東大震災の「開発・成長型復興」と「復興災害」 ……………81
第7章　戦後の「開発・成長型復興」と「復興災害」 ……………89
第8章　阪神・淡路大震災の「開発・成長型復興」と「復興災害」 ……………100
第9章　東日本大震災の「開発・成長型復興」と「復興災害」 ……………141

第3部　憲法復興学 ……………167
第10章　大恐慌、戦争と憲法 ……………169
第11章　憲法復興学と公共政策 ……………178
第12章　憲法復興学と「人間復興思想」、「被ばくの思想」 ……………185

第4部　再生への道 ……………191
第13章　憲法復興学と「知」、「倫理」 ……………193
第14章　憲法復興学と新しい社会を構想した人々 ……………202
第15章　人間発達の知識結 ……………211

補論　宮沢賢治と金子みすゞ——文明と文化のはざまで—— ……………230
おわりに ……………238
索引

はじめに　　憲法と文化的伝統を活かす復興を

「異常の日常化と日常の異常化」

　現代という時代は、「異常の日常化と日常の異常化」とが同時進行しているところに特徴がある。物理学者の寺田寅彦は、「天災は忘れたころにやってくる」との名言を残した。たしかに、表1のように、戦後は、1948年の福井地震から1993年の北海道南西沖地震までは、たまたま地震の静穏期にあたり地震は忘れられていた。だが、1990年代以降は、北海道南西沖地震（1993年）、阪神・淡路大震災（1995年）、東日本大震災（2011年）などこの18年の間に9回もの地震や津波が起きている。「大地動乱の時代」と言われるように日本列島は地震活動期に入っている[1]。「天災は忘れないうちにやってくる」時代に突入したのだ。地震や火山噴火、異常気象による集中豪雨、干ばつなどの災害が日常化する、「異常の日常化」の時代の到来である。

　一方、「日常の異常化」は、原発被災地・福島において、震災関連倒産や自殺者の急増、高濃度の放射性汚染水漏れ、そして放射能汚染の恐怖から「結婚できないかもしれない」、「子どもが産めないかもしれない」と悩む若者など、日常生活に異常な事態が続いていることに見られる。さらに被災地以外でも、毎年3万人前後の自殺者や貧困と格差、過労死、長時間過密労働、過度のストレス、精神疾患の増加、リストラ、倒産など、日常生活のなかに異常な状況が現れている。つまり被災地は、日本全体を覆う自殺や失業、生活苦など生活の困難を先取りしているともいえる。また、注目すべきは、自民党憲法改正草案（2012年4月）や国家安全保障会議設置法（2013年11月）、特定秘密保護法（2013年12月）、憲法9条の解釈変更による集団的自衛権行使容認の閣議決定（2014年7月）などにみられるように、憲法の平和主義と国民主権、基本的人権を否定する状況が日常化していることである。

　しかし、日常生活はお茶の間のテレビにみられるように、毎日「楽しい」お笑いや歌番組、スリルに満ちたサスペンス映画などに満ち溢れている。街を歩けば明るいネオンサイン、きらびやかなショッピング店やレストラン街など、一見、平和で幸せそうな雰囲気を漂わせている。だがその底には、原発事故や

表1　戦後日本における大地震と津波など

発生年	地震・津波名など	地震M	死者数
1946	南海地震津波	8.0	1,443
1948	福井地震	7.1	3,769
1993	北海道南西沖地震	7.8	230
1995	兵庫県南部地震	7.2	6,308
2000	鳥取県西部地震	7.3	0
2003	宮城県北部地震	6.4	0
2003	十勝沖地震	6.8	2
2005	福岡県西方沖地震	7.0	68
2007	新潟県中越沖地震	6.8	1
2008	宮城内陸地震	7.2	17
2011	東日本大震災	9.0	約24,000

資料．宇佐美龍夫「新編日本被害地震総覧」
東京大学出版会、1996年などより作成

　地震・津波、そしてリストラ、倒産、過度のストレスなどで、一瞬のうちに不幸に突き落とされる危うい社会が胚胎している。このような「異常の日常化と日常の異常化」のなかで、人々は、異常を異常と感じない、深く考えない、むしろ刹那的な感覚のなかで生きている傾向さえみられる。自分ひとりが考えても「どうしょうもない」とあきらめ、大勢に身を委ねてしまう。たしかに、考えること、自由を求めることは、ある意味で、苦しく悩ましいことでもある。だが考えることを放棄すること、自由を求めなくなることは、他者（強者）に身を委ねてしまうこととなり、そのときにファシズムが台頭してくることは歴史が教えている。

現在と1930年前後期の類似性

　日本は、表2のように、①阪神・淡路大震災や東日本大震災（戦前は関東大震災、昭和三陸地震）などの大災害や、②2008年のリーマンショックと不況、非正規雇用の増加など貧困と格差の拡大（戦前は1929年の大恐慌、農村疲弊など）、③公共事業費による国家債務の増加（戦前は軍事費による）、④尖閣列島国有化などによる中国などとの緊張関係（戦前は満州事変）、特定秘密保護法や集

団的自衛権容認の閣議決定（戦前は治安維持法や国家総動員法）、そして社会不安と時代の閉塞感など多くの点で1930年前後期と類似している。たとえば所得格差はジニ係数という指標であらわされるが、ジニ係数は0から1の数値で示され、所得格差が広がるほど大きくなる。仮に全世帯の所得が同一なら0、1世帯が全所得を独占すると1である。ジニ係数は、戦前の1900年の0.45が1930年に0.53、1940年には0.58にまで上昇している。一方、現代は、1996年の0.44（税と社会保障による修正後0.35）が2011年には0.55（同0.37）にまで上がっている[2]。

一方、戦前と現在とでは無視できない相違点がある。戦前の金本位制は、各国の通貨発行が保有する金の量に規定されているため、自由な金融・財政政策が打ち出せなかった。そのため不況になるとデフレ圧力が強まるなど、国内の雇用を不安定化させるマイナス面を持っていた。それに比べて現在は、各国の裁量的なマクロ経済管理が可能であり不況を調整できる余地が残されている。だから、戦前の大恐慌に匹敵する巨大な経済危機が起きても、極端に経済が破壊されるという事態に至っていない。

しかし政府債務（国債と地方債、戦前は外債を含む）の増大で、追加的な財政出動の余地が狭まっている。1937年の政府債務は、GDP比50％が1944年には200％と急上昇しているが、戦後も1992年の50％から2010年の200％にまで上昇している。戦前の政府債務増大の主な要因は、天皇の統帥権下にある軍閥による軍事費にあった。戦後は、いわゆる政・官・財癒着の「利益共同ムラ」の公共事業費拡大による経済成長志向の体質と、日本を占領し従属下においた米国による強力な公共事業費の拡大要求にある[3]。

さらに戦前は、明治憲法のもと「天皇ハ神聖ニシテ侵スヘカラス」（第3条）とされ、現人神として天皇に権力が集中し軍の統帥権や緊急勅令・独立命令など、天皇が議会と相談せずに自由に行使しうる権限（天皇大権）が認められていた。また明治憲法は、国民の人権は「法律の範囲内において」しか認められなかった（法律の留保）。その結果、議会が悪法（治安維持法など）を作り、人権侵害（知る権利、考える機会を奪われる）の主体となりうる弊害も生じた。

一方、現在は、平和主義、基本的人権の保障、国民主権を三原則とする日本国憲法のもと、戦争放棄、個人の尊重、民主主義が保障される建前となっている。だが東日本大震災以降、尖閣諸島の国有化など中国との緊張、憲法三原則

を否定しかねない自民党の憲法改正草案、原子力利用における「安全保障」を追加した原子力基本法「改正」、有事法制の危険性を有する国土強靱化基本法、そして国民の「知る権利」、「報道の自由」を奪う民主主義否定の特定秘密保護法、首相に情報と権限を集中させる国家安全保障会議設置法、集団的自衛権行使容認の閣議決定など憲法を実質的に改悪する動きがある。少し穿った見方をすれば、戦前の治安維持法や国家総動員法などと類似した体制が目論まれているともいえる。

　本書は、「異常の日常化と日常の異常化」という現代的災害状況の中から、いかにして人間が復興し「人間らしい生活」をすることができるのか、そのためには、人類の英知を結集して創られた憲法により、被災者の暮らしの再建と被災地の再生に活かす人間復興学（略称、憲法復興学）を構築する必要性を検証する。なぜなら憲法は、2,000万人のアジア人と300万人の日本人を犠牲にした太平洋戦争、核兵器によるヒロシマ・ナガサキの悲劇の反省と、自由・平等・博愛を求める人類の多年にわたる努力によって獲得された思想をもとに創られているからである。それゆえ憲法は、平和で人間らしい生活を営むことを目的としていることから、戦争とその誘因となる貧困・格差をなくし、生命の摂理に背く核（核兵器だけでなく、核兵器と核災害の潜在性を有する原発）を認めない立場である。

表2　現代の日本と1930年前後期との類似性

	現在の日本	1930年前後期の日本
大災害	1995年　阪神・淡路大震災 2011年　東日本大震災	1923年　関東大震災 1933年　昭和三陸地震
不況と貧困・格差	2008年　リーマンショックと不況、非正規雇用の増加、貧困・格差	1929年　世界恐慌、農村疲弊、貧困・格差
国家債務の増加	公共事業費による国家債務の増加	軍事費による国家債務の増加
独裁政治への動き	2012～2014年、自民党憲法改定草案、尖閣諸島国有化、特定秘密保護法、集団的自衛権容認の閣議決定	1925年　治安維持法 1931年　満州事変 1938年　国家総動員法
戦争	?	1941年　太平洋戦争

たしかに戦後、日本人が、他国の人々を殺さず、他国の軍隊によっても殺されず、曲がりなりにも平和で豊かな生活を送れたのは、憲法によって生かされてきたからである。私たちは、このことを自覚しながら、各地から憲法を暮らしと地域再生に生かす実践をすすめ、実践から獲得された実践知を交流しつつ学びあい、人間復興と持続可能な発展の道を協働の中で発見することが必要である[4]。このような地道な営みの中でこそ、災害からの人間復興と地域再生の道を見出すことができるであろう。

　だが、わが国が災害列島であるにもかかわらず、「災害復興学という学問領域がいまだ存在せず、復興の定義すら確立されていない」(日本災害復興学会設立趣旨、2007年) という深刻な問題がある。現在の東日本大震災復興の遅れと混迷は、いわゆる「原子力ムラ」に象徴される政・官・財・メディアの癒着だけでなく、原子力などの科学技術を担う学術も、真理と真実を求めるというよりも、経済や政治の利害と関係し歪められていることが背景にある。

　本書は、近代以降のわが国の災害復興が、「開発・成長」を優先する復興であったため、被災者の生活、生業の再建と、被災地の再生が困難となり、人間と社会が荒廃すること、それゆえ真の復興のためには、憲法復興学を構築することが必要であることを検証する。本書の憲法復興学は、「憲法の復興学」ではなく「憲法による復興学」を意味している。それは、憲法を異常時の災害復興に活かし人間復興を目的とするもので、平時において憲法を労働や生活に活かすことに通じるものである。このような人間復興の営みが、憲法の空洞化を防ぐとともに憲法を復権させることにつながる。

憲法と文化的伝統を復興に活かす

　大災害は、人間と社会の危機的状況を生むが、その一方で、日常生活ではありえなかった多くの人々との出会いや交流が生まれ、一人ひとりが、日本の国や社会のあり方に関心を持ち、いかに生くべきかを考えるようになったことも事実である。

　しかしながら、多くの人々は、従来の政治・経済・社会システムの行き詰まりに気付き、「このままでは日本は危ない」と危惧しながらも、それに代わるべき新しい社会の展望を持つことができないでいる。ここに閉塞と苛立ちがあ

る。自民党の憲法改正草案や特定秘密保護法、集団的自衛権行使容認の閣議決定などの動きは、戦争のできる軍隊をもつことが「普通の国」であるとして、日本を覆う「異常の日常化と日常の異常化」を「社会常識」として正当化しようとするあらわれでもある。

　本書は、新しい社会の展望は、憲法の平和主義、基本的人権、国民主権を否定するのではなく、戦後、憲法によって生かされてきたことの価値を再評価し、憲法を暮らしと地域再生に活かす文化的伝統の創造にあることを検証しようとした。憲法復興学は、日本の自然と地域の生活に根ざした文化的伝統と、憲法の「人間の尊厳」、平和と人権、民主主義の理念とを統合させることを通して、被災者の人間復興と持続可能な発展に活かす「生活の知恵」として位置づけられる[5]。

　山口輝臣によれば、ドイツのグナイストと、その愛弟子モッセ、オーストリアのウィーンにおけるシュタインらは、法とはそれ自体として抽象的に存在するものではなく、歴史のなかに埋め込まれたものであり、歴史的沿革を無視して国家の運営を行うことは不可能であることを強調した[6]。日本国憲法は、太平洋戦争やヒロシマ・ナガサキの悲劇の反省と、自由・平等・博愛を求める人類の多年にわたる努力によって獲得された思想に基づき創られたが、人と人、人と自然とが共生する日本の文化的伝統の中で位置づけることが必要である。

　文化的伝統とは、人間が生きていくためのArtともいうべき技法のことで、自然と調和し、他者や異文化などと共生する知恵である。この知恵は、たとえば天台密教の中で生まれた「天台本覚論」の「山川草木悉皆成仏」に見出せる。それは、人間ばかりかすべての生きとし生けるもの、山や川のような無機物に至るまで仏になることができるという人と自然との共生の思想に象徴される[7]。

　このような日本の文化的伝統である共生思想は、田中正造（1841-1913）の思想と実践のなかにも息づいている。田中正造は、日本における公害問題の原点ともいえる足尾鉱毒事件に立ち向かった政治家であり、市民運動家でもあり、なによりも思想家であった。田中正造は、「我常に語るに、世界人類はもちろん、鳥獣虫魚山川草樹、およそ天地間の動植物は、何一つとして我に教えざるなければ、これ皆我が良師なり」（1909年8月27日の日記）と記している。このように彼の思想の根底には、世界の人びとや鳥、魚、虫、木などから謙虚に学び、

共に生きていく共生思想がある。また田中は、生命、生活の源が、天と地（土地）にあるとして「人は天地の間に生まれたので、土地を離れて生活のあろうはずが無い」（『海陸軍全廃』1908年4月5日の演説）と述べている。先祖代々から、農の営みの経験から獲得した土地（自然）に対する伝統的な感覚も、子々孫々に伝えるために天から一時的に預かっているというものである。それゆえ土地（自然）を大事にするのは将来世代に対する責任なのである[8]。

だが自然は、人々に恩恵をもたらすとともに、時には人に災厄を及ぼす。また人間が形成する社会も、そのありようによっては人々に危害をもたらす。そのため人々は、それぞれの能力や個性、持ち味を生かし助けあう「知識結（ゆい）」によって、生命や生活の危険と向きあいつつ、互いに学びあい育ちあう「人間発達の知識結」という「生活の知恵」をつくり出す。「知識結」は、奈良時代の仏僧行基がつくりだした「生活の知恵」で、彼は飢餓や貧困などで苦しむ人々を救済するために、インドや中国、朝鮮などの大陸文化（仏教や知識、技術など）を学び、人々が知恵や技、資金、土地、労働などを提供しあうなかで、協力し信頼しあうコミュニティを形成しようとした。

田中正造も「智識あるものは智識を他人に恵めよ。足手あるものは足手を寄付せよ。金銭あるもまた同じ。かく互いに長短補足して一致漸くなる」[9]と述べ、行基の「知識結」と同じ内容の主張をしている。田中は、「人間発達の知識結」を「公共協力相愛の生活」という言葉で表現し村の自治の重要性を強調した。それは、ある意味で、歴史の中で権力者や強者、勝者によって無視され葬り去られようとした文化的伝統といえるかもしれない。

今、私たちに求められている喫緊の課題は、憲法を暮らしと地域再生に生かす力量を有する主体を形成することにある。この主体は、「人間発達の知識結」による学びあい、育ちあいの実践と交流、そして生活や労働、統治などの経験から獲得された熟練、技巧、判断力、創造力など一人ひとりに体化された「人的文化資本」と、地域固有の文化的な「伝統と習慣」によって育まれたコミュニティや祭り、郷土芸能、神社、仏閣などの文化遺産や、協働性や社会的規範などの「地域的文化資本」の社会的蓄積のなかから形成されるものである[10]。

このような動きは、現在は少数派ではあるが、大災害を経験する中から芽生えていることも確かである。希望の動きは、阪神・淡路大震災において100万

人以上ものボランティアが活躍し、1998年のNPO法を生み出す契機となったことにも現われている。市民のボランタリー（自発的）な意思に基づく運動は、東日本大震災後の脱原発の新しい市民運動に発展している。首相官邸前や全国各地で繰り広げられた市民の脱原発デモでは、従来のような政党や労働組合による中央指令型、組織動員でなく、一人ひとりが自主的主体的に考えて参加し、自由な交流を繰り広げている。そのことが、世論を動かし一定の政治的な効果を生んでいる。このデモの特徴は、「原発は危険」「放射能は恐ろしい」という生活者の実感、感情を大切にしつつ、「このままでは日本は危ない」との大状況をも視野に入れていることである。また地方に原発を押しつけた都市の問題を意識し、被災地の復興支援と連動している。そしてグローバル化、市場主義化、そして巨大開発によってもたらされた困難な生活を克服すべく、生活を下支えする地域社会の再建を展望している[11]。

　さらに被災地では、まちづくりの伝統と習慣のなかで培われてきた自然との付き合い方や生き方、そして漁師や農民、大工、建築家などの職人たちの技術を生かす特筆すべき取り組みがみられる。たとえば、津波被災地の後方支援を行っている岩手県住田町では、優れた伝統的建築技術をもつ地元の気仙大工などの職人によって気仙杉を使い、1戸ずつ独立した木造仮設住宅を建設している。そのメリットは、①地元に復興資金が循環し被災地経済の活性化に役立つ。②プレハブの仮設住宅は、建設しても2年後に解体しなければならず、総費用は約500万円もかかる。木造にすれば、1戸当たり約250万円で建設でき、解体せずに災害公営住宅として使用することができる。③被災者の仮設住宅から災害公営住宅への引っ越し費用や引っ越しに伴う心理的負担が軽減される。④鉄骨系プレハブよりも除湿性や断熱性など居住性が優れている。⑤日本は国土の7割近くが森林であるが、木材自給率は3割にも満たない。身近な森林の木材を活用することで地球環境保全や地域経済にも貢献できることである。

　さらに原発被災地の福島県会津地方の喜多方市でも、地元の酒造業や信用金庫、市民などが中心となり、自然エネルギーの積極的な利用を掲げる社団法人会津自然エネルギー機構と、地域の発電事業を具体的に実現していく会津電力株式会社をつくっている。それは、福島原発で作られた電気が、すべて東京に運ばれている中央集権的なエネルギーの生産・供給システムにみられる、東京

はじめに　11

の植民地のような福島からの自立をめざす取り組みである。会津にある豊かな自然資源を生かすべく、太陽光発電、小水力発電、木質バイオマスなどによるエネルギーの自給をめざしている[12]。また同市では、東京などの大都市のサラリーマン経験者のIターン組を中心に、手づくりの有機農業や豆腐、そばなどの生産と商いを行い、その創造的成果を消費者に提供し対話を通じて成果の質を上げ、公正な評価によって職人的能力を維持し発展させている。彼らは、古き時代の旅籠屋の古民家を交流の拠点として、原発被災地である福島から脱原発のまちづくりを展望している。

　以上のように、被災地の災害復興において、日本の文化的伝統を継承し再生させる取り組みが評価されてきている。第1に、災害仮設住宅の伝統的な木造建築の再評価や、「森は海の恋人」をスローガンに、宮城県気仙沼市の漁師や市民が中心となって森に木を植えることで、養殖や漁業を活性化させる実践、第2に、地域の自然資源を生かした小水力発電や木質バイオマス、太陽光発電などの自然再生エネルギーによる地域自給の試み、農薬散布と化学肥料による大量生産型の農業ではなく、手づくりの伝統的農業を再生させた有機農業（米、野菜、果実など）と都市住民とのネットワークによる産直などにみられる。

　たしかに日本の文化的伝統を現代に生かす生活文化産業が、人々の暮らしと地域再生、そして本物の豊かさを実現するうえで有効な方法であることが評価されつつある。それは、たとえば日本の伝統的文化である和食が、ユネスコの無形文化遺産になったことにも現われている。登録申請には、和食とは「自然を尊ぶ」という日本人の気質に基づいた「食」に関する「習わし」と定義されている。和食の特徴として①多様で新鮮な食材とその持ち味の尊重、②栄養バランスに優れた健康的な食生活、③自然の美しさや季節の移ろいの表現、④正月などの年中行事との密接な関わりがある。日本の国土は海、山、里と豊かな自然が広がり、各地で地域に根差した多様な食材を育てる農民などの職人技があり、素材を活かす調理技術・調理道具が発達し、調理職人を生み育ててきた。そして、自然の恵みである「食」を分け合い、食の時間を共にすることで、家族や地域の絆を深めてきた。つまり、対象となるのは文化的伝統であり、その食をめぐる文化が登録されたのだ[13]。

　さらに、海外で芸術として高い評価を受けているアニメ（宮崎駿監督の『とな

りのトトロ』『もののけ姫』『風の谷のナウシカ』や高畑勲監督の『火垂るの墓』『かぐや姫の物語』など）や、漫画（手塚治虫の『ブッダ』『火の鳥』、中沢啓治の『はだしのゲン』など）、さらに浮世絵などの独創的な絵画的表現の職人技など、人と人、人と自然とが共生する日本の文化的伝統が評価されている。日本には、和食だけでなく、伝統的木造建築、伝統工芸、郷土芸能、茶道、花道、能、祭り、歌舞伎など多様で豊かな文化的伝統がある。問題は、日本社会が、以上のような文化的伝統と創造的実践を的確に評価し、社会の希望として位置づけることができていないところにあるだろう。

注
(1) 石橋克彦『大地動乱の時代』岩波新書、1994年。
(2) 結城康博「格差指標、実態と隔たり」『神戸新聞』夕刊2014年3月19日。税と社会保障による再分配後のジニ係数は、実際に社会保障サービスを利用した人たちだけを分析し、本来、サービスを受給すべき人々を除外しているため、実態を反映していないという問題点を持っている。たとえば要介護認定では「申請主義」の為に、社会保障サービスを利用できていない人々が増加していることや、生活保護基準未満の世帯で、実際に生活保護を受給していない世帯数が70％程度という試算もある。そのため実際の所得格差は、再分配後のジニ係数よりも高くなると推定される。
(3) 赤木昭夫「日本のバルブ財政の破綻」岩波書店『世界』2012年9月号。
(4) 楠見孝によれば、実践知は、経験から実践の中に埋め込まれた暗黙知を獲得し、仕事における課題解決にその知識を適用する能力を支えている。学校知とは学業に関わる知能、学校の秀才がもつ知能である。つまり学校知は、学校で獲得される形式知であり、講義のように言語的に教えられたり、書物のように書かれた知識である。それに対して、暗黙知は、言語化できない経験知であり、仕事の中で経験から直接獲得された知識であり、仕事上のコツやノウハウなどである（楠見孝「実践知と熟達者とは」金井壽宏・楠見孝『実践知―エキスパートの知性』有斐閣、2012年、5−13ページ）。
(5) 本書の文化的伝統とは、個別的利害を超えたところにある「幸せ（well-being）、美徳（virtue）、社会の公益（公共善 common good）」（楠見孝）の実現のために創造された、仏僧行基の「知識結」、田中正造の「公共協力相愛の生活」などにみられるように、地域と生活に根ざした思想と実践である。
　楠見孝は、叡智をBaltes & Smith [2008] やSternberg [1998] の議論をふまえ次のように定義している。叡智は生涯発達の理想としての到達点である。熟達化が仕事の場という限定された領域での実践知の獲得に基づく高いパフォーマンスの発揮であるのに対して、叡智は仕事場を含む幅広い人生経験に基づく深く広い知識と理解に支えられた知性である。また、そのパフォーマンスは仕事の場に限らない汎用性をもっている。叡智は、経験によって獲得した実践知を、個人や企業のためのパフォーマンスの発揮ではなく、そうした利害を超えたところにある幸せ（well-being）、美徳（virtue）、社会の公益（公共善 common good）の実現のために適用するものとして位置づけられている（楠見孝「実践知の獲得」金井壽宏・楠見孝『実践知―エキスパートの知性』有斐閣、2012年、39ページ）。
(6) 山口輝臣『明治国家と宗教』東京大学出版会、1999年、57−63ページ。

(7) 池上惇『文化と固有価値の経済学』岩波書店、2003年、15ページ。梅原猛『梅原猛の「歎異抄」入門』ＰＨＰ研究所、2004年、32ページ。武田鏡村『仏教―〈不安〉の時代の羅針盤』新曜社、1987年、153ページ、189ページ。
(8) 小松裕『真の文明は人を殺さず―田中正造の言葉に学ぶ明日の日本』小学館、2011年、124－125ページ、142－145ページ。
(9) 田中正造「碓井要作宛」書簡、田中正造全集編纂会『田中正造全集第18巻』岩波書店、1980年、113ページ。
(10) 文化資本の概念については、池上惇の論稿から示唆を受けている。池上惇「人間発達の知識結（ちしきゆい）・潜在能力の開発と文化経済学」blog.bunka-seisaku.org/。
(11) 山内明美・木下ちがや・小熊英二「大震災は何を変えたか」『現代思想』青土社、2013年3月号。
(12) 「第11回：福島県会津地域・会津電力～福島と東京の関係を問い直す！」ameblo.jp/enekeireport/entry-11686673532.html。
(13) 農林水産省「日本食文化を、ユネスコ無形文化遺産に。」www.maff.go.jp〈組織・政策・基本政策〉食文化。

序論

災害資本主義の悲劇
―それを克服する方向性を求めて―

本書の課題と方法

　本書は次のような課題と方法を検証することを目的としている。第1に、災害復興において、災害に便乗して従来以上の「開発・成長」を推進し「災害ビジネス」が発生する「災害資本主義」を検証する。たとえば阪神・淡路大震災において「創造的復興」という名の「開発・成長型復興」が推進された。それは、神戸市の「復興計画」（1995年6月）―総事業費は5年間で6兆円、10年間で9兆円の1,000を超える事業と17のシンボルプロジェクト―にも現われている。また東日本大震災においても、被災者の意思やニーズと関わりないところで、必要以上の高台移転や防潮堤、土地区画整理事業などの大規模プロジェクトが計画されている。さらに福島原発事故でも、除染が大林、鹿島、大成などのJoint Venture（建設業界等の共同企業体）で山分けされる「除染ビジネス」が生まれている。除染作業や汚染土を長期保管する中間貯蔵施設の建設・維持費、事故収束・廃止費用など事故費用は、最低でも5兆7千億円もかかるという[1]。
　本書の災害資本主義という概念は、ナオミ・クラインの『惨事便乗型資本主義』から示唆を受けている。ナオミ・クラインは、その著「THE SHOCK DOCTRINE―the rise of disaster capitalism』（日本語訳は『ショック・ドクトリン―惨事便乗型資本主義の正体を暴く』）で、1970年代からおよそ35年間にわたる過激な市場原理主義改革が、自然災害や戦争、クーデターなどの大惨事につけこ

んで実施された「惨事便乗型資本主義」であると定義した[2]。クラインの「惨事便乗型資本主義」は、大惨事に便乗して暴利を貪る災害ビジネスの問題を浮き彫りにした。

　第2に、「開発・成長型復興」と「復興災害」を検証することである。「開発・成長型復興」とは、「開発・成長主義」によって復興しようとする思想と政策である。「開発・成長主義」は、人間が科学・技術によって自然を把握し征服し制御できるし、それが正しくもあり幸福増進につながるという思想のもと、一人当たり生産や所得の持続的成長を目的としている[3]。たしかに所得の向上によって貧困などの問題を部分的に克服した側面もあるが、「開発・成長主義」が多くの弊害をもたらしたことも否定できない。

　「開発・成長主義」は、いわゆる省庁縦割りの中央集権的官僚制と政・官・財・メディア・学の「利益共同ムラ」の下、大量生産、大量消費・大量廃棄によって資源を浪費し環境を破壊するため、人間社会の生存基盤を壊し持続可能性を危うくする。また「開発・成長主義」は、長時間過密労働や過度のストレスを強いるため、自由時間を確保できず人間的な生活を送ることが困難となるという問題をもたらす。さらに「開発・成長主義」は、人々の助け合いや協力、そして農林漁業や大工、伝統工芸などの職人技の伝統や習慣を衰退させ、貧困と格差、地域の過疎と過密などアンバランスをつくり出す。

　特に注目すべきは、戦後の開発・成長政策は、災害復興対策との密接な関連のなかで進められてきたことである。災害列島日本は、必ずと言ってよいほど、毎年、各地で災害を引き起こす。戦後、未曾有の災害であった伊勢湾台風を契機に、わが国の災害対策の根幹に位置づけられる災害対策基本法が1961年に制定された。この災害対策基本法は、「開発・成長型復興」を進める法的裏付けと位置づけられる。なぜなら災害対策基本法は、次のような特徴をもっているからである。第1に、公共施設（道路、河川、港湾、上下水道、橋梁、公園、学校など）を復旧する。第2に、災害対策基本法に規定する激甚災害が発生した場合、災害復旧事業費の国庫補助に対して、補助率のかさ上げの特別の財政援助措置を行う。災害対策債、歳入欠かん債を発行し、復興財源の確保を図る。第3に、災害による地方税など各種収入の減少、職員の超過勤務などの財政負担を賄うための特別交付税を措置する。これらは、災害に便乗して道路や港湾、河川、

ダムなどのインフラストラクチャーの整備を促進し、経済成長を推進する役割を果たした。

　だが阪神・淡路大震災の復興や東日本大震災の復興は、災害対策基本法の「公共施設の復旧」だけでは、被災地の復興と新たな災害に対応できないとして「創造的復興」を基本理念として掲げた。阪神・淡路大震災の「創造的復興」は、「単に震災前の状態に戻す（復旧）のではなく、21世紀の成熟社会にふさわしい復興を成し遂げること」（兵庫県）であった。東日本大震災の「創造的復興」も、「単なる復興ではなく創造的復興を期す」（政府の復興構想会議の基本方針）ことであり、「被害を受けた施設を原型に復旧すること等の単なる災害復旧にとどまらない、活力ある日本の再生を視野に入れた抜本的な対策」（復興基本法第2条）をとることである。それは災害に便乗した「開発・成長型復興」であった。

　この「開発・成長型復興」は、戦前の関東大震災、戦災、そして戦後の阪神・淡路大震災、東日本大震災へと連なる、近代化と成長を志向する政策と技術の強固な伝統に立脚している。それは、いわゆる政・官・財（業）・メディア・学の「利益共同ムラ」と中央集権的官僚システムのもと、地域・都市の基幹的インフラである港湾計画や都市計画、道路計画、河川計画などを「上意下達」的に強行決定し、その利益を政・官・財（業）・メディア・学で独占する政策であった。それはまた被災地外の大資本の支配下にある外部資源によって、人を「モノ」のように扱い収容する「ハコモノ」や、復興予算の浪費や流用によって過剰な「ハコモノ」をつくる政策でもあった。そのため、インフラと住宅、生業の再建、雇用の保障などが、地元の資源によって整備し、地元の経済を再生する方向が取られず、被災者の元の暮らしを再建したいという「人間復興」がなおざりにされた。

　さらに「開発・成長主義」は「安全神話」に立脚していたことに注目したい。たとえば神戸市は、1980年代、「山を削り海を埋め立てる」一石二鳥の開発行政と第3セクターの運営などの都市経営で名を馳せたが、その背景には、神戸は「地震は起きない」という「安全神話」があった。「神戸市は、1972・73年度に大阪市立大学理学部や京都大学防災研究所に委託した市内の地盤、震度、ボーリングの調査の結果、活断層による直下地震で壊滅的被害を受ける危険性が指

摘されていた。だが、1994年度神戸市地域防災計画では、想定地震は『神戸市に被害を与えたと推定される有史以来の地震記録によって最大震度階級が5であった』ことを根拠に震度5強と特定された。神戸市がより高い想定震度を採用しなかったのは、①大地震はないという先入観があった。②『予算は単年度で達成すべきである』という現在の予算制度の考え方のもと、必要に応じて対策を考えるという本来の行政対応ではなく、可能な対策の範囲に必要（ニーズ）を限定してしまうという通俗的反応をしてしまった。神戸市は、大地震がないと思っているので、専門家の報告を過剰な反応と考え、他の問題（筆者挿入―「山を削り海を埋め立てる」開発行政など成長型都市政策）を優先させた。つまり科学者の言葉を、単なる『情報』程度として捉え、警報として考えなかった」[4]。

　今回の福島原発事故も、「原発事故は絶対に起きない」という「安全神話」に依拠していたことが原因である。それゆえ、次のような警告を真摯に受け止め原発問題の判断に生かすべきである。福井地方裁判所は、2014年5月21日、大飯原発（福井県おおい町）の3、4号機の運転を差し止める判決を下した。その骨子は、①憲法において保障された人格権（13条、25条）は、「人の生命を基礎とする」もので「これを超える価値を見出すことはできない」として人格権を最重視した。「生命を守り生活を維持する」人格権の根幹部分に対する具体的侵害のおそれがあるときは、人格権そのものに基づいて侵害行為の差し止めを請求できるとした。②国民の生命よりも企業利益やコストを重視する考え方を退けた。住民らの「人格権」と電力の安定供給やコスト問題を天秤にかける関西電力側の言い分を「法的に許されない」と退けた。「国富の喪失」とは運転停止による貿易赤字ではなく、「豊かな国土とそこに国民が根を下ろして生活していること」を失うことを強調した。③「安全神話」を断罪し、「緊急停止した原発は、外部電源で水を循環させて冷却するが、1260ガルを超える地震でこのシステムは崩壊する。大飯原発に1260ガルを超える地震が来ないという確実な科学的根拠に基づく想定は本来的に不可能だ」。「国内で記録された最大震度は4022ガルで、大飯でも起きうる内陸地殻内地震であることなどからすると、1260ガルを超える地震は大飯原発に到来する危険がある」。さらに原発では、冷却中に電源が失われるだけで事故につながり、いったん発生した事故は時の経過に従って拡大していく「原子力発電に内在する本質的な危険」であると強調した。

想定する最大の揺れ（基準地震動＝700ガル）を下回る地震によっても外部電源と主給水の双方が同時に失われるおそれがあり大事故になる危険性がある。④東京電力福島第１発電所事故直後に原子力委員会委員長が首相に提出した「最悪のシナリオ」で250キロ圏内の避難を検討したことは「この数字が直ちに過大であるとすることはできない」として、日本は「原発立地不適」であることを示した。地震学者の石橋克彦も「原発と地震」の問題を考えるさいには、つぎの４点をあらためて肝に銘じる必要があるという。

1. 原発の安全性は、莫大な放射性物質を内蔵することから、ほかの施設よりも格段に高くなければならない。
2. ところが原発は完成された技術ではない。
3. いっぽう、地震というものは、最大級の様相を呈すると本当におそろしい。
4. しかし人間の地震現象に関する理解はまだまだきわめて不十分で、予測できないことがたくさんある。これら４点を虚心に受けとめれば、地震列島の海岸に54基もの大型原子炉を並べることがどんなに危ういことか、人としての理性と感性があればわかるはずだ。……福島原発震災の非道を目の当たりにすれば、原発を運転することは犯罪行為といえよう[5]。

「神戸に地震が起きない」という「安全神話」が、大震災の被害を拡大させた要因であった。だとすれば被災自治体である神戸市や兵庫県は、原発の「安全神話」を批判し、原発の危険性を論じた福井地裁の判決を強く支持すべきであった。だが兵庫県の井戸敏三知事は、26日の記者会見で判決は「『行き過ぎの点があり、少し極端な視点ではないか。安全度が100％確保できないと、人格権に触れると決めつけられると、例えば自動車等も、100％の安全度は保障されていませんし、飛行機にも乗るなということに繋がりかねない』と懸念を示した。『裁判の過程で安全度について専門家の意見を聞く必要があったが、全然されていない』と指摘。原発の再稼働について『安全性が確保されない限り認めるな、というのがわれわれの基本的な立場』と強調。安全性は、原子力規制委員会の審査結果で確認すべき、との認識を示した」[6]。わが国は、ヒロシマ・ナガサキ、そして福島原発事故による被ばくのために、多くの人々の生命と生活が破壊された悲惨な経験をもっている。放射線は、被ばくすれば遺伝子を破壊し生命と生活を根底から脅かす特別な存在である。飛行機や自動車などのリスクと同次

元で論ずることは、放射線の格段に危険な性格を無視した議論ではなかろうか。

　神戸市の久元喜造市長も「原発のエネルギーを利用していくことを前提に、国内の国民生活、経済活動を考えて行かざるを得ない」と原発についての持論を展開する[7]。神戸市は、原子力規制委員会の安全性審査を前提に再稼働を容認する方針である[8]。

　兵庫県、神戸市が、原発の「安全確保」に依拠する政府の原子力規制委員会は、「原子力業界からの高い独立性が求められる」。「そのため民主党政権は、福島第１原発事故の反省を踏まえ、規制委員の人選に関するガイドラインをつくり、直近３年間に原子力事業者や関係団体の役員、従業員を努めた人は委員になれないなどと決めた。しかし、今回、人選された田中知・東京大学教授は、日本原子力産業協会の理事を2010年から約２年務めたほか、11年度に東電の関連団体から50万円以上の報酬、原発関連事業者２社から計110万円の研究費を受けている」[9]。これでは事故の教訓が生かされず、安全性が科学と道理に照らし合わせ客観的かつ公正に審査されるのか疑問が残る。兵庫県や神戸市は、このような原子力規制委員の審査によって「安全性が確保された」と主張し、原発再稼働を容認するのであろうか。兵庫県と神戸市は、阪神・淡路大震災の教訓として大震災以前よりも地震対策をすすめている。だが真の教訓とは、同じ地域で同じ災害が起こらないようにすることだけではない。他の地域や他の種類の災害でも、わが地域でも起こりうることを想定し、自らの安全・安心システムの問題点を洗い直し、新たなシステムを創造することではなかろうか。

　一方、「復興災害」は、筆者が阪神・淡路大震災の「創造的復興」―その内実は災害便乗の「開発・成長型復興」―の検証から導き出した概念である。本来、復興は、被災者の生活の再建と被災地が再生することを目的としている。だが、「復興災害」は、復興過程における人為的要因によって被災者の生命と生活が脅かされ被災地が疲弊するという災害である。阪神・淡路大震災では、大震災による建物倒壊による圧死や焼死などの「一次災害」と、避難所から仮設住宅、災害公営住宅への移転など急激な生活環境の変化とコミュニティの崩壊による自殺、孤独死、病死などの「二次災害」、そして被災地の失業者の増加や中小零細企業の倒産などの経済の衰退と住民の貧困化、少子高齢化の進行、被災自治体の財政危機、公共サービスの低下などの「三次災害」とが重なり甚大な被害

をもたらした。「復興災害」は、災害に便乗した「開発・成長」優先の「復興」によって、被災者の生活再建と被災地の再生が図られず、一次災害と二次災害、三次災害が複合化した人為的災害であった[10]。

近代以降、特に戦後における「開発・成長」を優先する政策と制度は、大量生産・消費・廃棄の大工業文明を推進してきた。だがこの文明は、きびしい「弱肉強食」の競争社会をつくりだし、貧困と格差、地域に根差した中小零細企業や自営業の駆逐、そして大都市の過密と地方の過疎、地域のコミュニティや祭りなどを解体させ地域全体を衰退させてきた。このような問題をもたらす「開発・成長」を優先する復興政策が、「創造的復興」の名の下で推進されてきたことが、「復興災害」をもたらしたのであった。

阪神・淡路大震災の復興の検証から導き出された「復興災害」は、どちらかといえば被災者と被災地に影響を及ぼす問題であった。だが関東大震災はいうまでもなく、東日本大震災は、被災地のみならず日本全体の政治や経済、社会に影響を与えている。つまり被災者の人権が保障されず、貧困や格差、社会不安をもつくりだす「復興災害」は、憲法の平和主義、基本的人権と国民主権を否定することにつながる。憲法違反の状況が社会全体を覆えば、人間は荒廃し社会の崩壊と戦争国家への危険性が高まるであろう。

以上のように「復興災害」は、①被災者の生命と生活を脅かし被災地を疲弊させ、②社会全体の貧困や格差、社会不安、そして関東大震災後の治安維持法、東日本大震災後の特定秘密保護法など民主主義を否定する傾向を生む。

第3に、本書は、憲法による災害復興学を構築することを目的としている。いうまでもなく憲法は自然権思想に立脚している。とりわけ近代の自然権思想は、ジョン・ロックが主張した「何人も侵すことのできない、生命、健康、自由、財産などの各人固有の権利」を尊重することが最も重視される。ヴェブレンによれば、近代を特徴づける制度的構造の広範な改革において、つねに念頭にあるものは大衆の生活、その権利と義務であり、自然権であった。彼らの生活は、職人的な産業と小商業の見地で考えられていた。このような自然権の体系は、手工業体制の下での職人技の制度的副産物であり、職人技と小商業の要請に適合するものであった。

それでは、なぜ自然権と職人技や小商業とが関係するのか。それは、次のよ

うな事情によっていた。中世では、差別的権利、義務、特権が常識的であるが、それに反して手工業産業の後援の下で作り出された体系では、階級的なものであれ、個人的なものであれ、およそ差別的な便宜の否定が知恵の始まりであり常識であった。これは、職人的な効率に基礎づけられた状況から出てきて、なされた仕事に対する正当な暮らしという原理によっていた。手工業時代の担い手である職人は、自立自営すべく、努力と勤勉による熟練や創造的能力を獲得していたのであった。

また職人たちは、地主たちの恣意的な権力が支配している組織の束縛から逃げ出した（あるいは追放された）「親方なしの人々」であった。彼らは、大きな犠牲と危険を払いつつ、自分自身で獲得した個人的諸権利や民主的な自治という伝統をつくりあげていった。このような5－6世紀にもわたる手工業時代の伝統と思考の習慣が、市民権と道徳的義務の体系に対応し、社会の経済事象を支配する権利を確保したのである[11]。つまり憲法を暮らしや地域再生に生かすには、憲法の立脚する自然権思想の土壌である、勤勉と誠実、熟練と創造性などの「職人技本能」（ヴェブレン）の再生が求められるのである。

第4に、地震や原発事故などの災害に脆弱な地域社会や、人為的災害でもある「復興災害」は、政治や経済、社会、安全保障などさまざまな要因が絡み合い複合化して起きるのであり、それぞれの利害関係者の行動も予測不可能であることから複雑系の性格を有している。たしかに「16－17世紀以降の近代科学は、宇宙に存在するすべての物質は、限られた数の構成要素に還元することができるとする考え方で、その要素に働く法則、つまり力学も限られた数しかないとする理論で多大な成果を挙げてきた。しかし、人間の思考（脳）や生命現象、生態系、地球環境、そして人間社会や政治、経済などの複雑な対象は、この方法ではとらえきれない」。

また近代科学の基礎となったニュートン力学は、「初期条件（物質が最初にどの位置にあり、どのような速度をもっているか）を代入すれば、未来永劫にわたるその物質の運動のすべてがわかる」という決定論的特徴を持っている。ニュートンの数学的手法を使った運動方程式は、それを使って幾多の現象を説明できる点で優れていた[12]。ところが「ほんのわずかでも初期値が違っていれば、結果は全然違うことになるカオスという現実に直面する。つまり予測ということが、

ごくごく限られた状態でしか成り立たない。世の中の出来事のほとんどは、われわれが従来、科学的と思っていたような、初期値と運動方程式といった発想ではうまく解明できないのである。この問題に科学的にアプローチするものが複雑系科学であった」[13]。

米沢富美子によれば、複雑系科学の本質的部分にN. ウィーナーが提唱した「サイバネティックス」という運動があるという[14]。サイバネティックスとは、「直線的な時間で考えるのではなくて、循環する時間で考えるべきだという理論である。物事の作動というのは、あるシステムが作動すると、その作動から生じた結果を、もう1回システムの中に取り込むのだから、結局、循環し続けない限り、物事というのはきちんと作動しない。フィードバックという発想がないと、システムの作動というのは制御できない」。一方、「『学習』というのは、この作動の循環のやり方自体も自ら変えていく」[15]ことである。学習というのは、「ある状況下でフィードバックしながらやってきているが、そのフィードバックで間に合わなくなってきたら回路そのものを書き換え全然違うものに変わることで適応することである。つまり、学習プロセスが作動するということは、状況が変わったら、かなり深いレベルで、自分自身や社会のあり方まで変えてしまう。なぜなら予測できないカオス状態の非線形な現象が満ち満ちている世界では、事前にすべて決めて、そのとおりになるということはあり得ないから、状況に応じて対応していくしかないからである。要するにカオス的なものが前提にある以上は、サイバネティックスにしか物事は考えられないし対応できない」[16]のである。

それゆえ、本書も、さまざまな要因が絡み合い複合化している複雑系の災害や復興過程においては、市民、自治体、企業、NPOなどが、絶えず変化している状況に対応すべく、地域の生活や労働、経営などの実践知を交流し学びあい育ちあう「人間発達の知識結」による新たな文化資本を形成し社会的に蓄積していくことのなかに、人間復興と持続可能な地域へと再生していく鍵を見出そうとした。

複雑系の災害や復興過程の検証には、物事を全体として理解する見方が求められているため、災害の歴史やその構造、特に近代以降の災害に関わる政治や経済、社会、文化などを総合化して考察することが必要である。だがそれに応

えるにはあまりに課題が多いため、本書が成功したとは断言できないが、今後、このような方法論が求められることは確かであろう。

本書の構成

　本書は、4部から構成され、第1部の災害資本主義（第1章から第5章）は、地震、津波など自然現象に起因する自然災害と、恐慌や失業、貧困・格差、戦争など人為的な経済災害、政治的・軍事的災害を検証する。
　第2部「『開発・成長型復興』と『復興災害』」（第6章から第9章）は、近代以降のわが国の災害復興が、基本的には「開発・成長型復興」を推進してきたため、被災者の生活や生業の再建と被災地の再生ができず、むしろ被災者の暮らしの困難と被災地の疲弊など「復興災害」をもたらしてきたことを検証する。関東大震災の「復興災害」は、被災地だけでなく、国内の政治や経済、社会などにも現れ、太平洋戦争の一つの契機となり、東日本大震災の「復興災害」においても戦争国家への危険性が潜在している。
　第3部の憲法復興学（第10章から第12章）では、災害復興には、憲法による復興学、すなわち憲法復興学が求められていることを検証する。憲法復興学が、過去の災害復興の経験や知見をもとに構築される経験科学としての性格を有しているため歴史的考察が必要となる。さらに憲法復興学は、社会科学の中の公共政策学からのアプローチを重視する。また現代の災害問題により本質的な解決を求める憲法復興学は、「知」と「倫理」のあり方を問うものである。
　第4部「再生への道」（第13章から第15章）では、お互いに学びつつ育ちあう「人間発達の知識結」によって、それぞれの地域の先人の「生活の知恵」や文化的「伝統と習慣」を発掘し、継承、再生させ、一人ひとりの文化資本の形成と社会的蓄積を検証する。このような文化資本の蓄積のもとに、憲法を暮らしと地域再生に生かすという実践によって人間復興と持続可能な社会への道を歩むことが出来るであろう。

注
(1) 後藤宣代「『三・一一』フクシマの人類史的位置―住民の声と行動を通して考える―」後藤

宣代・広原盛明・森岡孝二・池田清・中谷武雄・藤岡惇『カタストロフィーの経済思想』昭和堂、2014年。大島堅一・除本理史「福島原発事故のコストを誰が負担するのか」岩波書店『環境と公害』2014年7月号。
(2) ナオミ・クライン『ショック・ドクトリン（上）（下）』幾島幸子・村上由見子訳、岩波書店、2011年。
(3) 村上泰亮『反古典の政治経済学 上―進歩史観の黄昏』中央公論社、1992年、54－55ページ、348ページ。
(4) 中橋徹也「神戸と静岡の震災対策になにを学ぶか」『科学』編集部編『大震災以後』岩波書店、1998年。「当時、市教委のスタッフとして調査にあたった山形大の前田保夫教授（地球科学）は『神戸が活断層の巣であることは明白なのに、行政は危険性を楽観視していた。われわれ専門家の指摘も弱かった』と話す」（「神戸新聞」1995年1月31日）。
(5) 石橋克彦「地震列島の原発」石橋克彦編『原発を終わらせる』岩波新書、2011年、125－126ページ。環境経済学者の植田和弘は、原発再稼働として次のような8つの条件（大阪府市エネルギー戦略会議2012年4月提示）が必要と述べているが、原子力規制委員会の安全性審査の基準となる新規制基準はこれらの条件を満たしていない。
 1．国家行政組織法3条による独立性の高い原子力規制庁の設立
 2．新体制の下で安全基準を根本から作り直す
 3．新しい安全基準に基づいた完全な安全評価（ストレステスト）の実施
 4．事故を前提とした防災計画と危機管理体制の構築
 5．原発から100キロ圏内の住民合意を得て、自治体と安全協定を締結する
 6．使用済み核燃料の最終処理体制の確立
 7．電力需給の徹底検証
 8．損害賠償など原発事故で起こる倒産リスクの最小化
   （植田和弘『緑のエネルギー原論』岩波書店、2013年、9－12ページ）
(6) 「神戸新聞」2014年5月27日、兵庫県サイト「記者会見」ページ。
(7) 神戸市長が関電株主総会に出席へ－MSN産経west、sankei.jp.msn.com/west/west_economy/news/140528/wec。
(8) 2014年5月27日神戸市長定例記者会見。
(9) 「毎日新聞」2014年6月7日。
(10) 池田清「開発・成長型復興政策と貧困化」兵庫県震災復興研究センター編『大震災15年と復興の備え』クリエイツかもがわ、2010年、16ページ。
(11) ヴェブレン『経済的文明論―職人技本能と産業技術の発展―』松尾博訳、ミネルヴァ書房、1997年、195—238ページ。
(12) 米沢富美子『複雑さを科学する』岩波書店、1995年、4ページ、40ページ。
(13) 米沢富美子『複雑さを科学する』岩波書店、1995年、44－52ページ。安富歩・本多雅人・佐野明弘『親鸞ルネッサンス』明石書店、2013年、37－38ページ。
(14) 米沢富美子『複雑さを科学する』岩波書店、1995年、100ページ。N. ウィーナー『サイバネティックス』戸田巌他訳、岩波書店、2011年。N. ウィーナー『人間機械論』鎮目恭夫他訳、みすず書房、2007年。
(15) 安富歩・本多雅人・佐野明弘『親鸞ルネサンス』明石書店、2013年、61－66ページ。
(16) 安富歩・本多雅人・佐野明弘『親鸞ルネサンス』明石書店、2013年、72－74ページ。米沢富美子『複雑さを科学する』岩波書店、1995年、82－85ページ。

第1部

災害資本主義

第1章

日本の災害思想と災害理論

第1節　災害と祟り

　人類の歴史は、大災害とそれに対する人間の営みを欠いては語れない。旧約聖書「創世記」によれば、大災害は人類の歴史とともにあったことが記されている。そこでは、人間の悪と業に怒った神が、無垢で正しいノアの家族とすべての動物のつがいを「ノアの方舟」にのせ、全ての生きとし生ける物を絶滅させてしまう大洪水を引き起こす。この大洪水は、人類文明の発祥の地、メソポタミアのチグリス・ユーフラテス川やエジプトのナイル川の大洪水からイメージしたものと推測される。いずれにせよ「創世記」では、大洪水は、悪と業の人間に対する厳罰と位置づけられている。旧約聖書が、ユダヤ教・キリスト教・イスラム教の共通の聖典であることを考えれば、この教えは西欧の文化と文明に影響を与えたといえるだろう。

　洪水神話は、日本最古の歴史書である「古事記」の「イザナギ、イザナミ神話」の中にも見出される。世界的な文化人類学者である岡正雄によれば、「イザナギ、イザナミ神話」のすくなくともその前半は洪水神話の断片であると考えられるという。洪水の襲来のために人間は絶滅し、ただ兄妹二人が生き残った、そしてこの二人が結婚することによって人類や種族が繁栄するに至った、という洪水神話である。しかもこの神話は、南シナ、東南アジア、また台湾さらに南方に分布の系統をもつ[1]。とすれば、人類の生存、生死に決定的ともいえる影

響を与える洪水神話は、西洋と東洋とに共通する災害思想なのであろう。

　一方、東アジアの文化や文明に大きな影響を及ぼした中国においては、天変地異の諸現象は、「天子の不徳などにより天が下す警告であるとする災異思想が儒教の教説と一体化して展開する。『災』とは旱魃・洪水・飢饉・火災・兵乱などの災害、『異』とは地震・寒暑の変節や動植物などの異常を含む怪異・変異現象のことで、災異は支配者の不徳・失政に天が感応して支配者に対する忠告、あるいは懲罰として下されたものと解釈された。災異は政治的な問題として位置づけられ、それに対して支配者は徳治・善政をもって応じるべきと考えられていた」[2]。すなわち「天子の政治が行き届き、有徳であれば天は祥瑞を発生させ、天子の失政・不徳が続けば災異を発生させると考える。これが漢の時代に理論的に確立し、その後、中国諸王朝に長く影響力を及ぼした祥瑞災異思想なのである」。中国古典の「経世済民」が「経済」の語源と言われるが、祥瑞災異思想、すなわち、為政者が、貧窮や苦難の民を救い、世の中を経営する責任がある、との思想にもつながるものである。だが実際は、天子の責任は不問にされ、「宰相の政治責任が追及されたり、また臣下同士の政治批判に利用されたりするなど政争の具になっていた。つまり災異思想の本質的な要素の一つとして、災異を媒介とした政治批判」が見出されるのである[3]。

　つまり中国では、災害は単なる自然現象としてではなく政治の延長としてとらえられていた。だが、災害原因が、為政者によってもたらされた自然破壊や、災害に無防備な地域や都市をつくった政治の責任としてはとらえられていない。為政者は、「知らしむべからず依らしむべし」とのパターナリズムによって災害に対処したのである。

　日本も、この災異思想を律令国家体制の受容に先行、ないしは並行して受容するが、次のように展開していく。日本においては、災異が発生すると天皇が災異責任をいったん吸収し、徳政的対応を行ないながら、その一方で、君臣をあげて神仏に災異消伏を祈願することによって政治批判をかわす。災異を神霊に対する不誠敬を原因とする祟りであると理解することによって、災異発生の原因を天皇を含む政界上層部の不徳・失政によるとする理解から、祭り方の問題に限定して、災異思想から政治批判の要素を抜き取っていったのである。

　天皇制律令国家にとって懸念すべきは、災異発生時における民衆の不満と政

治不安、政界上層部の政争であった。しかし、日本における災異思想は律令の規定にみられるように天下の災異を天皇が究極的に引責し、対応する権利を保持するということであった。そこから、逆説的に倭国の天命思想を体現しつつ、災異の責任を天皇が吸収するとともに、責任の具体的追及を飛び越えて直接神仏に災異消伏を祈願する。さらに災異の原因を神霊に対する不誠敬による祟りとすることによって、君臣間・臣下間の政治批判を回避してゆくのであった。また災異を予兆としてとらえ、また政策決定の契機とするなど、逆に政治に密着した思想へと展開する[4]。

以上のように、疫病や飢饉、風水害、地震、津波、落雷などの自然災害は、神が怒って人間に災厄をもたらす「祟り」であるとして、神の怒りを鎮め「祟り」を防ぐために祭り事が行われた。日本の祭りを代表する三大祭りである祇園祭、天満天神祭、神田明神祭もそうであった。

祇園祭の始まりはスサノヲの御霊会であり、天満天神祭は菅原道真、神田明神祭も平将門の御霊会であった。とくに祇園祭は次のような時代背景があった。794年に桓武天皇が平安京に遷都し平安時代となるが、清和天皇が即位した貞観年間の859年ごろから、富士山噴火や洪水、疫病、そして869年の陸奥大地震大津波（貞観津波）と天変地異に翻弄され悩まされ続ける。スサノヲは祇園祭の本拠である八坂神社の祭神であるが、それはスサノヲが疫病を祓い除く霊威をもつ防疫の神として信じられていたからである[5]。いずれにせよ、災害を神の祟りとすることで、為政者の政治責任が回避されたのである。

災害を「神の祟り」とする観念は、例えば関東大震災の「天誅説」にみられるように根深いものである。さらに太平洋戦争末期から戦後にかけて起きた東南海地震・南海では、権力によって悲惨な災害を隠蔽する工作すら行われた[6]。以上のように災害は、為政者の責任を回避すべく「神の祟り」などと観念され、自然の構造や国家、社会の仕組み、法・制度の問題として科学的に考察されてこなかったのである。

第2節　災害理論の検証

寺田寅彦の災害論

　近代に入ると、わが国においても災害を科学的に解明する動きが出てくる。物理学者の寺田寅彦は、関東大震災後、被災地を調査し次のような災害論を打ち出した。第1の命題は、文明が進めば進むほど天然の暴威による災害がその激烈の度を増す、というものである。寺田寅彦によれば、テントか掘っ立て小屋のようなものであって見れば、地震には却って絶対安全であり、復旧ははなはだ容易である。だが人間は、文明が進むに従って次第に自然を征服しようとする野心をもつようになる。重力に逆らい、風圧水力に抗するような造営物を作ったが、それゆえというべきか自然の暴威によって損害の程度が累積し大災害がもたらされる。さらに文明の進歩にともない、国家や国民との有機的結合が進化し、その内部機構の分化が進展してくる。そうすると、その有機系の一部の損害が系全体に対して有害な影響を及ぼし、系全体に致命的となる恐れがある。だとすれば平生からそれに対する防御策をこうじなければならない筈であるのに、それが一向にできていないと警告を発した[7]。

　第2の命題は、「地震の現象」と「地震による災害」とは区別して考えなければならないことである。現象の方は人間の力でどうにもならなくても、災害の方は注意次第でどんなにでも軽減され得る可能性がある。災害は、人間と社会の対応次第で軽減できるのである。だが寺田は、「災難は、生じ易いのにそれが人為的であるが為に、却って人間というものを支配する不可抗な法則を受けて、不可抗なものであるという結論に到達」した。そして「今後少なくとも2,000年や3,000年は昔からあるあらゆる災難を根気よく繰り返すものと見て大した間違いはないと思われる」と、災害が人間の宿命とも受け取れるような考察をおこなっている[8]。この寺田の主張は、災害に対する諦観なのか、それとも災害をなくすには不断の社会改革と人間発達が求められるが、それには2、3千年の歳月が必要であるという意味なのだろうか。

　第3の命題は、西欧諸国と日本の風土、地形などの相違を踏まえた科学技術の適用の問題である。西欧諸国は、泥炭地や砂地や、はげた岩山など自然の慈

母の慈愛が欠乏し、地震や台風など自然の厳父の威厳の物足りない国が多い。つまり自然を恐れることなしに、自然を克服しようとする科学の発達には真に恰好の地盤なのである。こうして発達した西欧科学の成果を、なんの骨折りもなくそっくり継承した日本人は、天恵の享楽と利便性にのみ夢中になっているのではないか。日本人は、有史以来2千有余年この土地に土着し、日本の気候、風土、地形などの環境にできるだけしっくり適応するように努力し、また少なくも部分的にはそれに成功してきた。大切なのは、日本の環境に適応して生きてきた伝統を尊び、予測し難い地震や風水の災禍が頻繁する日本の自然の特異性を考慮した科学技術を適用したまちづくりである。そして天変地異の災禍を軽減し回避する努力が求められている[9]。一方、寺田は、つぎのように官僚的なまちづくりが災害を引き起こしていると社会科学的な視点からも議論を展開している。寺田は、信州や甲州の沿線における暴風被害を調査して「停車場付近の新開町の被害が相当多い場所でも、古い昔から土着と思われる村落の被害が意外に少ないという例の多かった事」を報告している。「これは、一つには、建築様式の相違にもよるであろうが、また一つには、地の利によるであろう。旧村落は、『自然淘汰』という時の試練に堪えた場所に『適者』として『生存』しているのに反して、気象的条件などということは全然無視して官僚的政治的経済的な立場からのみ割り出して決定されているためではないか」[10]。

　以上のように寺田の災害論は、災害の問題を自然や政治、経済などの視点から科学的に解明しようとした画期的な理論であった。だが天皇制軍国主義という時代の制約からなのか、「天災と国防」というタイトルからもうかがえるように国防的観点から災害を考察するという限界もあったことも確かである。さらに被災者の生活再建や被災地の再生のための災害復興については十分に検証されていない。これらの課題は、社会科学からのアプローチが必要で次の時代に委ねられることとなった。

佐藤武夫・木村春彦の災害論

　災害研究を専門とする佐藤武夫と木村春彦は、災害の原因と対策についての災害論を展開した。佐藤武夫は、災害が生じるメカニズムとして、(1) 素因、(2) 必須要因、(3) 拡大要因の3つをあげている。たとえば「高潮」による災

害は、自然現象である高潮が素因となる。「必須要因」は素因を被害に転化する最も本質的な要因で、たとえば十分な防潮堤をつくらず災害にいたらしめるものをいう。また防潮堤の背後に労働者の密集住宅が建てられている場合、高潮は一層ひどい災害を引き起こす。このような条件を「拡大要因」と定義した[11]。佐藤武夫の災害論を西山夘三は以下のように図式化した。

素因（自然的・社会的）＋必須要因（社会的）＋拡大要因（自然的・社会的）

　　　　　　　　　　　　災害　　　　　　大災害

　西山は、佐藤武夫の災害論が、災害にはつねに社会的な必須要因があり、それによってよびおこされるとする指摘は正しいとしながら、以下のような批判をくわえた。それは、第1に、佐藤は「災害」の中に「公害」を含めているが、現代社会がうみだす広義の災厄は、(1) 日常的には発生しない突発的なある「起因」によって大きな被害をもたらす「災害」と、(2) ジワジワと生活環境を悪化させ、生活内容をひずませてゆく「公害」に分けるべきである。

　第2に、佐藤は、必須要因を素因のもたらすものを防ぎえない条件としているが、西山は被害を受ける側にそれを災害たらしめる社会的な条件が発展しつつあるとみている。災害をよびおこす社会的条件を「被災要因」・「被災基盤」と定義した。つまり災害は、社会の発展の中で形成・成長する被災要因の発展・被災基盤の拡大によって準備され、そこに起因が働くことによって発生するというのだ[12]。

　一方、木村春彦は、佐藤武夫の災害観を踏襲しつつ、災害の原因だけでなく、発生・被害・対策まで含めた構造を明らかにしようとした。木村によれば、人間社会における現象は、単純な因果律によるものではなく、直接的な原因、間接的な原因のいろいろな段階のものが複雑にからみあっている。したがって原因を明確にするためには、災害の発生条件となる自然と社会のしくみを詳細に分析しなければならない。

　現実の災害が、どの部分にどのように関連して起こっているのか、人為的因子を明確にすることで、どの段階でどのような防災対策を対応させるべきかが

明らかになる。自然的因子は、エネルギー的因子と自然環境的因子があり、前者は地震、津波、噴火や、豪雨、台風などの異常気象であり、後者は断層破砕帯などの地質不良、急傾斜、低湿地などの地形不良である（図1）。

　木村によれば、現代災害の傾向は、「災害の人災化と被害の大規模化」であり、「災害の人災化」は、資本主義が高度に発達するほど大量生産大量消費が普及し、そのため必然的に生産手段の大規模集中化による被災物の増大、利潤につながらない安全性の軽視が起こってくることを指す。「災害の人災化」の内容として、①「乱開発による水害多発」、②「過密による都市災害の激化」、③「災害と公害の複合化」であった[13]。

　この木村の理論に付け加えるべき論点は、災害は同じエネルギーであっても、被災地の自然的性格（地理や気象条件など）や社会的性格（防災のインフラなどのハード面と、防災訓練や自治、コミュニティなどのソフト面、地方自治体の政治や行政運営の質）によって異なり、復興もそれらに左右される側面を有していることである。

図1　災害原因の因子分析

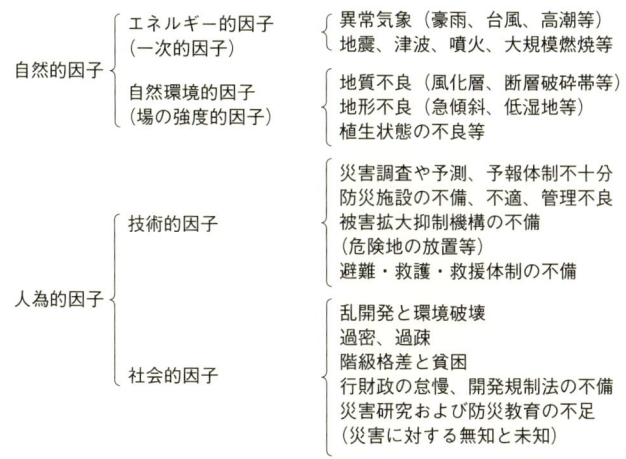

自然的因子
- エネルギー的因子（一次的因子）
  - 異常気象（豪雨、台風、高潮等）
  - 地震、津波、噴火、大規模燃焼等
- 自然環境的因子（場の強度的因子）
  - 地質不良（風化層、断層破砕帯等）
  - 地形不良（急傾斜、低湿地等）
  - 植生状態の不良等

人為的因子
- 技術的因子
  - 災害調査や予測、予報体制不十分
  - 防災施設の不備、不適、管理不良
  - 被害拡大抑制機構の不備（危険地の放置等）
  - 避難・救護・救援体制の不備
- 社会的因子
  - 乱開発と環境破壊
  - 過密、過疎
  - 階級格差と貧困
  - 行財政の怠慢、開発規制法の不備
  - 災害研究および防災教育の不足（災害に対する無知と未知）

資料．木村春彦「災害総論―総合科学的災害論の構造化の試み」『法律時報・臨時増刊「現代と災害」49巻4号』日本評論社、1977年

島恭彦と宮本憲一の災害論

　島恭彦と宮本憲一は、社会科学、とくに政治経済学から災害論を提起した。彼らは、地震や津波などの災害を主要な研究対象としていないが、資本主義経済の不均等発展によって災害に脆弱な地域がつくられるという重要な問題提起をおこなった。

　島は、災害を生産諸力の地域的不均等から出てくる問題として把握した。すなわち、地域的不均等は、大資本の支配する鉱工業部門に対する農林水産業等の産業部門の甚だしい立ちおくれであると問題を設定する。それは、国の広大な地域に未開発の後進地帯を残存させ、またその地帯を資本に対する単なる原料、食糧の供給地帯として停滞させる。

　生産諸力の地域的不均等、地域間の支配と従属の関係は、土地その他自然の中にかくされた生産力即ち資源の開発の不均等状態を作り出し、資源の未開発の地域と資源枯渇の地域を交錯せしめる。このような生産力、資源に対する対策、即ちその利用、培養、保存の政策や計画の欠如は、生産力に転換すべき資源を逆に破壊的なエネルギーに転化し、災害を頻発させる。しかもその災害の発生も地域的に不均等であり、おくれた従属的な地帯の被害を甚大にし、そこの生産力をいよいよ荒廃させる[14]。

　さらに島は、災害が人間社会の中の問題であるため政治と関係しているとして次のような指摘をしている。災害政治の機構がどのように動くかは、災害によって誰が政治的、経済的に利益をうるか、誰が災害によって損害を受けるかという問題を解明する必要がある。災害復旧関係の経費は、公共事業の一つの種類であるが、普通の公共事業と比べ大きな利益がある。緊急性から査定が甘く、国庫補助率が高いためである。便乗工事がおこなわれ、遅れた市町村を固めていく一つの政党、あるいは官僚の支配の基盤を作る。俗に焼け太り。災害で利益を受けるのは、セメント工業やそれに連なる建設工業である[15]。

　この災害政治論は、阪神・淡路大震災の復興において道路、港湾、空港などの大規模な公共事業が推進され、東日本大震災の復興においても復興予算の流用や10年間で200兆円ともいわれる公共事業をすすめる国土強靭化が提起されていることをみるにつけ、今日にも通用するすぐれた理論であるといえよう。

　以上のように島は、資本主義経済の地域的不均等発展が、一部の大都市に経

済力が集中し農村の経済力が絶対的・相対的におくれ、農山村の災害を引き起こすという問題を提起した。一方、宮本憲一は、都市問題が資本主義の地域経済の不均等発展により引き起こされ、市民とくに都市労働者の生活困難として現れることを検証した。宮本憲一は、次のように公共投資や地域開発の視点から風水害の問題を理論化した。宮本によれば、次の4つの原因がかさなりあって、災害をひどくしているという。第1は、公共投資が産業基盤育成に重点を移したため、災害復旧や治山治水のための国土保全投資が少ないこと。第2は、急速な都市化に対応する都市計画の遅れ。第3は、工業立地の無計画による地盤沈下など。第4に、防災行政のセクショナリズム、無責任の体系である。宮本は、その克服として都市政策、国土政策の重要性を指摘するが、災害そのものの対策については必ずしも明確に論じてはいない[16]。

　利潤最大化を基本原理とする資本主義経済は、集積の利益を求め資本、労働力などを大都市地域に集中させるため、各地域は不均等に発展し過疎と都市問題を引き起こし住民の貧困化をもたらす。政府は、資本主義経済の地域的不均等発展によって弱体化した地方財政と住民の貧困化につけ込み、地域開発という名目で介入し、電源三法による補助金や交付金、沖縄振興開発計画や基地交付金などカネの力によって、沖縄の軍事基地や福島などの過疎地に原発を誘致させ、災害のリスクを周辺にしわ寄せさせていった。

　以上のように、戦後における社会科学のアプローチによる災害論は、災害の原因や対策について究明されているが、次のような課題が残されている。第1に、災害後、いかにして復興していくべきか、特に被災者の生活や生業の再建と雇用の保障や被災地の再生のための復興政策、そして「開発・成長型復興」が新たな災害をもたらす「復興災害」の問題である。

　第2に、原発事故のように資源、エネルギーの利用と管理の問題が、災害を引き起こす問題である。たしかに島恭彦は、沖縄の軍事基地にみられる軍事経済が、国民生活と国土の破壊の中から最大限の利潤をひき出し、電源開発も軍事経済の動脈を形成する目的を持ち災害の原因となっていることを批判した。電力ダムのために、村や山林や高地が水の底に埋没したり、ダム建設のために、その地帯の森林が濫伐されたり林道が破壊され、ダムのために河川が荒らされ洪水の原因になるようなことも生じている。こうやって破壊された電力が軍事

経済の動力となるとすれば破壊はまさに累積的である。このように軍事基地日本の中で行われている破壊が、やはり災害の原因になっている[17]。

　このような問題の背景には、日本の経済構造が、外国の資本と技術に依存して、急速に成長する間に非常にアンバランスな、具体的には農業と工業の非常なアンバランスを含みながら発展していった問題が背景にある。石油、電力、鉄鋼、自動車の四大部門の高度成長の基礎には、石炭、水力電気という国民的エネルギー基盤から、国際独占資本が支配している石油へのエネルギー転換の問題がある。高度成長を達成するために、日本経済の自立にとってもっとも重要なエネルギー資源や食糧資源の確保が犠牲にされてきたのだ[18]。

　以上、島は、資本主義経済の不均等な発展とエネルギー資源の転換、そして軍事経済が、災害を引き起こす要因となるという重要な指摘を行った。だが災害が、資本主義の生成と成長にともなう現象であり、資本主義が災害に便乗して成長する災害資本主義の問題と、核兵器と密接に関係している原発の問題は次の課題として残された。

注
(1) 岡正雄「神話」岡正雄編著『日本民族の起源』平凡社、1958年、45ページ。
(2) 山下克明『平安時代の宗教文化と陰陽道』岩田書院、1996年、213-216ページ。
(3) 松本卓哉「律令国家における災異思想―その政治批判の要素の分析―」黛弘道編『古代王権と祭儀』吉川弘文館、1990年、145-146ページ。
(4) 松本卓哉「律令国家における災異思想―その政治批判の要素の分析―」黛弘道編『古代王権と祭儀』吉川弘文館、1990年、159-161ページ。
(5) 戸部民夫『八百万の神々―日本の神霊たちのプロフィール』新紀元社、1997年、53-54ページ。「『祇園さん』や『天王さん』と呼ばれる神社では、天王祭が行われるが、その中心が疫病除けである。『天王』とは祭神の牛頭天王のことで、インドの祇園精舎の守護神、または新羅の牛頭山の神ともいわれる疫病除けの神である。この神は古くからスサノヲ尊と同一神と考えられてきた。スサノヲが疫病除けの神とされるのは、大変な荒神であるところに求められる。また高天原で乱暴を働いたスサノヲは、八百万の神々から償いをさせられ、長い髭や手足の爪を切られる。これは、古代において、穢れを落とす禊祓と同じような意味をもつ一種の悪霊祓いの儀式だっただろうということである。そうした魔除けの呪法を体現する存在として、スサノヲが疫病除けの守護神として信仰されることになった」
(6) 山下文男『隠された大震災―太平洋戦争史秘録―』東北大学出版会、2009年。
(7) 寺田寅彦「天災と国防」『寺田寅彦全集　第7巻』岩波書店、1997年、313-314ページ、初出は1936年。
(8) 寺田寅彦「災難雑考」『寺田寅彦全集　第7巻』岩波書店、1997年、343-352ページ、初出は1935年。
(9) 寺田寅彦「日本人の自然観」『寺田寅彦全集　第6巻』岩波書店、1997年、初出1935年、262

－263ページ、277－278ページ。
(10)　寺田寅彦「天災と国防」『寺田寅彦全集　第7巻』岩波書店、1997年、319ページ、初出は1936年。
(11)　佐藤武夫「災害構造の総括」佐藤武夫・奥田穣・高橋裕『災害論』勁草書房、1964年、235－266ページ。
(12)　西山夘三「新しい災害」(第13章)『地域空間論・西山夘三著作集3』勁草書房、1968年。
(13)　木村春彦「災害総論──総合科学的災害論の構造化の試み」『法律時報・臨時増刊「現代と災害」49巻4号』日本評論社、1977年。
(14)　島恭彦『地域論　島恭彦著作集4』有斐閣、1983年、35－36ページ。
(15)　島恭彦「災害の政治と経済」『戦後民主主義の検証』筑摩書房、1970年、44－47ページ、初出1953年。
(16)　宮本憲一『日本の都市問題』筑摩書房、1969年。
(17)　島恭彦「災害の政治と経済」『戦後民主主義の検証』筑摩書房、1970年、42－44ページ、初出1953年。
(18)　島恭彦「経済成長と憲法体制の危機」『戦後民主主義の検証』筑摩書房、1970年、102－108ページ。

第2章

災害資本主義

第1節　災害ビジネスと貧困ビジネス

　気鋭のジャーナリスト、ナオミ・クラインは、その著『THE SHOCK DOCTRINE─the rise of disaster capitalism』（日本語訳は『ショック・ドクトリン─惨事便乗型資本主義の正体を暴く』）において、現代資本主義の災害を、自然災害や人為的な戦争やクーデターなどの大惨事に便乗して急進的な自由市場改革を推進する「惨事便乗型資本主義」という概念で把握した。クラインは、1970年代以降、アメリカ政府とグローバル企業が、津波やハリケーンなどの自然災害、戦争や政変などの危機につけこんで、あるいはそれを意識的に招いて、人びとがショックと茫然自失から覚める前に、およそ不可能と思われた過激な経済改革を強行し、災害に便乗して暴利を貪る災害ビジネスの問題を検証した。

　本書は、災害が資本主義に内在する傾向を有しているがゆえに、以下のようなタイプの災害が頻発し、それに便乗してビジネス化する「災害資本主義」として把握する。第1に、資本主義はマネー（利潤）を最優先するため、労働基準や衛生、安全性などが軽視され、災害に脆弱な労働現場を形成し労働災害が引き起こされる。石炭や銅などの鉱山や鉄鋼、石油化学産業などでの爆発事故や有害物質による健康被害、そして原発現場での被ばく労働や長時間過密労働、過労死やストレス性精神病などがあげられる。

　第2に、資本主義が、マネー（利潤）優先のシステムであるため、地域的に不

均等に発展し、地方の農林漁業の衰退や人口減少、高齢化などの過疎問題と、東京一極集中の過密問題をもたらし、災害に脆弱な地域・国土構造をつくる。

　第3に、資本主義は、常に拡張、増殖し不断に成長しなければ維持できないシステムである。そのため、石油など化石燃料の大量使用と大量生産・消費・廃棄システムを形成し、二酸化炭素排出増加による地球温暖化などの気候変動の影響による干ばつ、洪水、台風、ハリケーンなどの自然災害の誘因となる。また生産手段・生活手段の大規模集中化によって、被災物が増大する危険性を高める。

　第4に、資本主義は、「恐慌、投機、排除、不平等拡大、そして金融化とグローバル化へと突き進む内在的傾向が存在する」[1]。そのため大恐慌や失業、貧困、格差をつくりだし、民主主義の基盤である国民のコモンセンスや共通性、均質性を解体させるため、独裁政治、強権政治への傾向を強める。そしてテロやクーデター、内戦、戦争などの土壌を形成する。いずれも生命と生活、そして自然を破壊するものである。

　クラインの提起した「惨事便乗型資本主義」は、ハリケーン・カトリーナなどの災害に対するブッシュ政権の、予防費用の削減と災害対策における民営化政策に典型的に現われた。堤未果によれば、ハリケーン・カトリーナが甚大な被害をもたらした背景には、カトリーナに対する連邦政府の対応が遅かったことと、自然災害など緊急事態に対応するはずの米連邦緊急事態管理庁（FEMA）がほとんど機能しなかったことがあげられる。そのことは、カトリーナが上陸する前にホワイトハウスが発令した非常事態宣言適用地域のリストに、被災の特にひどかったニューオーリンズ市などルイジアナ州南部エリアは含まれていなかったことからも明らかである。

　この問題の背景に、ブッシュ政権の災害予防と災害復興対策における「民営化」政策がある。ブッシュ政権は、9.11事件以後、「テロの脅威・攻撃から米国を防衛するための包括的な国家戦略の策定と実施」を目的に、FEMAを大統領府内に創設された「米国土安全保障省」に統合した。そのため大統領府に準ずる権限を有していたFEMAは、省レベル機関に格下げされていった。FEMAの目的は、実質的にテロ対策に移行し、災害支援業務は約2億ドルを節約すると主張され、「競争」を導入した新しい災害緩和プログラムに移行するなど

民営化されていく。災害予防のための堤防修築の予算なども大幅に削減され、職員も災害対策のプロから素人に代わり士気も低下していった。今回の被害地域は、専門家から堤防補強などの対策が必要と言われ、地元の国会議員も25億ドルを要求していたが、ブッシュ政権はこの要求を削減したのである。米国政策調査研究所によればイラク戦争で１ヶ月52億ドルもの戦費がかかるが、その２週間分で堤防補強ができたという。また災害救援に必要な州兵の多くがイラク戦争に駆り出され、給油車両、自家発電気などが携行されたことも復旧の足枷となった。つまりテロ対策やイラク戦争遂行のために、災害予防や災害復興が疎かにされ、そのしわよせが貧困者など災害弱者に集中したのである。

　被災地の復旧・復興のために、総額623億ドル（約６兆9,100億円）の補正予算が計上された。だが復興政策は、政府や自治体が直接支援するというよりも、市場のメカニズムを通じて復興を行う方式がとられた。復興予算の多くは、入札抜きで民間企業に分配され、低所得者用の公共団地が取り壊され、高級コンドミニアム群とショッピングモールなど都市再開発が推進されている。また連邦政府の仕事を受注した業者に対し、作業地における地方自治体の法定最低労賃を支払うことを義務づけた法律を無効とし、雇用主が低賃金で労働者を雇える企業優遇政策を打ち出した。さらに被災地の賃貸住宅の家賃は、被災前の３倍にも上昇し貧困層が追い出され、住民の自殺率は被災前の３倍にはねあがった。つまり国民の生命にかかわる分野を民営化し民間ビジネスの金儲けの対象とし、さらに被災者の生活よりも、地域外の資本を富ませるための政策が優先された。このような現実が、テレビや新聞などで全米に報道され、黒人など被災者に対する同情が広がり、貧困と人種差別を克服する新しい指導者、新しい政治が切望されたのである[2]。

　以上のように、民営化政策は災害ビジネスの土壌となったが、その根底に貧困と格差問題があり、大量の貧困者を収奪する貧困ビジネスがある。2008年のリーマンショック発の現代の経済危機は、「1929年の世界大恐慌と同じ」と言われるが、大不況の根底に「貧困問題」があることを忘れてはならない。ブッシュ政権の民営化政策は、災害対策だけでなく低所得者層の「持ち家」政策を推進したサブプライム・ローンに典型的にみられた。サブプライム問題は、大金融会社が仕組んだ貧困者を搾取するビジネスに根がある。低所得者に高価な住宅

を供給する悪質業者に金を貸し、低所得者がローンや家賃を払えなくなり、融資が焦げ付けば保険で回収しようとするビジネスである。保険料さえ入れば金融機関は損をしないはずだった。しかし、強欲の連中は何倍にも融資規模を広げ、一人の貧乏人に何人もの金貸しがたかり始めた。金貸しの人数だけ、保険金が分散して融資額を下回れば、貧困ビジネスは終わる。この貧困ビジネスは、一貫して住宅価格が値上がりし続けるという「神話」によっていたが、バブル崩壊とともに脆くも崩れ去った。

　サブプライム・ローンとその破綻、そして大不況は、本来、公的支援や公営住宅の対象となるべき貧困者層に多額の借金をさせ、民間ビジネスの金儲けの対象とした住宅の民営化政策、そして「マイカー主義」に象徴される大量生産・大量消費・大量廃棄の米国型生活様式の破綻でもあった。それと同時に、今回の過剰生産による大不況は、広告や販売術などによって貧困者にまで住宅や自動車などに対する欲望を創り出している、大量生産、大量消費、大量廃棄システムの破たんをも意味している。

　かつてガルブレイスは、アメリカの「ゆたかな社会」における消費は生産に依存しているとして次のように述べた。「生産の増大に対応する消費の増大は、示唆や見栄を通じて欲望をつくり出すように作用する。高い水準が達成されるとともに期待も大きくなる。あるいはまた、生産者が積極的に、宣伝や販売術によって欲望をつくり出そうとすることもある。このようにして欲望は生産に依存するようになる。……財貨に対する関心は消費者の自発的な必要から起こるのではなく、むしろ依存効果によって生産過程自体から生まれる」[3]。マイホームやマイカーなどの消費欲望をあおられた貧困者は、借金返済のために長時間の労働を自ら進んで受け入れ、社会や政治参加の意欲や環境問題などへの関心が削がれ、その結果、民主主義が重大な危機に陥るのである。

　さらに問題は、その後の1970年代のスタグフレーションに対する危機感のなかで、白人の黒人や移民に対する差別意識を巧みに利用した保守的政治勢力が台頭し、福祉の受益者である黒人、移民とその財源負担者である白人の中間層、富裕層とを分断する「小さな政府」と「民営化」、「福祉削減」の政策が強行されていく。彼らは、社会保障制度を後退させ、金持ち減税、労働者保護の規制緩和と組合潰しなどによって、富める者をますます豊かに、弱者を貧困に追い

込んだ。

　そして日本をはじめとする世界各国の経済成長が、アメリカの向けの輸出に依存し、稼いだ外貨ドルが金利の高いアメリカに還流し、ドル増刷などによって浪費的で無駄な消費が支えられる構造がつくられた。1990年代以降、日本政府も、米国の民営化・規制緩和策を見習って、郵政事業の民営化や労働者派遣法、累進税率の緩和、社会保障の抑制、地方交付税の削減など「新自由主義」的政策を次々と打ち出す。これらの政策は、まさにその最中に勃発した阪神・淡路大震災の復興政策においても継承され、貧困や格差拡大、コミュニティの崩壊を加速させていった。

　現代の大不況と貧困、格差は、人と人との絆やつながりを断ちコミュニティの貧困というかたちであらわれている。2006年8月15日、小泉純一郎元総理は、平和を求める多くの国民と世論の反対を押し切って靖国参拝を強行した。その数時間後に、極右とみられる人物が、かねてから首相の靖国参拝に異議を唱えていた自民党元幹事長加藤紘一の事務所を放火するという事件を引き起こした。

　加藤は、この事件の背景に2,000万人にのぼる「ワーキングプア」を生んだ経済的変化と「切れやすい」社会があり、「浮遊している、根っこのない社会」について次のように語っている。「そこが一番問題だと思いますね。個人が浮遊している。糸の切れた風船みたい。それが都会の場合には数十万の単位で浮いている。…家庭の中でも関係が希薄になっているんです。……地域社会では人間関係が希薄になったのはだいぶ昔からだ。勤め先のコミュニティではまだ部長と課長とヒラが一緒になって酒を飲んでいたけれど、最近それも少なくなってきた。……そうすると皆自分の考えをしっかり持っていればよいが、自分の思想を強く持てる人は数少ないんです。すると、自由が苦しくなってくる。何か強く自分を引っ張っていってくれる人を求めるようになる」[4]。

　この事件は、極端な思想をもった人の犯罪だけとはいえない病んだ社会に根っこをもっている。2008年6月8日、東京秋葉原で無差別殺傷をおこなったK容疑者も、大学受験に失敗し、安定した仕事に就けず、将来の生活設計を描けなかった。さらに家族や友人との人間的絆をつくることができず、ネットでしかコミュニケーションがとれない孤独で浮遊した存在であった。だからこそ今回の事件のような形でしか、生きているという存在を実感できなかったのである。そこ

に底深い精神の貧困をみる。問題は、同じような境遇の派遣労働者や青年たちが、犯行者の行為に批判的であるにもかかわらず、「犯行者の気持ちは理解できる」と「共感」を寄せていることだ。つまりこの事件は、特異な問題ではなく社会病理の氷山の一角に過ぎない。

　他方、社会の底辺で沈澱している「コミュニティ」の問題も無視できない。地震など大災害により社会が危機に直面したとき、社会が抱えていた問題や本質が浮き彫りにされる。沈澱している「コミュニティ」問題は、大震災後の災害公営住宅に典型的にあらわれた。災害復興住宅（兵庫県内15市町村、災害公営住宅建設、民間賃貸住宅借り上げで約4万2,000戸）における孤独死は、2009年12月末までに522人にも達し、現在もなくなるどころか続出している。そこでの高齢化率は43.8％で、無職が41.7％、退職・年金18.3％、パート主婦8.6％を占めるなど低所得階層の人々が多く住み、1年後の生活状況の予想も、35.6％の人が「悪くなる」と悲観し、「良くなる」は8.9％にすぎない。近所づきあいや地域の各種活動への参加も、過半数の人が「ない」と答えている。団地内の人が、自分の家に訪問する回数は月に1回以下が75％もあり、団地内のコミュニティが余りに稀薄であり、孤独で寂しい生活を送らざるを得ない人々の世界がひろがっている[5]。

　仮設住宅群の中の診療所に勤務した額田勲医師によれば、圧倒的に多発する中壮年の孤独死の特徴として、①一人暮らしの無職の男性　②慢性の疾患を持病としている　③年収百万前後の低所得者をあげている。つまり孤独死とは単なる独居死ではなく、貧困の極みにある一人暮らしの慢性疾患罹病者が、病苦によって就業不能に追いやられ、次いで失職により生活崩壊という悪性の生活サイクルに陥り、最終的に死に追いやられるという。その根底には、貧困ゆえに医療も含め周囲から排除され死に至る人間疎外を生む社会構造があるという[6]。

　このようなコミュニティは、大震災という特別な事件を待つまでもなく、日常生活の中に起きている。たとえば東京都新宿区の総戸数約2,300戸の都営「戸山団地」では、住民の過半数が65歳以上、75歳以上の約6割が一人暮らしと推定され、孤独死のリスクが高まっている[7]。確かにごく少数の善意の人々の助け合いの試みもみられるが、生活の悩みごとなどを相談し、孤独死などを防げる

までには至っていない。

　一方、社会から聳立する「コミュニティ」があらわれている。ゲーテッド・コミュニティ（要塞の街）といわれ、高いフェンスで囲まれ24時間態勢の警備によって守られた、富裕層向けの数億円もするマンションや住宅で、地域社会から隔絶した「コミュニティ」である。米国では1980年代以降、格差と貧困が拡大し、治安悪化という過程の中で拡大し、日本でも最近になって首都圏を中心に兵庫県芦屋市や神戸市東灘区などにひろがりつつある。「マネーで安全を買う」社会が到来したのである[8]。

　人は、ギリシアの哲人アリストテレス指摘を待つまでもなく高度な社会的動物である。人は一人では生きていくことができず、人と人との何らかのかかわり、つながりの中で生を紡いでいる。人と人とをつなぐ原理は、血縁を主とするもの、地縁を主とするもの、そして会社を主として結ばれる「社縁」とがある。現代日本は、いままでの「縁」から遠ざけられた「無縁」社会がひろがりつつある。その典型が、先進国トップレベルの自殺率の高さであり孤独死の多発である。

　以上、日本社会は、第1に、他者や社会に対する理由なき敵意と攻撃性、暴力性、第2に、無気力、無関心、諦観、第3に、自分や身内だけの安全や利益のみを優先するマインドが醸成されつつある。絶対的貧困と格差のなかで、人と人とが信頼し助け合い、社会の連帯で安全・安心を確保するコミュニティが崩壊しているのだ。現在、米国のサブプライム・ローンに端を発した金融危機と世界同時不況のもとで、大量の失業や倒産、自己破産などのリスクと、人々の不安と孤立、疑心暗鬼、不信感が高まっていることを考えるとき、暴力的性向に拍車がかかり、自由や民主主義、安全にとって由々しき事態が生じかねない危険性を感じるのは、筆者の思い過ごしであろうか。

第2節　政治（政策）と社会規範

　ポール・クルーグマンによれば、米国の貧困や格差は、政治（政策）、社会規範の問題によってもたらされたという。戦後、米国の比較的平等で民主的な中産階級社会は、自由主義経済によって自動的に出来上がったものではなく、ルー

ズベルト政権の政策によって作り上げられた。1920年代のアメリカは、人種、民族、宗教の経済的利害によって分断されていたが、ルーズベルト政権は、自由・平等・民主主義の社会規範を強調し、労働組合の強化、富裕層に対する累進課税や社会保障制度、失業保険、公営住宅のような再分配政策によって貧困救済と所得格差の縮小を推進した。だが1970年代のスタグフレーションに対する危機感のなかで、白人の黒人や移民に対する差別意識を巧みに利用した保守的政治勢力のムーブメントがおこり、福祉の受益者である黒人、移民とその財源負担者である白人の中間層、富裕層とを分断するイデオロギーと「小さな政府」、「福祉削減」の政策が強行されていく。彼らは、社会保障制度を後退させ、金持ち減税、労働者保護の規制緩和と組合潰しなどによって、富める者をますます豊かに、弱者を貧困に追い込んだ[9]。米国の貧困と格差は、巨大な金融取引と投機、株主利益を重視した経営、グローバリゼーション、情報技術などのイノベーションの影響もさることながら、クルーグマンの指摘する政治（政策）、社会規範の問題も無視できない。

　河上肇は、その著「貧乏物語」において、貧困や格差が利己主義、拝金主義によってつくり出されることを洞察したが、その根底に日本の政治（政策）、社会規範の問題がある。日本は、1970年代以降の米国の後を追うように、80年代はプラザ合意（1985年）、前川レポート（1986年）、日米構造協議（1989年）、そして90年代は、「経団連ビジョン2020」（1996年）、同年の橋本内閣「六大改革」、1998年の金融ビッグバン、2001年からの「小泉構造改革」、メイド・バイ・ジャパンを主張した「経団連2003ビジョン—活力と魅力溢れる日本をめざして」など新自由主義へと政策と規範を切り替えていった。

　本書で取り上げる阪神・淡路大震災が勃発した1995年は、①日本経済団体連合会が『新時代の「日本的経営」—挑戦すべき方向とその具体策』報告書で雇用の階層化・差別化を打ち出した年であり、②今日の無差別テロを想起させるオウム真理教の地下鉄サリン事件が起きた年であり、③沖縄の少女暴行事件をきっかけとした米軍基地の県外移設の浮上など、現代日本の抱える根幹的な問題が引き起こされた年であった。特に①の『新時代の「日本的経営」—挑戦すべき方向とその具体策』は、労働者を正社員の「長期蓄積能力活用型グループ」と契約社員など「高度専門能力活用型グループ」、パート・アルバイト・派遣な

ど「雇用柔軟型グループ」の３類型に分け、雇用の流動化と人件費の引き下げをもくろむものであった。

　翌年には自民党行政改革推進本部「橋本行革の基本方向」が打ち出され、グローバル経済化における多国籍企業の国際競争力強化を打ち出す。「基本方向」は、「国際社会・経済の領域でも、市場経済の拡大と深化が進む一方、ヒト、モノ、カネ、情報が極めて迅速に地球規模（グローバリゼーション）で動き回るようになってきている。企業は、激しい競争に勝ち抜くため、有利な環境を求めて国境を越えて移動（経済の空洞化）するようになり、いわば、人や企業が国を選ぶ時代が到来しようとしている。『大競争（メガ・コンペティション）時代』の到来である」。このような認識のもと、「大競争時代にあって、わが国がなおワールド・センターの一つとしての地位を維持していくべきだとすれば、この面からも効率的でスリムな政府と活力ある社会・経済システムの構築はまったなしの課題である」とし、小さな政府と市場原理による社会・経済の活性化の必要性を強調した。以上のような日本経済団体連合会や自民党の「改革提案」を受け、橋本首相は行政、財政（税制など）、経済、金融、社会保障、教育の領域にまたがる「六大改革」を提起する。

　これら一連の「構造改革」は、「自立・自助」、「自己責任」を規範として、小さな政府（福祉削減）と民営化（官から民へ）、規制緩和（政府の規制を排除した自由化）、税制改革（富裕層と大企業優遇）、市町村合併・「三位一体改革」を柱とする政策であった。また民間経済を担う企業は、自由競争とリストラ、コストダウンの合理化、合併、持ち株会社などの巨大化、「自己責任」と能力主義・年俸制の成果主義を推進した。特に雇用について1996年に労働者派遣法（1985年制定）を大幅に改訂し、派遣の業務対象をいままでの16業種から26業種に拡大した。さらに1999年には禁止業務（製造、港湾運送、建設、警備、医療）以外を原則自由と改訂し、2003年には製造業現場への派遣が自由化され、いつでも解雇できる制度を整備した。このような一連の「改革」のなかで失業者やワーキングプア、ホームレスが増大し貧困と格差が拡大していく。

　さらにこの時期に、ホワイトカラーを中心に成果主義と呼ばれる労務管理の手法が導入されてくる。その目的は、いままでのような勤続年数を重視したうえで功績の評価を加味した年功制ではなく、自己申告で設定した個人目標の達

成度を評価に反映させ、達成度の高い者にはより多くの報酬を、低い者にはより少ない報酬を与えて労働者を競わせて、人件費総額を抑制しながら「生産性」を引き上げることにある。成果主義は、労働者を相互に競争、対立させつつ、過大な負担を強い、成果を達成できない者を蹴落とし解雇にまで追い込む仕組みである。さらに「自己責任」のもとで、多くの労働者は、「うつ状態、うつ病」にまで追い込まれ、労働における生きがいと連帯による喜びが剥奪されていく。日本の成果主義は、報償と罰を用いて労働を評価・監視するシステムである。

　以上の経過の中の象徴的出来事が、1998年以来、年間3万人以上の自殺者を出す「自殺先進国」日本の現実である。京都大学の『自殺の経済社会的要因に関する調査研究報告書』（2008年）によれば、自殺は中年層における死因の第1位、第2位を占めるという（男性では20-44歳の年齢層で死因の第1位、45-49歳で第2位、該当する年齢層の死因の30-40％を占める）。同報告書は、98年以降、増加した経済社会的要因による自殺の場合の主な特徴として、(1) 自社の倒産・廃業（多くのケースで債務返済難）、(2) 失業及び再就職難、(3) 収入減少、他人の債務保証等（多重債務）、(4) 仕事の量・質の変化（過大な責任など）を挙げている。河上肇は、1917年に『貧乏物語』を著わし、ボンガーの「貧乏」の定義を紹介している。ボンガーによれば「貧乏は人の社会的感情を殺し、人と人との間におけるいっさいの関係を破壊し去る。すべての人々によりて捨てられた人は、かかる境遇に彼を置き去りにせし人々に対しもはやなんらの感情ももち得ぬものである」（ボンガー『犯罪と経済状態』）。ボンガーの指摘をまつまでもなく、貧困は、つまるところ人を人間的な感情を持ち得ないところまで追い込み、自殺や孤独死、そして無差別殺傷という暴力行為にまで及ばせるのであろう。

　貧困や自殺という問題は、家族や地域、働く場に根づいていた日本の良き伝統ともいうべき「助け合い、分かち合い、学び合う」コミュニティの崩壊の問題でもある。現代という時代は、人々をどうしようもない諦観や絶望、敵対と憎悪、猜疑心の渦巻く孤独な世界へと追い込む強力な磁場が働く世界をつくりだしているのであろう。

第3節　資本主義の生成、成長と災害

　ここでは、ナオミ・クラインの「惨事便乗型資本主義」を参考にしつつ、災害が資本主義の生成と成長にともなう現象であり、資本主義が災害に便乗して成長する災害資本主義であることを検証する。クラインは、綿密かつ豊富な取材と調査に基づいて、自由と民主主義という美名のもとに語られてきた「復興」や「改革」の背景に、ショック・ドクトリンと惨事便乗型資本主義があることを洞察した。

　クラインによれば、ショック・ドクトリンとは、1970年代のチリの軍事クーデター後の独裁政権のもとで押し付けられた「改革」をモデルとし、その後、イギリスのサッチャー政権、ポーランドの「連帯」、ソ連崩壊後のロシア、アパルトヘイト政策廃止後の南アフリカ、中国の天安門事件、さらには最近のイラク戦争や、アジアの津波災害、米国のハリケーン・カトリーナなど、暴力的な衝撃で世の中を変えた事件と、その後の「復興」やIMFや世界銀行が介入する「構造調整」という名の暴力的改変に共通している。「ショック・ドクトリン」の源は、ケインズ主義に反対して徹底的な市場至上主義、規制緩和、自由貿易、福祉と医療、教育費の公共的支出の削減と民営化を主張したアメリカの経済学者ミルトン・フリードマンであり、過激な荒療治の発想には、個人の精神を破壊して言いなりにさせる「ショック療法」＝アメリカCIAによる拷問手法が重なる[10]。

　クラインは、急進的自由主義的改革は、コーポラティズム国家とむすびついて進行していることを次のように指摘した。「過去35年間、サンティアゴからモスクワ、北京、そしてブッシュ政権のワシントンまで、世界各地で見られた企業上層部と右派政権の結託は、一種の逸脱行為―マフィア資本主義、大富豪資本主義、そしてブッシュ政権下では『縁故資本主義』―として片づけられてきた。だが、これらは例外的な逸脱行為などではなく、シカゴ学派による改革運動が、民営化、規制撤廃、組合潰しの三位一体政策によって導いてきた結果に他ならない」[11]。

　ナオミ・クラインの「惨事便乗型資本主義＝大惨事につけこんで実施される

過激な市場原理主義改革」は、デヴィッド・ハーヴェイが指摘した「略奪による蓄積」とでも言うべき概念である。「略奪による蓄積」の起源は、資本主義的生産様式の出発点である本源的蓄積にある。マルクスは、『資本論』で、資本主義が典型的に生成、発展したイギリスを例にとり本源的蓄積を次のように説明している。「資本関係を創造する過程は、労働者を自分の労働条件の所有から分離する過程、すなわち、一方では社会の生活手段と生産手段を資本に転化させ、他方では生産者を賃金労働者に転化させる過程以外のなにものでもありえない」。これらの過程は、「農村の生産者すなわち農民からの土地収奪」を基礎としている。そして「生産者と生産手段との歴史的分離過程」である本源的蓄積は、個人的あるいは組織的な「横領、詐欺、盗奪」などの暴力によって遂行される。この「直接的生産者の収奪は、なにものをも容赦しない野蛮さで、最も恥知らずで汚ならしくて卑しくて憎らしい欲情の衝動によって行われた」。そして小農民の収奪によって「農民の住居や労働者の小屋はむりやりにとりこわされるか、または腐朽するに任され」[12]、生活や地域は荒廃していった。ハーヴェイによれば「マルクスの本源的蓄積論は、きわめて革新的で先駆的なものであった」[13]。

　だが彼は、ローザ・ルクセンブルクの議論を紹介しつつ、マルクスが本源的蓄積の過程を資本主義の前史に限定した発想には重大な問題があると言う。ローザによれば、資本主義には２つの異なる搾取・蓄積システムがある。一つは、商品市場に、剰余価値が生産される場所——工場、鉱山、農場——に関わっている。この観点から見ると、蓄積は純粋に経済的過程であり、その最も重要な局面は資本家と賃労働者とのあいだで行われる取引である。資本蓄積のもう一つの側面は、資本主義と非資本主義的生産様式との関係に関わっており、それは国際的舞台でその姿を現わしはじめる。その支配的方法は、植民地政策、国際的借款制度、戦争である。そこでは、暴力、詐欺、略奪が、隠蔽のいかなる試みもなしに公然と行われる。

　この２つのシステムには『有機的関係』があり、資本主義が本源的蓄積の新しい領域に、主として帝国主義の暴力を通じて進出していなかったとしたら、資本主義はとっくの昔に存在することをやめていただろうとローザは言う[14]。

　ローザによれば、本源的蓄積の継続は、主として資本主義的生産様式の支配

第２章　災害資本主義　51

する領域の外部で起こる。植民地主義的・帝国主義的諸実践は、これらすべてにおいて決定的なものだった。しかし、ハーヴェイは、「現在に近づくほど、周辺地域の役割が変化し（特に脱植民地化）、本源的蓄積の諸実践がその形態を変えて多様化しただけでなく、資本の支配する中核地域でもしだいに顕著なものになっていく」[15]ことを考察している。そのことを彼は次のように述べている

「現代においては、本源的蓄積に似たやり方を通じて支配階級を富ませ労働者の生活水準をひきさげるテクニックは、はるかに多様化し複雑化している。例えば1970年代以降、資本主義世界で水道、教育、医療を公共財として供給していた多くの国々でそれらが民営化されたが、それは資本主義の機能の仕方を劇的に変えた（たとえば、あらゆる種類の新市場をつくり出した）。国営企業の民営化（ほとんどの場合格安の値段で民営化され、ごく短期間で資本家に莫大な利潤をもたらした）もまた、成長と投資の決定に対する公的なコントロールを排除した。これは事実上、共有地の囲い込みの特殊な形態であり、多くの場合、国家によって計画され実施されたものだった（昔の本源的蓄積の場合と同じ）。その結果、一般大衆から資産と権利とが奪い取られていった。そして、この剥奪と同時に、他方の極では富の巨大な集積が生じたのである」[16]。

スティグリッツによれば、欧米先進国の資本主義経済は、社会の上位１％の富裕層が99％の下位から富を吸い上げる犠牲のシステムで成り立っている。金持ちになるには、富を創出する方法と、他人の富を奪う方法がある。前者は足し算となるが、後者は引き算となる。なぜなら他人から奪うプロセスで富が毀損されるからだ。世界金融危機の影響がまだ続いている現在、社会全体の犠牲の下で「銀行家自身」の利益がつくりだされている。これは、勝ち組の利益と負け組の損失が差し引きゼロになるゼロサム・ゲームですらない。利益の合計が損失の合計を下回るマイナス・ゲームだ[17]。

さらにこの構造は、「利己主義的・個人主義的なものの考え方（それは無軌道な金融資本主義にも示されている）の支配によって、貧富の差の拡大と流血の紛争と戦争の脅威を内包している」（教皇ベネディクト十六世、2013年１月１日「世界平和の日」メッセージ）。現代の貧困と格差は、グローバリゼーションの発展とともに進行しているのが特徴である。その行きつく先はどこなのか。現代の経済危機は、「1929年の世界恐慌と類似している」といわれるが、次章では戦前の

日本が世界恐慌を契機として太平洋戦争に至った政治、経済、社会の問題を検証したい。

注
(1) 森田成也「訳者解題」デヴィッド・ハーヴェイ『資本の〈謎〉―世界金融恐慌と21世紀資本主義』森田成也他訳、作品社、2012年、374ページ。
(2) 堤未果『ルポ貧困大国アメリカ』岩波書店、2008年、大竹秀子「〈ハリケーン・カトリーナ〉が映し出したアメリカ」『世界』岩波書店、2006年2月号、岡田光世「〈カトリーナ〉は黒人を差別したか」『世界週報』時事通信社、2005年10月11日号、朝日新聞、毎日新聞、日本経済新聞のカトリーナに関する各記事。
(3) ガルブレイス『ゆたかな社会』鈴木哲太郎訳、岩波書店、1985年、218-220ページ、初版1960年。
(4) オーマイニュース『加藤紘一氏に緊急インタビュー―テロの背景とナショナリズムのあり方』2006年8月30日。ガバン・マコーマック『属国』凱風社、2008年、53-54ページ。
(5) 兵庫県『災害復興公営住宅団地コミュニティ調査報告書』2003年8月。調査対象323団地、13市7町、476棟、27,338戸、居住者調査323団地、配布26,349票、回収17,079票、回収率64.8％、調査期間2002年9月30日-2003年3月18日。
(6) 額田勲『孤独死』岩波書店、1999年。
(7) 新宿区社会福祉協議会『戸山団地・くらしとコミュニティについての調査』報告書、2008年5月。
(8) 朝日新聞「ルポにっぽん・安心買った堀の街」2008年10月13日。
(9) ポール・クルーグマン『格差はつくられた　保守派がアメリカを支配し続けるための呆れた戦略』三上義一訳、早川書房、2008年。
(10) ナオミ・クライン『ショック・ドクトリン―惨事便乗型資本主義の正体を暴く（上・下）』幾島幸子・村上由見子訳、岩波書店、2011年。
(11) ナオミ・クライン『ショック・ドクトリン―惨事便乗型資本主義の正体を暴く（下）』幾島幸子・村上由見子訳、岩波書店、2011年、458ページ。
(12) マルクス『資本論（3）』岡崎次郎訳、大月書店、1972年、358-436ページ。ハーヴェイによれば、マルクスはイギリスにおける本源的蓄積が土地の強制的略奪の過程を通して起きたことを論証した。だが、本源的蓄積の物語は、その細部にあっては、マルクスが語るよりもはるかに多様で複雑であるという。「住民は、強制的に土地から切り離されるよりもむしろ、都市化や工業化によって提供される新たな雇用機会やよりよい生活の展望に引きつけられて土地から離れる場合もある」（デヴィッド・ハーヴェイ『〈資本論〉入門』森田成也・中村好孝訳、作品社、2011年、451ページ）からだ。
　「中国激動　怒れる民をどう収めるか〜密着　紛争仲裁請負人」（2013年6月16日NHKスペシャル）」は、現代中国の本源的蓄積とでもいうべき内容の番組であった。現在、中国では年間約20万件もの民衆のデモや暴動が頻発しているという。北京から南へ約700キロにある、人口約100万人の江蘇省灌雲県は、急速な都市化、急激な都市開発と役人の汚職が横行している。農民や住民の生活よりも開発最優先による経済成長は、詐欺（契約内容を知らせずにサインさせる）や暴力（殴り脅す）によって農民の土地を奪う強権的土地収用、農民の生活を保障しない極めて少額の補償金のため、農民は故郷と生活を奪われ苦難の生活を強いられている。
　民間仲裁組織代表の周鴻陵によれば、「血に染められたGDP」「多くの人の犠牲の上に成

り立っている」「砂上の楼閣のようなもので国が危機に直面している」という。中国では、土地の私有財産権が認められず使用権だけがある。だが、地方政府は、中央政府によって命ぜられた業績を上げるため、住民の意思を無視して民間の開発業者に使用権を売り、その開発区に開発業者が商業施設や事務所、マンションなどを建設している。

(13) デヴィッド・ハーヴェイ『〈資本論〉入門』森田成也・中村好孝訳、作品社、2011年、450ページ。

(14) ローザ・ルクセンブルク『新訳増補資本蓄積論（第3編）』同時代社、2001年、207-208ページ。デヴィッド・ハーヴェイ『〈資本論〉入門』森田成也・中村好孝訳、作品社、2011年、452-454ページ。

(15) デヴィッド・ハーヴェイ『〈資本論〉入門』森田成也・中村好孝訳、作品社、2011年、455ページ。

(16) デヴィッド・ハーヴェイ『〈資本論〉入門』森田成也・中村好孝訳、作品社、2011年、457-458ページ。

(17) ジョセフ・E・スティグリッツ『世界の99％を貧困にする経済』楡井浩一・峯村利哉訳、徳間書店、2012年、第1章、第2章。ハーヴェイも、アメリカの貧富の格差について同様の分析をしている。「アメリカにおける所得の不平等は1970年代以降、うなぎ上りに増大した。アメリカ国民の下位90％が現在所有しているのは富のわずか29％であり、10％が残りの富を独占している。さらにトップ1％が富の34％を所有しており、所得の24％を獲得している」（デヴィッド・ハーヴェイ『資本の〈謎〉──世界金融恐慌と21世紀資本主義』森田成也他訳、作品社、2012年、333ページ）。

第3章

災害資本主義
—大恐慌と戦争—

　1985年5月8日に、当時のドイツ大統領ヴァイツゼッカーが、終戦40周年記念演説を行なったが、次の言葉はよく知られている。「過去に目を閉ざす者は結局のところ現在にも盲目となります。非人間的な行為を心に刻もうとしない者は、またそうした危険に陥りやすいのです」[1]。現在の日本は、1930年前後期の日本と類似しているといわれるが、再び戦争という「非人間的な行為」を起こさないためにはどうすればよいのだろうか。未来をつくるためにも「過去に目を閉ざす」のではなく、「過去から学ぶ」ことが求められている。

　1929年の大恐慌は、大量失業や貧困と格差を生み、人権や民主主義と深刻な

図1　政府債務の対GDP比率

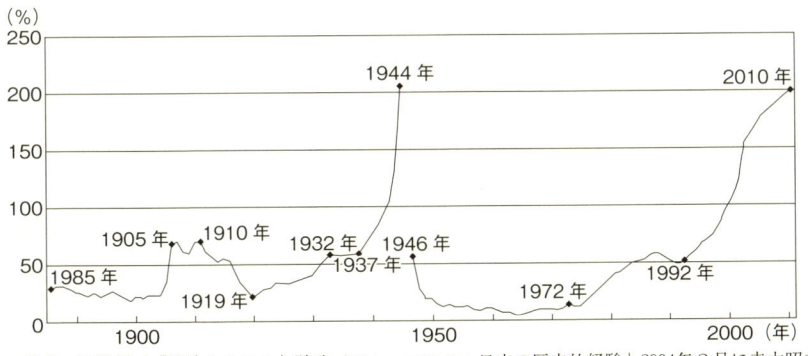

出典．岡崎哲二「政治システムと財政パフォーマンス：日本の歴史的経験」2004年2月に赤木昭夫が追加

赤木昭夫「日本のバブル財政の破綻」『世界』岩波書店、2012年9月号

ジレンマを引き起こし、独裁政治、ファシズムの一大要因となった。2008年のアメリカ発のリーマン・ショックは、「1929年以来の危機」とも呼ばれる世界的な経済危機である。

　現在の日本は、貧困と格差の拡大や、財政危機、経済のグローバル化と金融化、時代閉塞感など多くの点で、1930年代の状況と酷似している。第1に、政府債務（国債と地方債、戦前は外債を含む）の増大である。図1のように1937年の政府債務が、ＧＤＰ比50％であったが1944年には200％と急上昇している。戦後も1992年の50％から2010年の200％に上昇している。戦前の政府債務の主な要因は、「超国家主義」[2]ともいうべき天皇の統帥権下にある軍閥による軍事費にあった。大蔵大臣高橋是清は、軍事費増大がインフレ圧力になることを予期して、軍事費と公債の削減を断行したが、そのために2・26事件で暗殺される。その後の内閣は、軍閥の無謀な要求に屈し赤字国債と増税を進めていくこととなり、政府債務が異常に増大していく。

　戦後は、いわゆる政・官・財・メディア・学の「利益共同ムラ」の公共事業による経済成長志向の体質と、日本を占領し従属下においた米国による強力な公共事業費の拡大要求にある。米国は、日本の米国への家電や自動車などの輸出拡大に対抗すべく、1989年の日米構造協議でＧＤＰ比10％相当の公共事業費を要求する。日本は、1990年の最終報告において、1991－2000年度の10年間で430兆円（その後630兆円に改定）の公共事業による内需拡大を約束する。この膨大な公共事業費は、国と地方の債務により賄われたから、政府債務（国債と地方債）は対ＧＤＰ比率で異常な高さにまで達した[3]。

　第2に、格差と貧困の拡大である。図2のように、所得格差を示すジニ係数は、1930年から40年にかけて、0.5から0.6近くまで急速に高まっている。南亮進によれば、戦前の格差は、都市・農村間所得格差の拡大と、都市内部の不平等化が重要な要因であった。農家収入や農業生産性の停滞は、農村における「過剰労働」にある。都市内部の不平等化は、非一次産業のＧＤＰに占める労働分配率の低下と労働者の階層間賃金格差の拡大にあり、いずれも過剰労働の存在と関連している。この背景に、1929年の世界的大恐慌と昭和恐慌で最も打撃を受けた農村の貧困化がある。日本の農村は、米と繭を二大支柱として成りたっていたが、農業恐慌により生糸価格と繭価の暴落、そして米価の暴落により打

撃を受けた。都市部も、全国の大学・専門学校卒業生のうち、就職できたのは３人に１人で、学生、知識人、サラリーマンなど新中間層が没落し小売商など旧中間層も疲弊していく。このように昭和恐慌期には、農工間の不均等発展がすすみ、農業と工業の格差が拡大した。

だが政治の世界は、政友会と憲政会の二大政党の不毛の政争が続き短期間に頻繁に政権が交代し、政治の力によって国民生活や経済の疲弊を立て直すことができなかった。また高橋是清蔵相の農村救済を目的とした公共事業を中心とした時局匡救事業も、軍閥の圧力と軍事費の増大によって打ち切られる。

このような貧困と格差拡大や閉塞した社会状況を背景に、政党政治に不満を持った海軍の青年将校団が決起した５・15事件（1932年）、陸軍師団による２・26事件（1936年）などで時の首相や財界有力者が暗殺される。これら一連の事件を契機に、政党政治の終焉と軍閥独裁政治がもたらされ、満州事変にはじまる15年戦争へとつながっていく。国民不在の政争が政治への不信を生み、強力な指導者待望論をもたらした顛末でもあった[4]。

現在も、世界的な大不況とグローバリゼーションによるマネー市場主義経済は、「上位１％の富裕層対下位99％の貧困層」[5]という世界的な格差社会を生み中間層が没落している。戦後日本も、1970年代ぐらいまでは平等化が進んだが、1980年代後半の内需拡大政策による土地や株価の投機、異常な値上がり、バブル崩壊と1995年の阪神・淡路大震災、グローバリゼーションの進行、新自由主義と呼ばれる過度の「競争政策」と規制緩和、労働者派遣法などで、若年層を中心とした非正規雇用の拡大による不平等化が進行している。さらに2008年のリーマン・ショック、2011年の東日本大震災と世界的大不況の一連の過程で政府債務の増大と貧困・格差が進行した。

年収200万円以下の働く貧困層（ワーキングプア）は、1997年の814万人から2012年の1,090万人へと増加している。逆に、1997年から2012年まで年収400－800万円は0.86倍、800－2,000万円以下は0.67倍に減少し、中間層の没落の現象がみられる。これは、雇用における非正規雇用化が大きく影響している。非正規雇用率は、1999年の25％から2003年の30％超、2011年には過去最高の35.2％を記録し、３人に１人超を占めるようになっている。相対的貧困率（所得が国民の「平均値」の半分に満たない人の割合）は、1985年の12.0％から2009年の16.0％に上

第３章　災害資本主義―大恐慌と戦争―　57

図2 ジニ係数の長期的変動

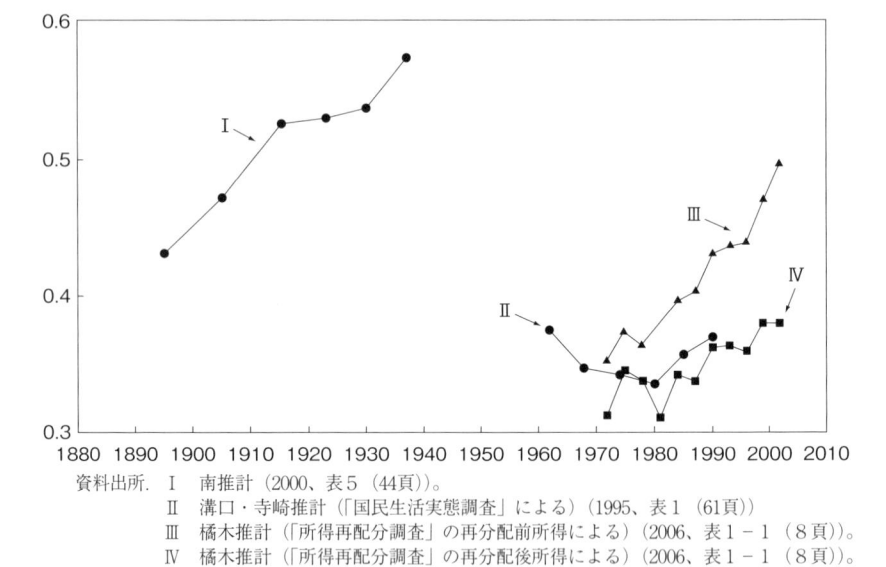

資料出所. I 南推計（2000、表5（44頁））．
II 溝口・寺崎推計（「国民生活実態調査」による）（1995、表1（61頁））
III 橘木推計（「所得再配分調査」の再配分前所得による）（2006、表1-1（8頁））．
IV 橘木推計（「所得再配分調査」の再配分後所得による）（2006、表1-1（8頁））．
資料. 南亮進「所得分布の戦前と戦後を振り返る」『日本労働経済雑誌』2007年

昇し、先進国の中では米国に次いで貧困層が多くなっている。当初所得のジニ係数も、1996年の0.44から2011年の0.55にまで上昇している（国税庁「民間給与実態統計調査」と厚生労働省「各種調査」、総務省統計局「労働力調査」）。

中間層や貧困層は、生活に追われ政治どころではなく、やり場のない欲求不満や不安の解消を「即断できる政治」を豪語する利己的で自己本位の強力なリーダーに委ねる。それは、ホームレスや障害者、女性に対する暴力、民族や出自を理由としたヘイト・スピーチ（憎悪言動）、「安定雇用」の公務員や教員バッシングなど、社会的弱者に対するいじめや、排外主義、ナショナリズムなど、感覚的情緒的に大衆の心情に訴える政治勢力の台頭となってあらわれている。

軍の将校の経歴を持ち軍事研究者でもあったクラウゼヴィッツは、「戦争論」のなかで戦争を引き起こす決定的な要因が、国民大衆の敵意や憎悪であり、それらを煽るナショナリズムであることを洞察した[6]。安倍政権は、貧困と格差、欲求不満と社会不安の状況のなかで大衆受けする仮想敵をつくりだしナショナリズムを煽っている。極めて危険な徴候である。

ここで注目すべきは、戦前と戦後の経済状況に共通しているのが、グローバル化の時代であったということだ。柴山桂太によれば、1920-30年代の世界は、貿易や投資によって世界経済が緊密に結びついており、今とよく似たグローバル化の時代であった。戦前の一連の悲劇は、現在に匹敵する経済のグローバル化の延長線上で起きたことである。特に、戦前の大恐慌は、英米を皮切りに始まった保護主義やブロック化によって世界の貿易や投資を急激に縮小させただけでなく、当時の軍事的な動きと結びついて大国の帝国主義に拍車をかけた。特に追い詰められたのが、当時の新興国だったドイツと日本であった。今後、世界経済が深刻化していくなかで、景気回復の手段を失ったアメリカや欧州が保護主義へと段階的に舵を切る可能性は高い。そうなればグローバル化の波に乗って急成長してきた中国など新興国との対立は激しいものとなる。
　だが戦前と現在とでは無視できない違いがある。戦前の金本位制は、各国の通貨発行が保有する金の量に規定されているため、自由な金融・財政政策が打ち出せなかった。そのため不況になるとデフレ圧力が強まるなど、国内の雇用を不安定化させるマイナス面を持っていた。それに比べて現在は、各国の裁量的なマクロ経済管理が可能であり不況を調整できる余地が残されている。だから、戦前の大恐慌に匹敵する巨大な経済危機が起きても、極端に経済が破壊されるという事態に至っていない。
　しかし国家債務が膨れ上がった状況で、どの国も追加的な財政出動の余地が狭まっている。特に欧州各国では、ユーロの構造的な制約もあって緊縮財政を続けざるをえない。また、2008年以後の欧米の大規模な金融緩和は、新興国のインフレを招くなど「通貨戦争」の様相を呈している。世界経済の混乱が長引けば、各国で保護主義への圧力が高まるだろう。こうした通貨・貿易をめぐる各国の攻防は、不況が深刻化するほど激しくなる。戦前のような急激な崩壊は避けられたとしても、不確実性の高まりから各国が脱グローバル化へと向かう可能性は、中長期で見れば決して無視できない[7]。
　ただし日本のグローバル化は、日米安保条約に基づく日米安保体制によって、米国に軍事的、政治的、経済的に従属したかたちで進められているところに特徴がある。安保条約2条は、「国際経済政策におけるくい違いを除くことに努める」と定めている。米国はこの規定を根拠に自国の経済ルールを日本に強力に

要求し、日本の財界や政府も同様の政策を採用してきた。戦後、アメリカによって農産物の輸入を押しつけられ、食料自給率（カロリー換算）は、1965年で75％あったのが、近年では40％前後と大幅に低下している。さらに日本の炭鉱が、石油へのエネルギー転換政策によってつぶされたため、1960年には約60％とあったエネルギー自給率も４％にまで激減している。

　さらに経済のグローバル化と米国からの労働の規制緩和などの圧力、それに呼応した小泉政権の新自由主義的「構造改革」は、派遣、パートなど非正規雇用の増大と低賃金化、長時間・過密労働、過労死などを引き起こす事態を生んでいる。経済のグローバル化によって、製造業の海外生産がすすみ、中国など格段と低い賃金労働者との競争で日本の労働者は低賃金と長時間労働を強いられている。また経済の金融化により、労働者の賃金や労働条件よりも株主重視の経営が重視され、労働者の人権水準は切り下げられている。特に2008年のリーマン・ショック以降は貧困化がすすみ、生活保護受給者は2007年の1,543千人から2013年７月の2,158千人に増加している。ちなみに1991－98年は100万人を切っていた（厚生労働省調べ）。

　以上、経済のグローバル化と「構造改革」は、経済の市場化を推進するものであるが、大量失業、雇用不安、貧困と格差など、世界の多くの国では、資本主義（市場メカニズム）と民主主義とのジレンマとなって深刻な事態を生んでいる。カール・ポランニーによれば、全国市場は政府の側による意識的でしばしば暴力的な介入によって創られたものであった。市場メカニズムを基軸とする近代資本主義は、労働と土地に関する自由競争市場の創設により確立される。しかし人間存在の構成要素、つまり生命の営みであるべき労働とその自然的環境の土地とが商品化されるという制度的虐待は、全体としての社会の側からの保護的介入を不可避的に呼び起こし、工場法や社会保険、自治体社会主義、労働組合の活動と実践といった形態をとった。それらは、市場の自動機構の盲目的作用による人間実体の破壊を妨げるには社会的に必要なものであった。

　だが民衆政治による市場規制は、財閥など所有の特権者にとって危険なものであり、民衆政治のあらゆる形態に対する資本主義の攻撃の最新の形態がファシズムであった。19世紀の自己調整的市場は、調整を経済的利己心に依存していた。それゆえ財産所有者は、道徳的な確信に基づいて所有権の保障を大きく

徹底的に侵害しようとする階級に、この国の統治を委ねることは絶対的危険を免れないことを確信していたのであった[8]。

　たしかに現代の政治と経済においても、市場を形成してきたのは政治であり、最上層が残りすべてを搾取できる仕組みを構築したのも政治であった。経済制度は、法と規制がなければ機能せず、その活動は法的枠組みの中に限定される。経済界のエリートたちが築き上げてきたのは、他者の犠牲のもとで自分が利益を得る枠組みであった。当然、この経済制度は効率的でもなければ公平でもない。

　政治制度が金銭的利益に敏感な場合、経済的な不平等の拡大は、政治権力の不均衡の拡大を招き、政治と経済の悪循環を生じさせる[9]。このような政治と経済が、弱肉強食や弱いものいじめなど、モラルなき行動や観念を助長する。それが、いわゆる「社会常識」になり、モラルなき「社会常識」によって政治と経済が形作られ、この相互作用が貧困と格差、そして民主主義の破壊に拍車をかけ、テロや戦争の土壌を形成していく。

　近代の先進国の歴史をかえりみれば、人権や民主主義は、国民経済と国民国家を基盤として法や制度によって保障されることが期待されていた。たとえば日本国憲法は、日本国家が一人ひとりの人権と民主主義を保障することを銘記している。ところが米国や英国などでは、1970年代ごろから、わが国においては1990年代ごろから、経済のグローバル化と金融化、そして多国籍企業の利益を優先するグローバル国家化によって、国民経済の衰退と国民国家が変質し、憲法の空洞化、人権や民主主義を保障する体制が危機的状況に陥っている。それはファシズムへの序曲なのかもしれない。

注
(1)　『荒れ野の40年－ヴァイツゼッカー大統領ドイツ終戦40周年記念演説』永井清彦訳、岩波書店、2009年。
(2)　丸山眞男「超国家主義の論理と心理」『丸山眞男集』第三巻、岩波書店、1995年。
(3)　赤木昭夫「日本のバブル財政の破綻」『世界』岩波書店、2012年9月号。
(4)　中村政則『昭和恐慌』岩波書店、1989年。
(5)　ジョセフ・E・スティグリッツ『世界の99％を貧困にする経済』楡井浩一・峯村利哉訳、徳間書店、2012年、第1章。
(6)　クラウゼヴィッツ『戦争論』篠田英雄訳、岩波文庫、1968年。
(7)　柴山桂太「グローバル化の行き詰まり　本当の危機はこれから起きる」『週刊エコノミスト』

第3章　災害資本主義―大恐慌と戦争―　　61

毎日新聞社、2013年1月1・8日号。
(8)　カール・ポランニー『市場社会と人間の自由——社会哲学論選』若森みどり・植村邦彦・若森章孝訳、大月書店、2012年、第8章、第9章。
(9)　ジョセフ・E・スティグリッツ『世界の99％を貧困にする経済』楡井治一・峯村利哉訳、徳間書店、2012年、27ページ。

第4章

原子力エネルギーとソディの経済学

　東日本大震災で世界を震撼させた東京電力福島原発災害は、原子力エネルギーの問題を顕在化させた。わが国では、資源、エネルギー問題に起因する災害、特に原発の危険性については、核化学者である高木仁三郎や京都大学原子炉実験所原子力安全研究グループ、通称、熊取六人衆など主に自然科学者が研究し発言してきた。だが社会科学者の研究は私の知る限りほとんどなかった。そのため以下では外国の先進的研究を紹介しておきたい。

　イギリスの化学者フレデリック・ソディは、原子核の崩壊に関する研究などでノーベル化学賞を受賞、そののち経済学を研究し、1926年の時点で原子力エネルギーの危険性を指摘していた。そのことを環境経済学者のハーマン・E・デイリーは次のように紹介している。「もしこの発見が明日なされたとしたら……これを戦争に応用する仕事に熱心にならない国は一つもないだろう。もし原子力エネルギーが既存の経済状態の支配下に置かれるならば、それは科学文明の背理法を、つまりだらだらと崩壊するのではなく、むしろ即時的に全滅することを意味するだろう」[1]。ソディが警告を発した12年後の1938年、ドイツの化学物理学者オットー・ハーンとオーストリアの物理学者リーゼ・マイトナーが、人類史上初めてウランの核分裂実験に成功した。そして1945年に米国で史上初の核実験「トリニティ」が実行され、同年の8月に広島にウラン爆弾が、長崎にプルトニウム爆弾が投下され、約12万人もの市民が殺害された。原爆の残虐性を見抜いていたソディの先見性は鬼気迫るものがある。

　ソディにとって、原子力エネルギーや科学の他の成果に対して世界を安全に

保つための課題は経済状態を変革することであった。つまり、科学知識の賜物をこうした恐怖に変えてしまうのは、経済思想と経済制度が根本的に間違っているからであった[2]。たしかに原爆が開発、使用された第二次世界大戦の誘因となったのが、1929年の世界経済恐慌であったことを想起すれば、戦争や原爆は、経済思想や経済制度と密接に関係していることは明らかである。

　ソディは、経済学の最も根本的な命題を提起した。第1に、経済学は、物質とエネルギーが生命のない力学の法則、すなわち熱力学の第1法則（物質・エネルギー保存の法則で「孤立系のなかではエネルギーの総量は変化しない」）と第2法則（エントロピー増大の法則で、「エントロピーの小さい」仕事ができる良質のエネルギーは、時間とともに「エントロピーの大きい」仕事ができない質の悪いエネルギーに移行する）を基本とすべきである。ソディにとっての基本的な経済問題は、人はどうして生きているのかであって、太陽エネルギーによって、というのがその答えだった。現在の太陽エネルギーであれ、古生代の太陽エネルギーであれ、太陽エネルギーに依存して生きていくうえで人間がその支配に服さなければならないのが、熱力学の第1法則と第2法則なのであった[3]。

　第2に、経済学は道徳とかかわりをもつべきということである[4]。なぜなら経済システムが、最も目に余る「贋金」の慣行を覆い隠し、銀行家と彼らと同じ階級に属する人びとのために、社会に不利益を与えるごまかしに満ちたものであるからだ。このような社会的な不誠実と、富を国際的な債務に転換して外国から受け取る利子に頼って生活する試み、さらには「帝国主義の生き残りのための、最後の努力を特徴づける」エネルギー資本の消費が、科学の賜物を戦争へと容赦なく導いていく。それゆえ、文明が知識を悪のためではなく、善のために利用することが可能であるためには、物理的でしかも道徳優先の原理に照らして、経済学の認識と経済システムの両方を改革することが必要条件だった[5]。

　ソディは、経済学にとって最も重要な概念である富は、生命の必要物であり、それを可能とする力を与えるものであることを強調している。ソディにとって富とは、「発見、自然エネルギー（富の源泉が太陽光の物理的エネルギー）、人間の勤勉性」であった。だが富をエネルギーと人間の努力に関するものではなく、貨幣的象徴物に関するものであると考える人々にとって「富の本質を他の人びととの生命と労働を支配する力から構成される」ことを強調する。つまり貨幣は、

富に対する要求権であり、富は富に対する要求権によって要求されるもの、として定義される。とすれば、貨幣は共同体に対する労働および財貨の請求権であり、共同体から見れば負債に他ならない。他者や共同体に対する請求権である負債であるところの貨幣・信用供与に基づく借用証書等は、返済を要求することにより、収入・利子を生む。だがそれに基づく有閑階級の登場は、封建的支配者が土地の生産性の上前をはねるごとく、それ以外の社会成員の生活を悪化させてしまうのだ[6]。

　それゆえソディは次のように経済学を構築すべく新しいビジョンを提起する。「現代経済学、とくにマクロ経済学のビジョンは、孤立したシステム、すなわち、環境との間で物質とエネルギーの交換をまったくおこなわないシステムとして考えられている。……必要なことは、このような間違ったビジョンについて従来以上に洗練された分析をおこなうことではなく、新しいビジョンをもつことだ。ビジョンにおける必要な変化とは、マクロ経済を有限な自然の生態系（環境）の中の開かれた下位システムとして想定することであって、抽象的な交換価値の、孤立した――質量のバランス、エントロピーや有限性によって制約されない――循環フローとして想定することではない」[7]。

　図1のように、経済は有限な自然生態系の中の開かれた下位システムであるため、その成長は以下の2つに制限される。第1に、経済活動は、低エントロピー（利用可能なまだ使える）の物質・エネルギーの投入の供給源として、また、高エントロピー（利用できない使い果たした）の物質・エネルギーという産出物の廃棄場として、一定量の大きさである生態系（の大きさ、容量）に全面的に依存している。第2に、生態学的関係が複雑であるために、経済という下位システムの規模が生態系全体よりも成長すると簡単に崩壊してしまう[8]。

　エントロピーの経済学を提唱する槌田も、地球は図2のように、生命・人間社会・生態系・気象の入れ子構造としての複合循環になっているとする。生命や人間社会は、生態系から資源を得て、廃物を生態系に還し廃熱を気象に還す。生態系は太陽光を得、また気象から水、人間社会から廃物を得て、廃熱と水蒸気を気象に還し、資源を人間社会に渡す。そして気象との間でCO_2とO_2を交換している。気象は、太陽光と生態系・人間社会から廃熱と水蒸気を得て、水を生態系に渡し、宇宙へ低温放熱している。この、生命・人間社会・生態系・気

図1 生態系の開かれた下位システムとしての経済

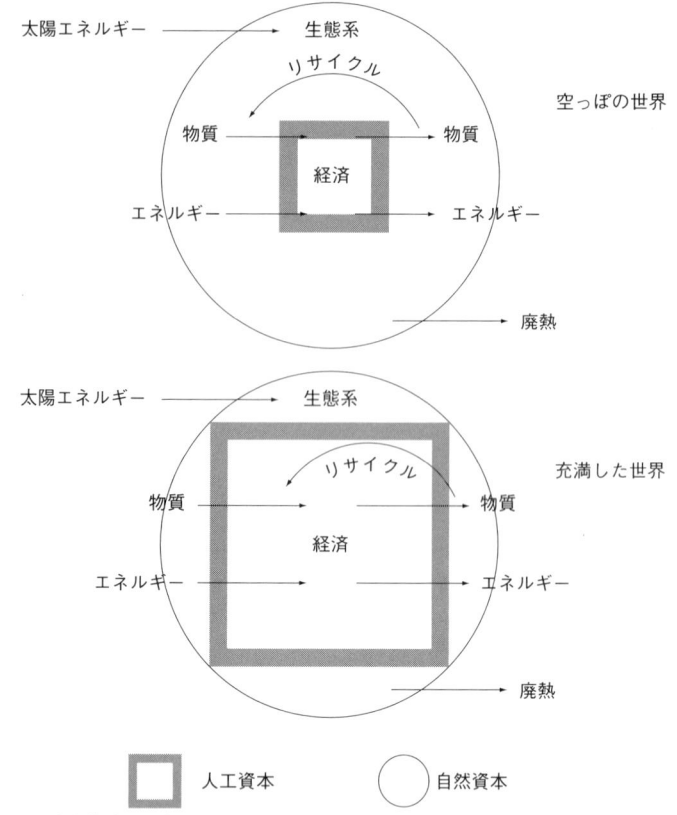

太陽エネルギー → 生態系
リサイクル
物質 → 経済 → 物質
エネルギー → → エネルギー
空っぽの世界
→ 廃熱

太陽エネルギー → 生態系
リサイクル
物質 → 経済 → 物質
エネルギー → → エネルギー
充満した世界
→ 廃熱

□ 人工資本　　○ 自然資本

経済が成長しても生態系は一定のままなので、時間の経過とともに、経済がそれを包含する生態系に比べて大きくなることは不可避だ。この「空っぽの世界」から「充満した世界」への転換が図1に描かれている。要点は、人工資本が経済発展の制約要因であった時代から、残されている自然資本が制約要因である時代へと、人間の経済が移行したことだ。
　資料．ハーマン・E・デイリー『持続可能な発展の経済学』新田功他共訳、みすず書房、2005年

象の複合循環が正常に回っている限り、資源の枯渇や廃物の過剰に悩むことはない。つまり、人間社会は自然とは別の存在ではなく、人間社会は自然の一部なのである[9]。

　エネルギーとは、物理学的な仕事に換算し得る諸量の総称であるが、それは人間社会の生存と発展の基盤をなすものであり社会的共通資本である。一方、資源とは、生産活動のもとになる物質・水力・労働力などの総称である。植田

図2　生命・人間社会・生態系・気象の入れ子構造としての複合循環

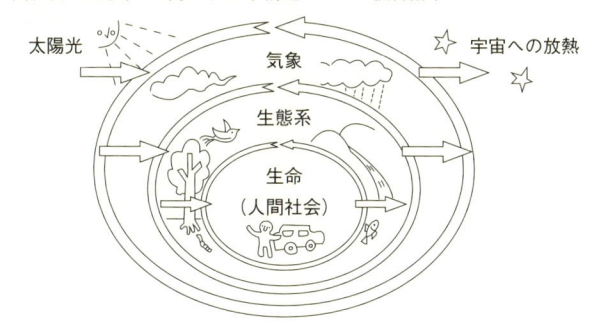

資料．槌田敦『弱者のための「エントロピー経済学」入門』ほたる出版、2007年

　和弘は、E・デイリーの議論をふまえ、エネルギー問題をエネルギーシステムのデザインの問題として次のように把握した。

　エネルギー資源は、基本的に自然界に潜在的に存在しているものであり、社会的共通資本の一つのカテゴリーである自然資本そのものである。しかし、自然資本としてのエネルギー資源ストックの中から、どの資源を、どのような技術を用いて人間の使えるエネルギーに変換し、どのように活用するかは、人間社会が構築してきたエネルギーシステムに依存する。エネルギーシステムは、エネルギーに関する政治システム、経済システム、社会システムという側面から検討を加えたうえで、エネルギーシステムの全体像をデザインしていく必要がある[10]。それゆえ、次章では、原子力エネルギーに関する政治システム、経済システム、社会システムの本質にアプローチするために、核技術の基本的性格とわが国における原子力エネルギーシステムの形成史を検証しておきたい。

注
(1) Soddy『Wealth, Virtual Wealth, and Debt. London. Reprinted by Omni Publications, Hawthorne, CA, 1961.』1926年、28ページ。ハーマン・E・デイリー『持続可能な発展の経済学』新田功他共訳、みすず書房、2005年、241ページ。
(2) ハーマン・E・デイリー『持続可能な発展の経済学』新田功他共訳、みすず書房、2005年、241-243ページ。ソディは、経済学を新しい出発点を必要とする似非科学であるとみなした。リカードやミルやマーシャルではなく、ジョン・ラスキンが、彼の着想の源泉だった。
(3) ハーマン・E・デイリー『持続可能な発展の経済学』新田功他共訳、みすず書房、2005年、247ページ。
(4) Soddy『The Role of Money. London.』1934年。ハーマン・E・デイリー『持続可能な発展

(5) ハーマン・E・デイリー『持続可能な発展の経済学』新田功他共訳、みすず書房、2005年、257-258ページ。
(6) フレデリック・ソディ『富，仮想的な富そして負債：経済学の逆説への解決策』1章，3章における基礎的分析概念について』［藤堂史明翻訳］Frederick Soddy, WEALTH, VIRTUALWEALTH AND DEBT –THE SOLUTION OF THE ECONOMIC PARADOX, 1926, Allen and Unwin Ltd. dspace.lib.niigata-u.ac.jp:8080/dspace/bitstream/.../84_105-139.pdf。
フレデリック・ソディ『富，仮想的な富そして負債：経済学の逆説への解決策』4-5章における富・信用・価値についての標準的経済学批判の考察』［藤堂史明翻訳］dspace.lib.niigata-u.ac.jp:8080/dspace/bitstream/.../1/86_83-125.pdf。
(7) ハーマン・E・デイリー『持続可能な発展の経済学』新田功他共訳、みすず書房、2005年、66-68ページ。
(8) ハーマン・E・デイリー『持続可能な発展の経済学』新田功他共訳、みすず書房、2005年、66-70ページ。
(9) 槌田敦『弱者のための「エントロピー経済学」入門』ほたる出版、2007年、49-50ページ。
(10) 植田和弘「エネルギーシステムの再設計」植田和弘・梶山恵司『国民のためのエネルギー原論』日本経済新聞出版社、2011年、303-304ページ。

第5章

核技術と原子力エネルギーシステムの形成史

第1節　核技術

　高木仁三郎によれば、私たちの地上の世界は、生物界を含めて基本的に化学物質によって構成される世界である。生物が生きるということは、物を食べ酸素を呼吸し、物質やエネルギーを合成し、また排泄によって環境に戻すという循環の流れの中に身を置くことで、生きるというのは基本的に「自然と共に生きる」ということ以外ではあり得ない。この循環は、基本的に化学物質の結合と分解といった化学過程（科学の言葉でいえば、原子を構成する電子の反応）の範囲で成り立っているのである。

　ところが、核というのは、化学結合よりも100万倍も強力な力、これまでの自然界にはまったく異質な物質と原理を、まったくそれに対して備えのなかった地上に導入したものである。核技術というのは、いわば天上の技術を地上において手にしたに等しい。核反応という、天体においてのみ存在し、地上の自然の中には実質上存在しなかった自然現象を、地上で利用することの意味は、比喩が示唆する以上に深刻である。あらゆる生命にとって放射線は、それに対してまったく防御の備えのない脅威であり、放射能は地上の生命の営みの原理を攪乱する異物である[1]。

　原発は、ウランに核分裂反応を起こさせ巨大な熱エネルギーを生み出す。この核分裂反応は核分裂生成物を生み出す。つまり生命や健康にとってきわめて

危険な核分裂生成物である「死の灰」を産み出さなければ、熱エネルギーを取り出せないのである[2]。ここに原発の根本問題があり次のような重大な問題をもたらす。

第1に、原発は、原発内部で働く末端労働者が被ばく労働を強いられ、ウラン採掘から原発の定期検査、放射性廃棄物の処理、そして原発事故の処理作業まで被ばく労働なしに成り立たないシステムである[3]。

第2に、原発稼働の結果、2万年以上も貯蔵しなければならない廃棄物が出される。だがそれを完全に処理する科学・技術がなく、世界各地で放射性廃棄物の放置による地域住民の健康被害が出ている。放射性廃棄物問題は、ある意味では原発事故以上に、地上の物質とは異なる異物がもちこまれてしまったことの深刻さを切実に私たちに突きつける。私たちのくらしが、そのように自然と非和解的な異物の発生のうえに成り立つとしたら、私たちは自然と共に生きているのではなく、また、自然の循環の中に生きているのでもない。その矛盾はみんな将来の世代へ押しつけられる。残された放射性廃棄物が、何万年何十万年、さらにそれ以上の時間にわたって、環境中に漏れ出さないなどと考えるのは、人間の社会や技術的能力についての無知か傲慢以上のものではない[4]。

第3に、日本列島は、地球表面積の0.3％弱にもかかわらず、地球の全地震の約10％が集中している。「地震と原発」の問題は、①地震は最大級になると本当に恐ろしい。②しかし人間の地震現象の理解はまだ不十分で、予測できないことがたくさんある。③いっぽう原発は、莫大な放射能ゆえに最高度の安全性が求められる。④ところが原発は完成された技術ではなく、制御不能に陥る場合がある。また地震列島における原発は、「制御された安全」ではなく「本質的安全」が必要である。だが欧米では常識なのだが、地震列島の原発の本質的安全は存在しない。それゆえ日本列島は、地球上で最も原発に適さない場所である[5]。

第4に、原発によってつくりだされるプルトニウムは、核兵器に転用されるという危険性を有している。さらにウラン・プルトニウム混合酸化物燃料（＝MOX燃料）を使用して発電するプルサーマルは、核兵器物質が拡散する危険が増大するため、これまで以上の核拡散の防護措置が要求され、住民監視の強化、情報機密の拡大から管理社会に道を開く。「安全神話」と「成長神話」のもとで推進された原発は、官僚・政治家・財界・メディア・学の「利益共同体」とも

いうべき腐敗を構造化させるものであった。それはまた、原発に対する市民や専門家などの「批判の自由」を抑圧し、民主主義の基盤そのものを破壊するという問題をもたらす[6]。

第2節　わが国の原子力エネルギーシステムの形成史

　19世紀中頃の日本は、産業革命を達成した西欧列強から「開国」を強要され、植民地化の危機に直面していた。圧倒的な工業力と技術力の格差を見せつけられた日本の支配層は、それ以降、盲目的なまでに西欧の技術を崇拝することになる。太平洋戦争における米国の大量生産の圧倒的な工業力と軍事力、そして広島・長崎の原爆投下に惨敗した日本の支配層は、戦後、工業力と原子力利用とが是が非でも必要と、原発の技術移転など西欧の技術崇拝に支配されていく。戦前も戦後も、洪水のような技術移転でこの両時代は共通しているのである[7]。

　田中利幸によれば、敗戦直後の1945年8月16日に天皇から新内閣の組閣を命じられた東久邇宮は、戦時中の日本の最大の欠点は「科学技術」を軽視したことであると述べ、自国の敗北の原因を最新科学技術＝原爆に求めた。新内閣の文部大臣に就任した前田多門も、就任直後の記者会見で「われらは敵の科学に破れた。この事実は広島市に投下された1個の原子爆弾によって証明される」のであり、「科学技術の振興こそ今後の国民に課せられた重要な課題である」と述べた。かくして、広島・長崎に投下された「原爆」は、核兵器による「破壊のシンボル」であると同時に「科学発展の無限の可能性」と捉えられるという、ヤーヌス（二面神）的存在として立ち現われたのである。

　9月2日、米艦ミズーリ号艦上での降伏文書調印後、連合軍による占領が本格的に開始されるが、その後も日本の「科学立国」という基本方針はそのまま持続され、様々な形で科学教育の推進がはかられた。それは平和憲法の理念と密接に結びついて、「科学技術」は「平和と繁栄」と同義語であるかのような、情緒的とも言える受け止め方が日本社会に急速に浸透していった。

　広島・長崎原爆投下から2年後の47年、米連邦議会で「国家安全保障法」が成立し、これをもって「冷戦」が正式に始まる。「冷戦」後における核技術の新しい応用の重要な一つが、潜水艦の「動力源」であった。原子炉を使い、燃料

交換なしで長時間、長距離を潜水航行でき、核弾頭を装備したミサイルを敵地近辺の海域から発射することができる潜水艦ノーチラス号の開発である。この潜水艦用に開発された原子炉が、沸騰水型の「マークⅠ原型」と呼ばれるもので、福島第一原発と同型のものである。

　福島第一原発は、第二次世界大戦中、原子爆弾開発プロジェクトである「マンハッタン計画」に参加していた米企業GE（ゼネラル・エレクトリック）の技術によるもので、1号機はGEがターンキー方式で設計、建設、試運転まで一括受注したものである。

　核兵器製造の技術をもとにつくられた原子力発電は、非合理的、非効率的な科学技術であることは明らかである。原発は、巨大にして複雑、危険な装置を巨額の金を投下してつくり、大量の放射性廃棄物を処理、半永久的に安全に貯蔵しなければならない膨大なコストを負担しなければならないからだ。通常であれば、このような採算に合わない事業に私企業が関わるはずがない。なにゆえ日本政府は、このような危険な「原子力平和利用」をこの半世紀近く、巨額の税金をつぎ込んで、かくも強力に推進してきたのであろうか。その答えは、単なるエネルギー政策に求められるものではない。それは「核兵器製造能力の保持」であることは自明である。「平和利用」の裏には、この真実が隠されている。原子力「軍事利用」の目的は、軍事目標の破壊であり、敵国の兵隊と市民の無差別殺戮であるから、原発事故も核兵器攻撃と同じく、放射能による「無差別大量殺戮行為」となりうる[8]。

　以上のように原子力技術は、国家間の戦争に勝つために開発された核兵器の技術をもとにしてつくられた。そして原子力技術は、他国や他国民を支配し、資本の目的である利潤を獲得すべく原子力市場をつくるために開発されたのであった。このようなわが国における原子力発電の問題を検証する上で決定的に重要なことは、戦後日本の支配層の性格と原子力発電の導入過程の政治、経済、社会の動向である。

　現代の日本の政治や経済、社会の本質を検証する場合、根本的な問題は、戦後の支配層が第二次世界大戦の戦争遂行で主導的役割を果たした者たちであり、さらにその思想的系譜を引く人びとである、ということだ。日本を占領した米国は、当初は戦犯を処罰、排除することを重視した。戦争にかかわった日

本の軍人や政治家、官僚、経済界など戦前の支配層は、戦犯を免れようと米国にすりより、米国の意向をうけて戦後の日本の支配を図ろうとした[9]。米国も、朝鮮戦争や冷戦に直面して占領政策を大きく転換し、反共色の強い戦前の政治家に期待した。

たとえば、そのことは、戦前、東条英機内閣で商工相を務め、日米開戦の詔書に署名したＡ級戦犯容疑者岸信介が、戦後に総理大臣になっていることからもうかがえる。さらに1957年、首相岸は、世界唯一の被ばく国の代表であるにもかかわらず、核兵器の保有が自衛のためなら戦後の平和憲法に抵触しないとの国会答弁をおこなっている。そして岸は、1960年に日米安全保障条約の改定を果たし、米国の「核の傘」に入ることで核兵器を容認していく。また岸は、政財界の黒幕とされた児玉誉士夫や笹川良一ら右翼との親交を深めていた[10]。

日本で原子力開発が始まったのは、米国の意向を反映したものだった。その理由は、第五福竜丸の被ばくによって、日本人が急速に反原子力、反米に動くのを阻止することであった。1954年3月1日、米国によるビキニ環礁水爆実験でマグロ漁船第五福竜丸が被爆する。これを契機に原水爆実験反対の署名運動がまたたくまに3,000万人の賛同を得、運動が全国に広がる。このことに危機感を持ったＧＨＱ担当の読売新聞記者で、その後、正力松太郎の懐刀として活躍した柴田秀利は、「日本には昔から毒をもって毒を制するということわざがある。原子力は諸刃の剣だ。原爆反対をつぶすには、原子力の平和利用を大々的にうたいあげ、それによって、偉大な産業革命の明日に希望をあたえるしかない」[11]と米国に進言したのであった。

1953年、米国のアイゼンハワー大統領が、国連で「Atoms for peace」の演説を行う。これを受け、原子力を核兵器でなく平和利用するという動きを取り入れたのが中曽根康弘であった。1954年、中曽根ら国会議員の提案による原子力予算が決定される。翌55年に原子力基本法が成立し、56年に中曽根が中心となり原子力委員会設置法案や科学技術庁設置法案が議員立法で国会に提出され、科学技術庁や原子力委員会が発足する。読売新聞が中心となって日本国内に原子力平和利用の動きが展開され、正力はその後入閣し、初代の原子力委員会委員長になる。1955年末には「原子力平和利用博覧会」が開かれ約37万人もの入場者があり成功する[12]。同博覧会は、原爆による潰滅からの都市復興を祝い且つ

さらなる発展をめざすことを目的としていた。このような「原子力平和利用」宣伝のターゲットにされたのが、まさに史上初の原爆被害都市となった広島であった。

　以上のような動きの背景に、米国の政策転換があったことは見逃せない。米国の占領初期の政策は、「日本が二度と米国の脅威にならないようにする」、そして「懲罰的な態度でのぞむ」。すなわち「軍事は解体」「経済も解体」「民主化は促進」というものだった。だが冷戦がはじまると、米国は、日本を「ソ連との戦争の防波堤」にしようと考え、「ソ連への対抗上、日本の経済力・工業力を利用すること」が自国にとっての国益だと判断する。とすれば日本に期待されることは、「経済的・政治的安定と軍事能力を強化し、米国の安全保障に貢献するように戦略を180度転換させていく。政策だけでなく人の扱いも変わり、戦犯に問われた人も、ソ連との対抗上必要となり釈放され政界に復帰する」[13]。

　つまり戦後日本の支配層は、米国支配層の意向と政策によって台頭することができたわけで、それゆえ米国に従属しつつ日本を統治することになる。戦前の統治体制が、天皇制『国体』であるとするならば、戦後は日米安保体制が「独立」を果たした日本の新たな「国体」となった[14]。そのことは、自主独立精神の喪失にもつながっていく。孫崎享によれば、日米安全保障体制を金科玉条として、万事アメリカにおうかがいをたてる、アメリカの顔色を見て態度を決めるという文字どおりの対米追随的態度は、日本人のなかにしっかりと定着した。……その結果、外交に必要な外交感覚などということは影をひそめてしまった。……あいもかわらず占領軍の中枢勢力であるアメリカまかせの姿勢がつづいたのである。ひとたび自主独立の精神を喪失すると、ふたたびとりもどすのがいかにむずかしいか思い知らされたものである[15]。

　当然、このようなわが国の自主・独立の精神の欠如と対米追随の姿勢は、東日本の復興政策にも影響を与えずにはいない。たとえば日本政府は、原発再稼働を進めようとしているが、その背景に米国の圧力がある。アーミテージ元国務副長官らの米超党派の専門家グループの対日提言書のいわゆる「第3次アーミテージ・ナイ報告」（2012年）では、政府が大飯原発2基を再稼働させたことは、「正しい、責任ある一歩だ」と評価した。日本が、二酸化炭素排出量削減の国際公約をはたすには、「原発再稼働は唯一の道」であり、「原子力は日本の包

括的安全保障の絶対に必要な要素」であると軍事的な観点からも勧告している。
　さらに浅井基文によれば、第3次報告では、集団的自衛権禁止を「時代錯誤の制約」と冒頭部分で決めつけるとともに、東日本大震災の三重の危機（大震災、津波及び福島第一原発）及びトモダチ作戦は、アデン湾及びインド洋での対海賊作戦とともに、憲法第9条を底なしに空洞化させるものであったとして高く評価されている。しかも、トモダチ作戦の「成功」に味を占めたアメリカ側は、もはや憲法そのものを改定しなくても、集団的自衛権を「合憲」とする日本側の「政策変更」ですべての事態（対中戦争を含む！）に対処可能だと認識するに至っている」[16]。最近の日本政府の憲法9条をめぐる動きも、この報告書の認識に共通するものがあると言わざるを得ない。
　一方、大内秀明は、戦後復興における経済過程の考察から原発導入の問題を検証している。大内によれば、第二次世界大戦後の地域産業構造の創出の政策的枠組みは、占領政策をバックにした「傾斜生産方式」プラス「国土総合開発」であった。「傾斜生産方式」とは、石炭・鉄鋼・電力などを重点部門とし、アメリカを中心とするガリオア・エロア資金の活用を梃子とした「復金債」により調達した資金を重点的に投入する方式である。つまり戦後復興の政策戦略は、エネルギー部門を基礎に、新たな産業の創出と構築として進められ、それに基づいて高度成長が実現した[17]。
　一方、「国土総合開発」は、戦時期の国土防衛計画を手本とし事実上継承したもので、わが国の戦後の復興計画でもあった。いうまでもなく戦時期の企画院による国土防衛計画は、植民地満州で先行的実験として取り入れられた。満州国の国土計画すなわち「総合立地計画」は、国土再編成と資源開発を主な目的としたナチス・ドイツの国土計画や特定地域の開発を重点としたアメリカのTVA、ソ連のコンビナート建設に強く影響されていた。
　政府は1940年に「国土計画設定要綱」を閣議決定する。それは、当時併合していた朝鮮、台湾、満州、中国、東南アジアの資源や労働力を収奪し、搾取し、工業生産を増強し一層の軍事力強化を目的としていた。国防国家建設のための国土計画と物資動員計画、産業と人口の再配置を主な内容としていた[18]。戦後の総合開発は、国土計画としての「地域開発計画」としてすすめられた。地域開発計画は、政府の上からの計画的誘導が強い集権的手法のもと、日本列島の産

業の地域分担配置を決定し、各地域の産業および生活の基盤整備を進め、投資配分を計画する政策手法の基本に位置づけられていた。

　戦後の日本は、資源の供給源であった満州や南洋地域への支配権を失い、米国の占領下にあって貿易も制限され、外貨が不足していたため、重化学工業化のエネルギー資源は、国内の水力や石炭などの地域資源によって調達することとなった。その上で地域資源立地型の産業政策が志向された。

　戦後、傾斜生産方式での石炭の国内生産が、60年代にかけて石油へと資源エネルギーの構造転換が提起される。この背景に、中東の大規模な油田の発見と、石油輸出基地としての開発・整備、さらに欧米の石油メジャーによる石油支配の確立がある。石炭産業の合理化による輸入石油への構造転換は、国策としての「エネルギー革命」のスローガンのもとに強行され、60年安保闘争と並び、三井三池炭鉱の合理化反対闘争を引き起こしていく。「経済安保」と共に、このエネルギー革命こそ、戦後高度成長の日米関係の枠組みを形成するものであった。このエネルギー革命は、①当初想定されていた国内資源エネルギーから輸入石油エネルギーへ、②国内地域資源利用から輸入基礎資源型重化学工業へ、③地場型地域企業から誘致型巨大企業による拠点形成戦略への大転換でもあった。

　ところが70年代以降、中東の資源ナショナリズムによる石油ショックによって、中東への安価な石油輸入への依存という「エネルギー革命」は限界を露呈する。資源エネルギー問題が、日本経済の成長に対する最大の制約要因となり、74年に発電所建設に補助金が交付される「電源三法」が制定され、代替エネルギーとして原子力発電が国策として推進される[19]。

　上記のような原発導入過程に付け加えるべきは、70年から80年代にかけて、石油ショックによる不況を克服し、原発へエネルギー転換をすすめる過程で、次のような労使関係の変化が生じたことである。すなわちこの時期に、主要な大企業は、労働者を分断差別し競争を組織化することで、企業による労働者支配を強化するという企業社会を確立し、原発推進で重要な役割を果たした。渡辺治によれば、この時期に、大企業は中小企業を下請け化し生産性向上や省エネ努力などをすすめた。下請け化により大企業の労働者支配は中小企業にもおよび、大企業から持ち込まれたＱＣ運動が中小企業にもひろがっていった。も

うひとつが、国鉄など公共部門の民営化であり、この過程で協調的組合運動が支配するようになっていった[20]。
　この協調的組合運動の「連合」の中核組織が、日本各地の電力会社の労働組合が加盟する連合組織「電力総連」（組合員数は約22万人）である。今回の事故を起こした東京電力や、停止中の浜岡原発を抱える中部電力の労組も加盟している。「電力総連」は原発推進の立場で、東京電力福島原発災害後もこの姿勢は基本的には変わっていない。
　戦後、わが国の労働運動の主流は総評で、その総評をリードしてきたのが、1947年に結成された産業別組合である日本電気産業労働組合「電産」と炭鉱労働者による「炭労」であった。資本と国家は、国家の基幹産業に闘う労働組合があるのをよしとせず、1969年に労使協調、労使一体の「電力総連」の前身となる「全国電労協」が結成され「電産」は内部分裂していく。もともと「電産」は、正規だけでなく非正規労働者や下請け労働者の権利を守る産業別労働組合であったが、電力会社は第2組合とも言うべき「全国電労協」とともに、利潤追求の足枷となる労働組合を切り崩し孤立化させていく。だが少数派の組合「電産中国」は、1970年代後半に山口県豊北町（当時）での原発計画を中止させるという画期的な運動を繰り広げる。「電産中国」は、「原発だより」という組合通信を町内全戸配布するなど住民との信頼関係を築き、多くの首切りと生活の破壊という犠牲を伴いながらも原発誘致反対の運動を成功させていく。この背景には、当時高まりを見せつつあった反公害住民運動や消費者運動、そして全国各地で誕生した革新自治体など人権や民主主義運動の一定の高揚があったことも見逃せない。80年代前半になっても、下請け原発労働者を守るべく全日本運輸一般関西地区生コン支部に「原発分会」ができている。だが石油ショックと不況、そして民営化と革新自治体の退潮のなか、労働運動や住民運動は衰退していき、逆に原発建設が各地で進んでいくのであった[21]。
　以上から明らかなように、資本の利潤追求をチェックし原発をストップさせるうえで、住民とともに歩む労働運動が重要な役割を果たすということである。今日の派遣、パートなどワーキングプアや過労死などにみられる労働者の非人間的状況は、この時代に確立された企業社会の労働者支配の構造に根をもっている。

注

(1) 高木仁三郎『チェルノブイリ—最後の警告—』七つ森書館、1986年、179-180ページ。
(2) 小出裕章『原発のウソ』扶桑社、2011年。
(3) 樋口健二『闇に消される原発被曝者・増補新版』八月書館、2011年。樋口健二『これが原発だ』岩波書店、1991年。
(4) 高木仁三郎『チェルノブイリ—最後の警告—』七つ森書館、1986年、181-182ページ。
(5) 石橋克彦「参議院行政監視委員会（2011年5月23日）参考人の意見（原発事故と行政監視システムの在り方に関する件について）」。
(6) 田中利幸・広島平和研究所教授「今こそノーモア・ヒバクシャ」『広島ジャーナリスト』2011年6月15日、「ヒロシマ・ナガサキからフクシマへ」2011年8月3日。小林圭二・元京都大学原子炉実験所講師「プルサーマル問題」www.geocities.jp/alfalfaljp/begin/began/pulthermal/top.html。
(7) 林武『技術と社会—日本の経験—』東京大学出版会、1986年、43、53ページ。
(8) 田中利幸「『原子力平和利用』の裏にある真実」『科学』岩波書店、2011年12月号。田中利幸「『原子力平和利用』と核兵器製造能力維持政策」『広島ジャーナリスト』2012年6月15日。
　　ノーム・チョムスキーによれば、武力というものは使うためにあり、早晩使うことになる。核兵器を所有することは、平和維持どころかかえって抑止効果を低め、世界をより危険にする（ノーム・チョムスキー他『知の逆転』NHK出版、2012年、86-88ページ）。
(9) 孫崎享『戦後史の正体』創元社、2012年、35-40ページ。孫崎享は、内務省で公職追放令を作る作業にあたっていた後藤田正晴の次のような回想録を引用し、戦争遂行で主導的な役割を果たした日本の支配層は、自分の信念をもたず強者に追随しこびへつらい自己保身をはかろうとする人たちであったと述べている。「みんな自分だけは解除してくれと頼みにくる。見るも無残だな。えらい人が陳情にくるんだ。いかにも戦争に協力しとらんようにいってくる。なんと情けない野郎だなと（思ったもんだ）」（後藤田正晴『情と理—後藤田正晴回顧録』講談社、孫崎享『戦後史の正体』創元社、2012年、43-44ページ）。
(10) 中日新聞「アカシアの雨　核の傘」www.chunichi.co.jp/article/feature/arrandnuc/list/201302/「1952年10月に行なわれた占領終結後、最初の国会議員選挙では、衆議院の議席の42％を追放解除者が占めた」（孫崎享『戦後史の正体』創元社、2012年、113ページ）。
(11) 柴田秀利『戦後マスコミ回遊記』中央公論社、1985年。孫崎享『戦後史の正体』創元社、2012年、174-177ページ。
(12) 孫崎享『戦後史の正体』創元社、2012年、174-178ページ。
(13) 孫崎享『戦後史の正体』創元社、2012年、90ページ、98ページ。
(14) 豊下楢彦『昭和天皇・マッカーサー会見』岩波書店、2008年、176ページ。
(15) 孫崎享『戦後史の正体』創元社、2012年、124-125ページ。
(16) 浅井基文第三アーミテージ報告　2012.08.26　www.masrescue9.jp/armitage%202012.pdf（PDFファイル）。
(17) 大内秀明「東日本大震災、原子力VS自然エネルギー　—戦後東北開発の総決算—」社会環境学会『社会環境論究』第4号、2012年。
(18) 岡田知弘『日本資本主義と農村開発』法律文化社、1989年、177-185ページ。
(19) 大内秀明「東日本大震災、原子力VS自然エネルギー　—戦後東北開発の総決算—」社会環境学会『社会環境論究』第4号、2012年。
(20) 渡辺治「企業社会日本の構造と労働者の生活」基礎経済科学研究所編『日本型企業社会の構造』労働旬報社、1992年。原発推進と企業による労働者支配の確立との関係への着眼は、森岡孝二との議論から示唆されたものである。
(21) 五月社編集部編『反原発労働運動—電産中国の闘い—』五月社、1982年。東京新聞2012年6月18日。ANDANTE yuugakujuku-andante.way-nifty.com/blog/2011/07/post-9bfc...。

第 2 部

「開発・成長型復興」と「復興災害」

第6章

関東大震災の「開発・成長型復興」と「復興災害」

　今までの関東大震災復興の研究は、後藤新平の復興都市計画や大火災などの災害に強い不燃化都市、将来の自動車交通増大に対応したまちづくり、そして朝鮮人大虐殺など個々別々に論じられてきた。ここでは、関東大震災の「開発・成長型復興」が、被災者と被災地のみならず日本全体の政治や経済、社会に「復興災害」をもたらしたことを検証する。

　関東大震災の復興は、図1のように、第1に、戒厳令、治安維持法による言論、表現、思想・信条の自由の弾圧、治安維持を目的とした復興による軍閥の増長、第2に、臨時震災救護事務局の救護や後藤新平の復興都市計画が、経済復興の視点を欠き、被災者の生活と生業の再建、雇用の保障につながらず失業や中小零細企業の倒産を増加させたこと、第3に、大企業、財閥の利益を偏重した震災手形割引令が昭和金融恐慌の引き金となった。

　つまり大企業、財閥の利益を偏重した経済政策と復興都市計画にみられる「開発・成長型復興」が、日本経済の脆弱な体質をつくり、1930年代の昭和恐慌につながっていったのではないか。昭和恐慌が、経済危機のみならず国内的にはファシズム、国外的には満州事変にはじまる15年戦争の引きがねとなったことを想起すれば、関東大震災の復興の問題が、15年戦争の序曲ともいうべき位置をしめるのではないか。ここに東日本大震災の復興の問題と課題を考察するうえで、関東大震災の復興過程の検証が欠かせない理由がある。以下、順に検証しよう。

表1　関東大震災復興政策

復興政策	① 戒厳令と治安維持法	思想、自由の統制と軍閥の増長
	② 被災者救護と復興都市計画	被災者の暮らしの再建と経済復興なき復興計画、失業増加、中小零細企業の倒産
	③ 震災手形割引令	財閥偏重と昭和金融恐慌、失業増加、中小零細企業の倒産

軍隊による治安維持と戒厳令

　1923年9月1日、関東地方を大震災が襲ったが、その直後、多数の朝鮮人や中国人が虐殺された。虐殺事件の背景となったのが戒厳宣告である。「戒厳とは、非常時に際して通常の行政権、司法権を停止し、軍隊が一国の全部または一部の治安の維持にあたることをいう。戒厳は、もともと戦争や内乱状態を想定したものであり、震災という自然災害において戒厳が宣告されること自体、尋常なことではない。また、戒厳の目的としては『不逞の挙に対して、罹災者の保護をすること』が挙げられ、戒厳司令部にも押収、検問所の設置、出入りの禁止、立ち入り検察、合囲地境内退去など、災害時における対処としては著しく過大な権限が与えられていた。これらは、大地震という自然災害に際しての救難・復旧などに通常必要な対応の水準を超えて、騒擾その他の犯罪行為を予防・鎮圧する治安行動的な対応を行うことを意味している。このような政府の対応が、中央や地方の官憲に対して危機感を増幅させ、それが自警団などの民衆レベルにも浸透していったもの」と考えられる[1]。

　官憲は、「不逞鮮人来襲」の流言を各所につたえ、そのデマを信じた民衆が自警団を結成した。流言がなぜおこったのか。よくいわれることであるが、「震災による混乱のなかでは、すべてを失った民衆の不満や不安が政府や支配階級に向けられるおそれがある、これを防ぐために、朝鮮人や社会主義者への不安や恐怖心をかきたてて、これに憎しみを向けさせ、軍隊と警察による秩序の維持に民衆を協力させようとして、当局が計画的に放ったのだ」。さらに支配層は、「震災は大戦後のぜいたくや自由放縦に対する天罰であり戒めだとする〈天譴論〉を唱えた。これをうけて11月10日には国民精神作興詔書がだされ、国民の思想

統制がすすめられていく」。一方、「大正デモクラシーのなかで軍閥と非難され、無用の長物として軍縮を要求されていた軍隊は、震災によって絶好の活動舞台を与えられ、国民のあいだに権威と親近感をうちたてるチャンスをつかんだのである」。さらに「震災の打撃を受けた新聞界でも、大新聞の制覇と新聞の企業化がすすみ政治批判の機能は低下し、ラジオ放送も政府のきびしい監督下におかれる」[2]。

　以上のように大震災の復興は、まず戒厳令による治安維持を担った軍部の「権威」を高め、「流言蜚語」による朝鮮人・中国人の虐殺、国民精神作興詔書などの思想統制などをすすめていく。だがそれらは、朝鮮人や中国人に対する差別と蔑視意識、排外主義を異常に高め、1925年の言論、表現の自由などを弾圧する治安維持法の制定につながっていった。国民は真実を知ることができず、戦争反対の声がかき消され、1931年の満州事変にみられるように軍閥が独走していく。軍閥は、真実を知らせられず盲目的となった「大衆によって支持され、殊に大多数の人々と異なる少数者の意見を、無視し、弾圧し、沈黙させることで国を誤らせていったのであった」[3]。

被災者の救護と後藤新平の復興都市計画

　関東大震災の被害は甚大で、死者・行方不明14万2,800人、家屋全壊12万8,000、半壊12万6,000、焼失44万7,000であった。東京と横浜はそれぞれ全戸数の70％と60％が焼失した。大震災による物的被害は、東京市統計課の推計では1府6県合わせて55億600余万円に達し、前年度の一般会計予算の3倍半を超え、同年の名目GNP156億円の約3分の1にも達した[4]。

　政府は、復旧・復興経費の予算を計上し、租税の減免や徴収猶予、財源調達のための国債・外債の発行、産業復興のための大蔵省預金部の資金の活用や、住宅資金供給のための低利融資などを行った。ただし、復旧・復興事業は、基本的には緊縮財政路線のもと合計約17億円余りで物的被害額約55億円の3割程度に過ぎなかった。その内訳は、「罹災者の復興資金は、預金部資金から放出された5,600万円、復興のため公債発行を主財源とする11億円の特別支出、そして5億5,000万円の外債発行」[5]などであった。

震災直後、軍隊や警察は、被災者の救出、食糧の徴発、避難所の確保、初期医療など緊急の災害救助を行い、警備、治安を担ったことからも明らかなように、被災者の救護は治安の維持を目的としていた。救護費は、国の支出分が2,300万円、義援金が国内3,700万円、外国2,200万円、その他を含め計8,500万円で義援金に大幅に頼っていた。
　「震災直後、罹災者は百万を超えたが、それに対して国費による臨時震災救護事務局管理の公設バラックは収容人員6万3,809人、収容余力3万4,620人（11月15日段階）に過ぎず、多くは私設のバラックなどで生活せざるをえなかった」[6]。公設バラックは、収容から閉鎖まで約2年間という短い期間であったため1925年3月31日に閉鎖され、臨時震災救護事務局も秩序回復とともに整理廃止された。「帝都復興祭が挙行される1930年までの少なくとも5年間は、罹災者を待ち受けていたのは、焼失した家の跡地やそこに仮住まいとして建てたバラックが区画整理の対象となり、新しい住居を手に入れるまでのさまざまな困難であった」[7]。
　一方、後藤新平は、1923年9月4日に「帝都復興に関する根本方針」、「帝都復興事業の順序」を起草し、帝都復興の基本方針を立てる。後藤は、避難民の救護に目処をつけ、できるだけ早く都市計画に着手し理想的帝都復興を目指そうとした。基本方針では、復旧ではなく復興によって帝都にふさわしい外観を備え、欧米の都市にならい都市計画の基本である街路計画に基づく施設をつくることを目的としていた。車時代を迎え、24間幹線道路敷設によって、帝都の交通網を整えることこそ復興の中心的意義であると主張する。公共の建築物、道路、橋梁などは国費や補助で支弁し、個人の建築は従来のように自己責任と民間の金融機関に依るものとされた。
　それらを実現する順序は、1．罹災跡の整理、2．帝都復興事業の施工区域の決定、3．帝都計画案作成、4．官庁、商業、工業、住居の各区域に分ける、5．交通系統の確定、6．上下水道、瓦斯、電気施設の地下埋設、7．通信機関完備、8．建築物法の制定（建築物の制限を設けるが、民間の建築物は自力で建設すること）、9．経済復興策（経済復興のため金融機関の復活改善を図り、商工業の復興に関する諸般の施設を講ず）、10．社会政策施設の設置であった。以上の起草案に基づいて、9月6日に帝都復興のすべての議論の出発点となる「帝都復

興の議」が閣議に提案される。復興政策は、復興の優先順位をみれば明らかなように、道路や公園、河川、港湾などを整備する帝都復興が目的であり、経済復興や社会政策は後回しになり、被災者の生活と生業の再建や雇用の保障は重視されなかったのである。

「帝都復興の議」は、次のようなものであった。東京は帝国の首都にして、国家政治の中心、国民文化の淵源である。したがってこの復興は、一都市の形体回復の問題に非ずして、実に帝国の発展、国民生活改善の根基を形成することにある。震災は帝都を化して焦土となしたが、理想的帝都建設のための絶好の機会となり、一大英断を以て帝都建設の大策を確立すべきである。この機会を逸せば国家永遠の悔いを残す、というものであった。

帝都復興総裁の後藤新平がめざした都市づくりは、わが国における「開発・成長型復興」の草分けとも言うべき位置を占める。それは、大震災以前の都市を再建する「復旧」ではなく、焦土と化した都市が「理想的帝都建設の為の絶好の機会」の場として、都市の構造や外観を抜本的につくりかえることであった。後藤の復興思想は、満鉄初代総裁当時に、植民地満州の都市計画に起源を持ち、欧米の最新の都市計画によって、帝国建設のために帝都を復興するという多分に国家主義的性格が濃厚なものであった。後藤が植民地で実践した経営思想は「文装的武備論」というべきもので、行政の秘訣は「人間の弱点に乗ずる」ことであり、「王道の旗を以て覇術を行ふ」ことであった。都市計画に基づいて教育、衛生、道路などを整備して近代的都市をつくり、この巨大な都市装置で威信を示すことで植民地住民を支配しようとしたのであった[8]。

後藤新平内相は、41億円の理想的な復興計画案をつくった。これは、諸官庁の復旧事業を別にして13億円で横浜市を含め帝都復興事業を行なう案となっていた。だが軍備や農村対策を重視する保守派の反対で、6カ年の継続事業5億7,000万円に減らされ、各省の復旧費は7億円であった[9]。

復興計画は縮小されたが、震災前に比べると、道路、公園などが格段に整備された。だが震災の打撃に加え、経済復興や社会政策なき計画のもとで、下町を基盤とする伝統的な商工業は衰退し、震災後の緊縮財政のもとで資本の集中と大企業による合理化がすすみ、大量の失業者を輩出することとなった。大規模な区画整理によって東京下町の人口は、復興直前（1922年）の147万人から直

後（1930年）の119万人へと大幅に減少し、郊外は143万人から289万人へ急増した。区画整理は「表通り及び準表通りのみの市街地を形成し、従来の露地、裏店と称せる消費的客人即ち商品に対する需要者を排除」したのであった[10]。

震災手形割引損失補償令と昭和金融恐慌

　関東大震災によって、被災地の企業は甚大な被害を受けた。そのため被災企業に融資している銀行は債権を回収できるのかという不安をもち、企業が割り出した手形は決済されるのかという疑心暗鬼にかられた。預金者も自分の預金を払い戻すことができるのか、という不安を持つ。全体的に信用の杜絶という憂慮すべき事態が現出した。政府の推定では流通困難になる手形はおよそ21億円に達した。

　そのため政府は、被災企業が振り出した手形が決済不能とみなされ流通しなくなる問題を解決するため、1923年９月に「震災手形割引損失補償令」を公布し、震災のため決済不能または困難に陥った手形を再割引するという制度をつくり、震災手形として流通力を与える措置を取った。しかし「日銀が再割引した震災手形は４億3,000万円にのぼり、その約半数が支払不能となり、これが昭和恐慌の原因となった」[11]。

　なぜ支払い不能に至ったのか。昭和金融恐慌を詳細に分析した高橋亀吉・森垣淑によれば、一部大企業や大銀行は、震災手形法の乱用により一時を弥縫し、「震災手形割引損失補償令」が過去の疲弊露呈を糊塗する機会を提供することになっていた。その代表的例は鈴木商店＝台湾銀行である。「震災手形割引損失補償令」は、一部政商救済に流用されたこととは裏腹に、震災手形割引にあたった銀行は、割引にあたって取捨選択を厳しく行い、本法の趣旨にかない真に救済を必要とする中小企業でも、その恩典にあずかりえなかったものが少なくなかったのである。

　関東大震災は、その与えた大打撃からしても、わが国経済に大きな爪痕を残したことは否定できない。……事実、この時以降、新たにわが国の経済は、円為替相場の激変という大難題を抱えることになったのであるが、これも震災とは決して無関係ではない。しかし、真の問題は、とくに震災手形の救済におい

て、それが一部政商に濫用され、「財界の癌」肥大化の要因となったことである。1921年以降1927年金融恐慌に至る間の、わが国財界の疾患の根源は、この1920年反動対策の失敗にある。業界には政府の救済に甘える風潮が生まれ、日銀は救済機関に堕した。政府の弥縫策の累積は、徹底整理のもたらす摩擦をいよいよ大にし、これを恐れて不適格な経営者の存命を許し、「財界の癌」をますます悪化肥大せしめる結果となったが、それがまた震災手形の濫用を黙認せしめ、わが国経済はいよいよ抜きさしならぬ泥沼にむかって進んだ。当局者の重大失態は、金解禁についての旧平価金解禁断行政策にもあらわれた。ために為替相場は海外投機業者の手により翻弄され、震災後ようやく立ち直りかけたわが財界に、多大の再打撃を与えた。

　1927年の金融恐慌により、国民は群小銀行への信頼をなくし、大銀行への預金集中が顕著にあらわれた。この結果、5大銀行の地位は圧倒的になった。金融界における一大変化（整理）は、同時に事業界（財界）の一大整理の断行を意味した。財界の大整理は、一般的には中小企業の経営難となり、その整理淘汰を大規模に促進し、それだけ大企業の相対的地位を飛躍的に強大化した[12]。

　さらに昭和金融恐慌以降、大銀行が集中する先進地と後進地との地域格差が急速に拡大していく。地方銀行は整理され、県外の大銀行によって支配されていく。それまで養蚕や生糸などの地場産業への融資を引き受けていた地方の銀行は、県外の大銀行の支店になり、あるいは統合されて、もっぱら地方から資本を引き出して、大都市に集中する役割を果たすようになる。第一次世界大戦後の不況と重なり、地方の弱小製糸資本は倒産し、新たに進出した大製糸資本によって急速に合併吸収されていく[13]。以上のような復興政策の失敗による金融恐慌は、中小零細企業や小売商人などの窮乏と、都市のサラリーマンや労働者の失業の増加、そして地方の地場産業の疲弊など深刻な問題をもたらした。このような失業と貧困の拡大は、社会や政治の不安定さを増大させ、政党政治の終焉と軍閥独裁政治、満州事変に始まる15年戦争へとつながっていくのであった。

注
(1) 梓澤和幸「今、コミットしている現場から　朝鮮人・中国人虐殺事件の真相究明と謝罪を―

関東大震災虐殺事件人権救済申立事件」『法学セミナー』2006年10月号、www.azusawa.jp/comit/20070129.html。
(2) 今井清一『日本の歴史23』中央公論社、1966年。今井清一「関東大震災・復興と社会の変化」、平凡社『平凡社大百科事典』、1984年。
(3) 加藤周一『現代日本私注』平凡社、1987年、21ページ。
(4) 「関東大震災」平凡社『平凡社大百科事典』1984年。
(5) 高橋亀吉・森垣淑『昭和金融恐慌史』講談社、1993年、81-82ページ。
(6) 北原糸子『関東大震災の社会史』朝日新聞出版、2011年、166-169ページ。
(7) 北原糸子『関東大震災の社会史』朝日新聞出版、2011年、365ページ。
(8) 鶴見祐輔『後藤新平（第2巻）』後藤新平伯傳記編纂會、1933年、814-817ページ。
(9) 北原糸子『関東大震災の社会史』朝日新聞出版、2011年、89-91ページ。
(10) 小玉徹『欧州住宅政策と日本—ノン・プロフィットの実験』ミネルヴァ書房、1996年、159ページ。
(11) 今井清一『日本の歴史23』中央公論社、1966年、379-381ページ。
(12) 高橋亀吉・森垣淑『昭和金融恐慌史』講談社、1993年。深見泰孝は、大財閥鈴木商店の救済に奔走する政府の態度が、貸し手、借り手とともにモラルハザードを発生させる誘因となったことを次のように述べている。「神戸に本社を置き、三井、三菱と並ぶ一大財閥と言われた鈴木商店は、第一次大戦中の成金投資の拡大路線を戦後の反動不況にあっても継続したが、この拡大路線の継続が、『世界の鈴木』とまで言わしめた同社の破綻原因となった。関連企業は業績不振に陥り、中国での綿糸布販売も不振、ワシントン海軍軍縮条約締結で売り上げは激減し、鈴木商店は関連企業の資金援助に追われた。1922年には鈴木商店自身の資金繰りも、輸入為替決済にも窮乏するほどに悪化し、多額の融資をしてきた台湾銀行は同社救済のため、多額の融資をはじめる。しかし、鈴木商店の経営状態は好転せず、台湾銀行は大蔵省、日銀からの支援を受け、救済融資を続ける。政府は、鈴木商店を破綻させることは、日本経済に多大な影響を与えると、鈴木商店の救済に奔走する。だが政府のこうした態度が、貸し手、借り手とともにモラルハザードを発生させる誘因となった」(深見泰孝「関東大震災と昭和金融恐慌」『証券レビュー』第51巻第10号）＜JSRI　証券レビュー 2011年10月号　深見泰孝氏（著）＞http://www.jsri.or.jp/web/publish/review/pdf/5110/04.pdf）。
(13) 島恭彦『戦後民主主義の検証』筑摩書房、1970年、62-64ページ。

第7章

戦後の「開発・成長型復興」と「復興災害」

　本章では、戦後の「開発・成長型復興」における沖縄問題とヒロシマ・ナガサキの被ばくの問題を検証する。この問題の本質は、第1に、なぜ住民を巻き込んだ沖縄戦の悲劇が起き、ヒロシマ・ナガサキの悲惨な被ばくが起きたのか、第2に、復興という名の「開発・成長主義」によって「復興災害」が起きていることである。

第1節　犠牲のシステム

　高橋哲哉は、戦後、国内において植民地政策が展開していくことを検証し、その本質を「犠牲のシステム」と定義した。高橋によれば、戦後日本は、1つには原発の地方への集中立地というかたちで、もう1つには米軍基地の沖縄への押しつけというかたちで、中心と周縁とのあいだに植民地主義的支配・被支配の関係を構築してきた。この植民地主義は、沖縄を犠牲とする日米安保システムとして、また国策としての原発が、立地する地方を犠牲にするかたちで今日まで生き残っている。
　犠牲のシステムでは、或る者（たち）の利益が、他の者（たち）の生活（生命、健康、日常、財産、尊厳、希望等々）を犠牲にして生み出され維持される。犠牲にする者の利益は、犠牲にされるものの犠牲なしには生み出されないし維持されない。この犠牲は、通常、隠されているか、共同体（国家、国民、社会、企業等々）にとっての「尊い犠牲」として美化され、正当化されている。そして、

隠蔽や正当化が困難になり、犠牲の不当性が告発されても、犠牲にする者（たち）は自らの責任を否認し責任から逃亡する。この国の犠牲のシステムは、「無責任の体系」を含んで存立する[1]。このように犠牲のシステムは、「中心と周縁との植民地主義的支配・被支配の関係」の中に貫かれている構造にある。

　岡田知弘は、地方を犠牲にした福島原発事故を1930年代以降の日本資本主義と東北の発展史のなかで位置づけ検証している。東北地方は、日本の農村が世界恐慌の荒波に呑み込まれる1930年代初頭、冷害凶作（1931年、1934年）と昭和三陸地震津波（1933年）に襲われる。このような凶作や津波被害を契機に、東北6県の政財界人が結集した東北振興会の陳情や東北救済の世論を背景に、政府は東北振興事業を開始する。だが東北振興事業が国策として推進された真因は、東北の農漁民の救済や東北と他地域との格差是正にあったわけではなかった。むしろ日中戦争が開始されるなかでの国家総動員政策の一環として、東北地方を開発重点地域に位置づけることを目的としていた。その後、戦争中から戦後にかけて、東北地方は、東京への電力供給地としての役割を確立していく。とりわけ福島県は、只見地方での河川総合開発による電源開発に続き、貧困と過疎に悩む浜通りの低開発地域に東京電力の原発を誘致する[2]。その顛末が、未曾有の被害を出した原発事故であった。

　つまり冷害や津波被害からの復興が、貧困や過疎から脱却するための開発という美名のもとで進められたのである。このような東北地方の植民地型開発とその犠牲は、戦前・戦後の沖縄の歴史においても同様の構造を有していたことを次に検証しよう。

第2節　捨て石としての沖縄

　明治維新以降、日本は、西欧先進国にキャッチアップすべく急速な近代化をはかってきた。戦前は「超国家主義」[3]のもと、「文明開化」、「富国強兵」の軍事大国の道を、戦後は日本に戦勝した超大国・米国に従属した「経済大国」の道をあゆんできた。1945年2月に元首相の近衛文麿は、昭和天皇に対して「敗戦は遺憾ながら最早必至なりと存候」「国体護持の立場よりすれば、一日も速やかに戦争終結の方途を講ずべきものなりと確信仕り候」との「近衛上奏文」を奏

上した。その背景には、英米の世論は天皇制廃止にまでは至っていないとの情勢判断の下、いわゆる「国体護持」には、敗戦それ自体よりも敗戦の混乱に伴う共産革命を恐れるべきであるとの問題意識があったからだ。だが昭和天皇は、「もう一度、戦果を挙げてからでないとなかなか話は難しいと思う」と近衛の話には否定的であった。もし、この時点で戦争をやめていれば、3月の東京大空襲も、4月からの沖縄戦も、8月の原爆投下も、ソ連参戦やその結果としての朝鮮半島南北分断も、なくてすんだはずだった[4]。

孫崎享は、戦後日本の大きな歴史の流れは、米国からの圧力と従属、そしてそれへの抵抗を軸に据えると見えてくると述べた。たしかに第二次世界大戦に敗北した日本は、1945年に連合国に無条件降伏をし、日本はポツダム宣言実施のため、連合国軍最高司令官からの要求にすべてしたがうことを約束している。戦後、特に約6年半の占領期、天皇や首相自ら国の方針を考え、政策を出していたわけではない。天皇と日本国政府の上に占領軍（GHQ）がいて、そのトップに連合国最高司令官マッカーサーがいた。日本は米国に完全に従属する形で新しいスタートを切った。

ポツダム宣言は、「日本国の国民をだまし、彼らに世界征服の挙に出るという誤りを犯させた者の権力および勢力は、永久に排除されなければならない」と規定している。日本を占領した米国は、戦犯を処罰、排除することを重視した。戦争にかかわった日本の軍人や政治家、官僚、財界人などは戦犯を免れようと米国にすりより、そして朝日新聞など各紙も同様であった[5]。

豊下楢彦も、日本の支配層の眼目は、敗戦後、いかにして国体を護持するかであったという。「敗戦から米軍による占領という、文字通り国家の最大の危機に直面した昭和天皇は、いみじくも松平康昌が『一番協力されたのは陛下ですよ』と述懐したように、占領協力に徹することによって、戦犯としての訴追を免れ、皇室を守り抜くことに成功したのであった。戦後直後の危機を切り抜けた昭和天皇にとって、次に直面した最大の危機は、天皇制の打倒を掲げる内外の共産主義の脅威であった。この脅威に対処するために昭和天皇が踏み切った道は、『外国軍』によって天皇制を防衛するという安全保障の枠組みを構築することであった」[6]。

「戦後、日本の基地提供と米軍駐留は、天皇制の死守をはかる昭和天皇にとっ

て絶対条件となった。昭和天皇の立場にたてば、日本はあくまで無条件的に米軍駐留を『希望』『要請』しなければならない。それこそが、安保条約の『根本趣旨』なのである。こうして、皮肉な表現を使うならば、『国体護持』を保証する安保体制こそが、『独立』を果たした日本の新たな『国体』となった」[7]。

　わが国は、第二次世界大戦を契機に米国に占領される。日本の長い歴史の中で他国の占領に屈するのは初めての経験で、その犠牲になったのが沖縄であった。進藤榮一によれば、沖縄の犠牲は次のような背景があった。「総司令部と皇室とのリエゾンとして宮内庁御用掛をつとめる寺崎英成は、『沖縄の将来に関する天皇の考えを伝えるため』としてシーボルトを訪ね次のような談話を行なった。『天皇は、アメリカが沖縄を始め琉球の他の諸島を軍事占領し続けることを希望している。天皇の意見によるとその占領は、アメリカの利益になるし、日本を守ることにもなる。天皇が思うにそうした政策は、日本国民がロシアの脅威を恐れているばかりでなく、左右両翼の集団が台頭しロシアが事件を惹起し、それを口実に日本内政に干渉してくる事態をも恐れているが故に、国民の広範な承認をかち得ることができるであろう。天皇がさらに思うに、アメリカによる沖縄の軍事占領は、日本に主権を残存させた形で、長期の—25年から50年ないしそれ以上の—貸与をするという擬制の上になされるべきである』。当時極東国際軍事裁判所でオーストラリアと共にソ連が、天皇を戦犯として裁くことを要求し続け、天皇戦犯問題になお決着がついていなかったことは、十分に記憶にとどめておくべきことかもしれない」。

　「この文書の重要性は、それがアメリカの政策決定者の《琉球処分》に多大の影響を与えたことである。『天皇のメッセージ』は、沖縄の恒久基地化を構想する総司令部の立場はもとより、ソ連共産主義の政治的浸透と軍事的侵略に対処する拠点として沖縄の全面使用を構想し、日米間の軍事・経済協力の強力な推進を主張し、いずれにせよソ連抜きの片面講和を推し進めるべきだとする政策企画部の立場を、現地から正当化するものであったし、なかんずく《象徴》天皇のメッセージであったが故に、正当化はいっそう重みを持つものであった。しかも、戦略的信託統治方式によらず、潜在主権を残した形で沖縄を租借する方法は、当時沖縄統治にかかる出費に悩む陸軍と国務省首脳にとって、まさに恰好の代案と受け止められた」[8]。

以上の経過から明らかなように、戦後沖縄の復興も、「復興災害」によって苦難の道をたどった。沖縄戦では、本土決戦の時間をかせぐために沖縄県民全体を戦闘に巻き込み約10万人もの県民が犠牲になった。1945年3月、アメリカ軍の上陸と同時に、沖縄諸島の占領地区は米海軍政府布告によりアメリカの軍政のもとにおかれる。1950年代、中国革命と朝鮮戦争の影響、そして米ソ冷戦時代を背景のもと、沖縄は「太平洋の要石」とする戦略的な位置づけがされ、沖縄の恒久的基地化が本格化する。だが沖縄住民の悲願は「核も基地もない平和な沖縄」の実現であり「平和憲法への復帰」であった。だが沖縄返還協定は、日米安全保障条約と密約による米軍基地の温存と核疑惑をともなう返還であった。そのため県民の生活の基盤である土地が米軍基地のために強制的に買い上げられ、県民は苦難の生活を強いられる。

　戦後も、日米安全保障条約と密約によって在日米軍の大半が駐留し、県民の生活の基盤である土地が米軍基地の建設のために略奪され、県民は苦しい生活を強いられた。現在も日本にある米軍基地の75％が沖縄に集中し基地災害の犠牲になっている。さらに戦後日本は、憲法を制定したにもかかわらず、憲法と相反する日米安全保障条約を締結し、朝鮮戦争やベトナム戦争、アフガニスタンとイラク戦争に際し、米軍に基地を提供することで沖縄などの住民を犠牲にしつつ、戦争特需の利益を享受してきた。ドキュメンタリー映画「標的の村」では、ベトナム戦争当時、沖縄北部の東村高江地区の住民が、米軍からの食料支給と引き換えに、ベトナム住民とベトナム兵に見たてられ、米軍に擬似「攻撃」される訓練の模様が映し出されている。この映画は、今、危険なオスプレイが、高江地区住民の暮らす地域の周辺に配備され、住民が米軍の「標的」にされる危険性を訴えていた。まさに沖縄は、平和のうちに暮らす人権も民主主義も踏みにじられ、憲法不在の米国の植民地なのである。

　以上のように、戦後日本は、日本国憲法の戦争放棄・平和主義、「個人の人間としての尊厳」や「命と暮らし」をまもる「人間復興」よりも、日米行政協定（のち日米地位協定に変更）と日米安全保障条約によって米国に従属することで共産主義の脅威に対抗しようとした。さらに米国のアジアや世界戦略に加担し経済成長を優先する政策を推進してきた。それは、沖縄の戦後史に即して言えば、1972年の沖縄返還に伴い制定された沖縄開発庁設置法、沖縄振興開発特別措置

法、沖縄振興開発金融公庫法の「沖縄三法」に基づき策定された沖縄振興開発計画と沖縄振興計画にみることができる。沖縄振興開発計画は第1次（1972-1981年の間で1.4兆円）、第2次（1982-1991年間で2.3兆円）、第3次（1992-2001年間で3.6兆円）の計7.3兆円、沖縄振興計画（2002-2011年間で2.6兆円）で合計9.9兆円である。沖縄振興開発計画は、「本土との格差是正」「自立的経済発展のための基礎条件の整備」を、沖縄振興計画は「わが国の経済社会及び文化の発展に寄与する特色ある地域としての整備」を目的として掲げた。だが実際は、本土並みの公共事業による道路や港湾、空港などのインフラ整備であり日本の土木建築や観光資本の進出であった。そのため高い失業率や低い所得水準は改善されず、公共事業と財政に依存する地域経済をもたらし、沖縄振興開発計画の目的である「本土との格差是正」と「自立的経済発展」は達成されなかったのである[9]。

第3節　広島の戦後復興と「復興災害」

　戦災復興も「開発・成長型復興」であった。経済成長政策は、1945年の「戦災地復興計画基本方針」が、将来の経済成長にともなう自動車交通などに対処するため広幅の道路と罹災地全体の土地区画整理事業を打ち出したことにもあらわれている。この土地区画整理の方法は、関東大震災の復興で実践された土地区画整理事業の技術やノウハウを継承している。

　以下では、太平洋戦争における原爆の犠牲となった広島市の戦災復興と被爆者問題を、広島県「広島県史原爆資料編」と椎名麻紗枝「被爆者援護法―制定を拒むものは誰か―」を参考に検証する[10]。広島市の戦災復興は、被爆者を救済・援護する「人間復興」よりも、百メートル道路など都市を抜本的に改造する「開発・成長型復興」を目的としていた。

　広島市の都市計画は、国の指導のもと、戦災後、着々と進められ、特別都市計画法（1946年）は広島市など115都市を「戦災都市」に指定した。広島市は、被爆後1年も経たずして、区画整理、道路、公園面積まで決めたのである。広島市の復興に決定的な役割を果たしたのが、1949年公布の広島平和記念都市建設法である。この法律の目的は「恒久の平和を誠実に実現しようとする理想の

象徴として、広島市を平和記念都市として建設すること」(第1条) である。同第2条が、「広島平和記念都市を建設する特別都市計画 (平和記念都市建設計画) は、都市計画法第4条1項に定める都市計画の外、恒久の平和を記念すべき施設、その他平和記念都市としてふさわしい文化的施設の計画を含む」と規定しているように、広島市を他の戦災都市と同じように単に復興するだけでなく、恒久平和を象徴する平和記念都市として建設することであった。この法律の制定により、これまで停滞していた復興事業は、国からの特別な支援 (補助金と軍用地など国有地の無償提供) により大きく前進し、当初の復興計画過程で形成された百メートル道路構想や平和記念公園構想が実現していく。

　しかし忘れてはならないのは、広島は、戦災都市の中でも被爆という大惨禍を受けた最も悲惨な災害都市であったことだ。原爆は、一瞬のうちに広島市14万人以上、長崎市7万人以上もの命を奪い、そのとき助かった人も被爆後3ケ月以内で数万人も死亡していった。生きながらえた被爆者は、高熱、貧血、出血、火傷、ガンなどの原爆後遺症で苦しみ死への不安を募らせた。被爆者は、人類未経験の怪奇な原爆障害に苦しむと共に、折から日本全体が置かれた経済的困難の中で加速度的に生活苦のどん底に追いやられていたが、これに対する救援の手はほとんど差しのべられることがなかった。……その後、原爆障害者に対する国家の手による治療を要望する声が高まったにも拘らず、国家の救済の手は中々伸びなかった。被爆直後に開設された55ケ所の救護所も2ケ月後に閉鎖され、被爆者は住宅や財産を、そして一家の働き手を失い、自らも負傷や原爆症のために働けなくなったため収入を断たれる。さらに被爆者は、短命であるとの風評が流され、結婚や就職差別、そして冷たい視線と人格を傷つける暴言などによって孤立し絶望し、ノイローゼや自殺する者まで出たのであった。

　原爆被害者の調査や援護、救済策は、以下のように徹底してサボタージュされ、「人間復興」には程遠いものであった。被爆の8年後の1953年に広島市社会課は、原爆死没者 (約20数万人)、原爆障害者 (約6,000人)、原爆孤児 (約300余人)、未亡人 (2,800人余) の調査結果を発表する。1957年に国庫負担による被爆者の健康診断と治療を目的とした「原子爆弾被爆者の医療等に関する法律」(原爆医療法) が成立する。政府は、この法によって被爆者治療費を国庫負担とすることをみとめたものの医療手当は支給されないことになった。そのため、仕事

を休むとその日の生活にも困ってしまう多くの被爆者は、医療をうける時間的余裕もなかった。

　医療の給付は、爆心地から半径２キロ以内の被爆者や原爆に起因したと認定された被爆者に限られた。1960年には、特別被爆者制度の創設と一般疾病医療費及び医療手当の支給を目的とした原爆医療法の改正法が成立したが、対象者がきわめてかぎられており、被爆者全体の生活援護になることはできなかった。1963年にいわゆる原爆裁判の判決が出される。被爆者下田隆一外４名が、1955年に国を相手取り、①原子爆弾の投下行為と国際法違反、国内法違反、②被害者の損害賠償請求権、③対日平和条約による請求権の放棄と被告である国の責任などを問うた原爆裁判において、東京地裁判決（1963年）も被爆者を救済しない「政治の貧困」を次のように批判した。「不幸にして戦争が発生した場合には、いずれの国もなるべく被害を少なくし、その国民を保護する必要があることはいうまでもない。……戦争災害に対しては当然に結果責任に基く国家補償の問題が生ずるであろう。……国家は自らの権限と自らの責任において開始した戦争により、国民の多くの人々を死に導き、傷害を負わせ、不安な生活に追い込んだのである。しかもその被害の甚大なことは、とうてい一般災害の比ではない。被告がこれに鑑み、十分な救済策を執るべきことは、多言を要しないであろう。……それはもはや裁判所の職責ではなくて、立法府である国会及び行政府である内閣において果たさなければならない職責である。……われわれは本訴訟をみるにつけ、政治の貧困を嘆かずにはおられないのである」。

　1994年に原爆二法（原爆医療法、原爆特別措置法）を一本化し、新たに特別葬祭給付金の支給などの事業を加えた被爆者の総合的な援護対策を実施する法律として「原子爆弾被爆者に対する援護に関する法律」（原爆被爆者援護法）が制定される。国の責任において被爆者に対する援護対策を実施することと、核兵器廃絶、恒久平和を盛り込んだ前文が設けられた。原爆症と認定されたのは、被爆者手帳を持つ約26万人の被爆者のうち、１％にも満たない2,000人余りに過ぎなかった（2008年の認定基準が緩和される以前）。認定緩和後の2009年３月末でも、被爆者全体の約１割を占めるに過ぎない。戦後60余年経過しても、被爆者の「人間復興」はなされず「復興災害」を被っているのだ。

　以上のような被爆者の苦悩の背景に、日米両政府の取引があったとの有力な

見方がある。原爆を投下した米国のトルーマン大統領は、1946年11月に広島と長崎とに原爆傷害調査委員会（ABCC）の設立を命じたが、それは広島、長崎で被爆した非戦闘員に対する救護ではなく、将来起こるかも知れない米国民の被爆に対する救護の方法を、広島、長崎の被爆者を素材として研究しようというのであった。それゆえ多くの広島市民が、精密検査をうけながらも、治療は一切行われなかった。一日の収入を検査のために失い、しかも検査に次ぐ検査で疲労し、時には薬物検査のために病状の悪化を来すこともあった。

　このようにABCCが、被爆者のデータを収集しても治療しなかった経緯は、近年の米公文書公開によって明らかとなっている。2007年8月6日付「朝日新聞」によれば、パーソンズ駐日公使がロバートソン極東担当国務次官補にあてた米公文書（1954年1月）で、米政府の公式見解として「被爆者支援の責任は負わないし、その他の爆撃による被害者と区別することはできない」と述べている。これは、「（治療すれば）被爆者に特別な意味があり、他の兵器の被害者とは異なるという見方を支持することになる」「原爆投下への謝罪と解釈されかねない」（パーソンズ駐日公使が国務省北東アジア部にあてた米公文書・1954年2月）からである。核問題研究家の樋口敏弘によれば、「治療しなかった理由は、冷戦下、米国は原爆を使用可能な兵器と位置づける核戦略と結びついていた」からであるという。

　このABCCに全面的に協力したのが、当時の日本の国立予防衛生研究所の被爆者調査であった。1947年度から52年度までの6年間で合計8,000万円（現在価値80億円）もの国費を投入した。その目的は、主に放射能汚染の遺伝、次世代への影響を調査することであって、被爆者の救済ではなかった。さらに「アメリカは、日本占領後も、被爆者に対していっさいの救援をしなかったばかりか、海外特派員の広島・長崎への立ち入りを禁止し、被爆者に対する国際救援の道を閉ざした。……日本政府は占領軍が被爆者にたいしておこなった一連の措置にたいして、無批判に追随し、被爆者の利益や権利をまもるために行動したことは、一度としてない」。

　それはなぜか。椎名麻紗枝は、日本政府と米国の政治的密約があったと次のように述べている。「日本政府が、原爆問題に完全に沈黙してしまっただけでなく、広島・長崎の被爆者にたいしアメリカがおこなった人道上も許されないよ

うなさまざまな人権侵害についてもすべてこれを黙認してきたうらには、日本政府が自国民にたいして冷酷非情だというだけではないもっと大きな政治的密約が存在したからではないだろうか。

　日本政府は、アメリカにも原爆投下という大きな弱点があることに目をつけ、原爆投下は、国際法上も天皇の戦争責任に劣らず重大な戦争犯罪であるとして、原爆投下責任を不問にするかわりに、天皇の戦争責任を免責にすることを主張したのではないか。……占領後アメリカがポツダム宣言をみずからふみにじって、天皇の戦争責任の免責と天皇制存続をみとめる方向に転換したのは、これまで言われたように、対日占領支配のうえで天皇制を利用するというアメリカの利己的計算と、日本の支配層の利害の合致によるものが大きいことは事実であるにしても、……アメリカの原爆投下の問題が、日本政府の取引に使われたのではないか。それは、1951年に日本政府が、サンフランシスコ条約を締結したが、その第19条(a)項『日本国は戦争から生じ、又は戦争状態が存在したためにとられた行動から生じた連合国及びその国民に対する日本国及びその国民のすべての請求権を放棄する』規定、すなわちアメリカの原爆投下責任を不問にすることを公式に宣言したことからも明らかであろう」。

　以上、日本政府が、米国の原爆投下責任と、天皇の戦争責任の免責、天皇制存続とを取引したことは、広島・長崎の被害の実態を隠蔽し、被爆者の救済・援護を徹底してサボタージュし、その後の米国の核戦略とそれに追随した日本国政府の問題を視野の外に置くことにつながっていくのである。

注
(1) 高橋哲哉『犠牲のシステム　福島・沖縄』集英社、2012年、27-28ページ。
(2) 岡田知弘「災害と開発から見た東北史」大門正克他編『「生存」の東北史』大月書店、2013年。
(3) 丸山眞男「超国家主義の論理と心理」『世界』岩波書店、1946年。
(4) 小熊英二『日本という国』理論社、2006年、83-84ページ。「ウィキペディア・フリー百科事典」。
(5) 孫崎享『戦後史の正体』創元社、2012年、14-35ページ。
(6) 豊下楢彦『昭和天皇・マッカーサー会見』岩波書店、2008年、209ページ。
(7) 豊下楢彦『昭和天皇・マッカーサー会見』岩波書店、2008年、176ページ。
(8) 進藤榮一「分割された領土」『世界』岩波書店、1979年4月号。
(9) 沖縄県教育委員会ホームページ「沖縄の歴史と文化」、平成23年度　包括外部監査結果報告書「沖縄振興計画に基づき沖縄県が実施した事業における財務事務の執行について」www.pref.okinawa.jp/site/somu/gyokaku/.../h23-hokatu-1_1.pdf。池田清『創造的地方自治と地域再

生』日本経済評論社、2006年。
(10)　椎名麻紗枝『被爆者援護法——制定を拒むものは誰か——』岩波書店、1991年。

第8章

阪神・淡路大震災の「開発・成長型復興」と「復興災害」

第1節　阪神・淡路大震災とインナーシティ問題

　阪神・淡路大震災は、死者6,432人、負傷者4万3,792人にも達する大災害であった。発生1週間後ピーク時の避難所には、31万6,678人もの人が避難生活を強いられた。全壊住宅10万4,906棟、半壊14万4,272棟、全焼6,148棟、半焼69棟で、住宅倒壊による窒息・圧死、焼死、外傷性ショックなど直接死は5,521人で全死者の86％、肺炎、心不全など震災関連死は912人で14％を占める。死者のうち60歳以上の高齢者は3,758人で58％にも達し、震災関連死のうち60歳以上が9割を超える。

　大震災は、大都市のインナーシティ問題の深刻さを浮き彫りにした。神戸市は、戦後、一貫して高度経済成長を期すべく、鉄鋼、造船、化学などの重化学工業資本と商業資本の蓄積を推進し、港湾や道路などの交通ネットワークと都市開発のために、周辺町村を合併し市域を拡張し地域資源を最大限に利用してきた。特に公共デベロッパーによる「山を削り海を埋め立てる」一石二鳥方式により、埋立地に工場、事務所を誘致し、都心に高層の商業、オフィス空間を集中させる一方で、市街地を郊外に拡張させていった。このような神戸市の外延的拡張政策は、長田区、兵庫区、中央区、灘区など旧市街地に住んでいた都市中堅層の郊外への移転を促進し、旧市街地には高齢者や低所得者が滞留し、老朽住宅などの住環境問題や、近隣商業やコミュニティの衰退、地域活力の低

下などインナーシティ問題を深刻化させた。

　阪神・淡路大震災は、このような問題をもつインナーシティを直撃したため、甚大な被害を続出させた。階層性を有する地域社会は、大震災がインナーシティ地域を直撃したため、被害の階層性として現われた。たとえば、神戸市の死亡率は、全人口比で0.25％であるが、インナーシティにその多くが生活する生活保護受給者の死亡率は1.24％と約5倍の高さである。インナーシティ地域の典型である長田区の家屋の全半壊率は49％と全市最高の率となっている（全市平均32％）。焼死者も259人と全市焼死者の49％にも達し最も高くなっている。本来、公的住宅の対象者であるべき高齢者や低所得者、母子家庭、障害者など社会的弱者が、壊れやすい民間住宅にしか住めず多くの犠牲者を出したのであった。阪神・淡路大震災は、戦後の「自立・自助」の持ち家偏重の住宅政策の問題点を浮き彫りにしたといえるであろう。

　さらにインナーシティ問題は、神戸固有の景観の喪失の過程でつくりだされたものでもあった。もともと神戸は、六甲山と瀬戸内海に挟まれた気候温暖な地域で、山、坂、海、風、光、そして洋風、和風の建築群とが織りなす独特の景観と雰囲気をかもしだす街であった。日本屈指の港を玄関に外国文化が流入し、居留地とその山手一帯の異人館など近代洋風建築群と、白砂青松や清流沿いに林立する和風の家屋や酒造蔵も「神戸らしさ」をかもしだしていた。

　また下町の長屋や銭湯、小売店などのコミュニティは、人情のある風情を感じさせるものだった。だがこれらの景観は、戦災復興計画による道路や高速道路、民間や公共デベロッパーによる海岸埋め立て、六甲山系の開発によって破壊されていく。さらに大震災後の被災地神戸は、大規模な土地区画整理事業や再開発事業のもと、都心や駅前は高層のマンションや店舗が林立し、画一的なプレハブ住宅や店舗が立ち並び、駐車場やフェンスで張り巡らされた空き地が拡大していった。このような過程で神戸固有の景観が失われ、市民が六甲山の山並みや海の景観を享受することが著しく困難となった。

第2節　神戸経済の疲弊と住民生活の貧困化

　兵庫県は、住宅の被害を15万337棟（全・半壊、全・半焼）、住宅の被害額を

4兆300億円、市場や商店街などの店舗、事務所、そして工場など建築物の被害額を1兆7,700億円と試算した。市場や商店街などの店舗、工場、事務所などの被害棟数を、住宅の被害棟数と被害額に準じて単純に換算すれば、これらの建築物の被害は約6万棟にも達する。つまり地域経済を担っていた商工関係の打撃が、いかに凄まじかったかが推測される。

　大震災後、神戸を代表する大手企業が、大災害を口実に解雇やリストラ、工場閉鎖、撤退をすすめる中で、地域内の消費や需要が減少し、それが人口減少を加速化させる「負のスパイラル」を引き起こした。これは、現在の輸出関連企業がグローバル経済下における国際競争力強化を口実に、派遣労働者など非正規雇用やリストラを進めている先取りでもあった。

　たとえば神戸を代表する大企業の住友ゴム工業㈱は、神戸本社工場の閉鎖によって、ほとんどの工具が国内の他工場に移った。川崎製鉄も、神戸市、西宮市内の工場を閉鎖し、千葉、水島に配転した。㈱神戸製鋼所は高炉・加工部門を川崎市へ移転、川崎重工業㈱は商船建造部門を坂出市へ移転、日本製粉㈱は神戸工場の閉鎖、スーパー・ダイエーも配転やパート社員のリストラを実施していった。

　また震災発生時の1995年から2年間で、神戸市に本社を置く企業の全倒産は336件あり、このうち従業員10人以下の中小零細企業が275件で81.8％であった。さらに震災が直接の引き金となって倒産したものは87件で、従業員10人以下の企業が67件と77％を占めている。業種別の倒産では、設備にダメージを受けた製造業（1995年37件23.1％、96年37件21.5％）、交通網分断などの影響を受けた卸売業（1995年45件28.1％、96年47件27.3％）と高水準で推移している。震災特需のあった建設業は（同20件12.5％、同34件19.8％）と比較的低い水準であった[1]。

　また神戸の地場産業であるケミカルシューズの関連企業1,600社のうち約80％が全半壊または焼失、清酒も半数以上の企業が全半壊するなど大きな被害を受け、多くの労働者が職を失った。そのため中小零細の製造業が著しく疲弊していった。表1のように全市の事業所数は、1993年の4,200か所から大震災の年の1995年には3,308か所に激減し、その後も回復せずに2010年には1,864か所へ、従業者も同10万5,159人から同8万8,207人、そして7万267人へと減少している。特にインナーシティ地域である長田区、須磨区の落ち込みが著しく、長田区の事

表1　神戸市の製造業の事業所数と従業者数

		1993年	1995年	2010年
神戸市	事業所数	4,200	3,308	1,864
	従業者数	105,159	88,207	70,267
長田区	事業所数	1,534	1,107	483
	従業者数	18,883	13,645	7,307
須磨区	事業所数	397	202	87
	従業者数	4,200	2,238	1,130

資料．神戸市「神戸市統計書」各年版
注．従業員4人以上の事業所を対象。

業所は同1,534か所から同1,107か所、そして同483か所へ、従業者も同1万8,883人から同13,645人、そして同7,307人へと激減している。須磨区の事業所も同397か所から同202か所、そして同87か所へ、従業者は同4,200人から同2,238人、そして同1,130人へと大幅に減少している。この背景に、急速なグローバル経済化のなかで中国等に工場が移転したり、中国から安価なケミカル製品などが大量に流入したことがあげられる。

　以上のような甚大な被害は、大震災後の雇用調整助成金を受けた企業が25.8％(844社回答)、パート雇用の削減が18.3％(786社回答)、正社員の削減が16％(1,194社回答)、再就職の斡旋ができなかったが46.6％(158社回答)に達していることにも現われている[2]。

　表2のように、神戸市の正規雇用は、1992年の45万2,000人から大震災後の1997年には40万5,000人へと約5万人も減少している。それに対し、非正規雇用は、92年の11万人から97年の15万8,000人へ約5万人も増加している。非正規雇用の割合も、92年の19.6％から97年の28.1％へ8.5％も増加し、同時期の全国の3％増の約3倍もの高さである。その後も非正規雇用の割合は増加し、2012年は40.1％と全国の38.2％よりも高くなっている。2012年の「就業構造基本調査」では、非正規雇用の76.7％が年収200万円未満であり、非正規雇用のワーキングプアが社会問題となっているが、大震災はその先駆けともいえる。

　さらに神戸市の完全失業率も、表3のように1990年の3.9％(全国2.1％)から1995年の6.9％(全国3.2％)と増加し、その後も全国水準よりも高い傾向が続き、

表2 神戸市と全国の正規労働者、非正規労働者数

	神戸市（人）		全国 （千人）	
	正規	非正規	正規	非正規
1992年	452,000	110,000（19.6％）	38,062	8,481（18.2％）
1997年	405,000	158,000（28.1％）	38,542	10,342（21.2％）
2002年	369,100	199,600（35.1％）	34,557	16,206（31.9％）
2007年	375,100	238,900（38.9％）	34,324	18,899（35.5％）
2012年	370,300	247,600（40.1％）	33,110	20,427（38.2％）

資料．総務省「就業構造基本調査」各年版より作成

表3 神戸市、全国の完全失業率（単位％）

	神戸市	全国
1990年	3.9	2.1
1995年	6.9	3.2
2000年	6.4	4.7
2005年	7.9	4.4
2010年	7.0	2.1

資料．総務省「国勢調査」各年版より作成

震災前の状態に回復していない。また半失業者など実質的な失業状態にある者を含めれば、失業者はこの数字よりもかなり高くなることが推定される[3]。

以上のように大震災後、民間経済が疲弊し市民生活が貧困化した状態にあることから、政府や被災自治体の復興政策は、被災地における仕事の保障、一定の生活保障のもとでの職業訓練や、内需（消費）拡大につながるものでなければならなかった。さらに復興政策は、被災者の元の暮らしや営業を再建したい、元住んでいた地域に戻りたい、という願いに応えなければならなかった。そのためには、被災者が元住んでいた地域での仮設住宅や災害公営住宅の供給と、生活と住宅再建のための「個人補償」、就労保障など十分な公的支援が必要だった。そのことが、被災者の前向きに生きる希望を与えるとともに、被災地の経済や社会の復興につながるものであった。

だが実際は、被災者を救済し自立を支援すべき復旧、復興の過程において、被災者が災害を被るという人為的な「復興災害」が起きた。被災者は、大震災

直後における「住宅や店舗、工場などの倒壊による圧死や焼死、家族や友人の喪失など」の一次災害を被った。さらに復旧過程において「避難所、仮設住宅など劣悪で急激な生活環境の変化とコミュニティ崩壊による孤独死、病死など」の二次災害を、また復興過程における開発・成長優先、その裏面としての生活と生業再建の軽視で、住民の貧困化や地域経済、地域社会の衰退、そして被災自治体の財政危機、市民の公共サービスの低下などの第三次災害を被り、それらが複合する「復興災害」がもたらされた[4]。このような「復興災害」は以下のような過程の中で生じた。

　第1に、大震災直後、住まいや仕事などを失った約10万人もの被災者が神戸市外に流出したが、さらに激震の旧市街地の人々は、仮設住宅、災害公営住宅の郊外建設、都市計画の強行決定によって元の住まいに戻ることが困難となった。そのため地域住民の消費に依拠してきた激震旧市街地の小売業、市場、店舗は急激に衰退した。さらに自営業、中小零細企業のための施策も、きわめて不十分であったため廃業や倒産に追い込まれた。

　第2に、被災者の願いである生活や住宅、営業の再建のための「個人補償」は、政府や被災自治体の首長からも無視されたため被災市民の暮らしの再建が困難となった。

　第3に、兵庫県や神戸市は、災害に便乗した「開発・成長型復興」を推進し、大震災の復興と直接関係のない大型プロジェクトに資源の多くを投じた。だがその利益の多くは、被災地外のゼネコンやマリコンに流出し住民の貧困化が進行した。さらに被災自治体は、市県民税の減少と多額の借金増加による財政危機、市民サービスの低下を引き起こすこととなった。以下、順に検証しよう。

第3節　仮設住宅・災害復興公営住宅の郊外建設の問題

　震災後、仮設住宅や災害復興公営住宅が郊外に建設されたため、いままで暮らしていた旧市街地での生活やコミュニティが崩壊し、孤独死や自殺者の発生に拍車をかけることになった。孤独死は仮設住宅で236人、災害公営住宅では568人（2008年末）に達し現在も進行中である。大震災の犠牲者は6,434人（直接死5,502人、間接死932人）であるが、その後の復興政策の過程で多くの人々の命が

表4　神戸市仮設住宅行政区別供給状況

	区	仮設住宅建設戸数(A)	神戸市の仮設住宅入居世帯の旧住所地域(B)	従前居住区の供給率 A/B
旧市街地	東灘区	1,793	3,305	0.54
	灘区	996	3,418	0.29
	中央区	696	2,239	0.31
	兵庫区	654	3,017	0.22
	長田区	647	4,707	0.14
	須磨区	385	1,930	0.20
	小計	5,161	18,616	0.28
郊外地	六甲アイランド（東灘区）	2,090		
	ポートアイランド（中央区）	3,100		
	北須磨区	1,740		
	垂水区	2,308	289	7.99
	北区	5,838	107	54.56
	西区	8,947	52	172.1
	小計	24,017	448	53.6
	合計	29,178	19,064	1.53

資料．兵庫県「仮設住宅入居者実態調査」1996年、神戸市ホームページ「応急仮設住宅」より作成
注．AとBの数が一致しないのは、Bの兵庫県「仮設住宅入居者実態調査」におけるアンケートに無回答が8,607あったことなどによっている。推測するに、AとBの差の多くは、旧市街地に住んでいた人々であったであろう。

失われた。神戸市の仮設住宅は、表4のように被災者の従前の居住区に対する仮設住宅供給の割合は、激震6区（東灘区、灘区、中央区、兵庫区、長田区、須磨区）で28％に過ぎない。長田区は14％と特に低くなっている。

さらに表5のように「終のすみ家」となる災害公営住宅では、激震6区（東灘区、灘区、中央区、兵庫区、長田区、須磨区）で30〜50％しか従前居住地に戻れていない。特に兵庫区は29.7％に過ぎない。「神戸新聞」（2008年1月8日付け）によれば、「災害公営住宅の第四次一元募集は、公社、公団などを含めた大規模な一括募集としては最後とされ、過去最大の約1万7,000戸が募集にかけられた。応募総数は約3万5,000件で、うち仮設住宅からの応募は約1万6,200世帯だった。仮設住宅からの応募に対しては、優先抽選枠が設けられ、同時に三次希望

表5　神戸市における災害公営住宅の従前居住区への入居率

区	従前居住区への入居率（％）
東灘区	41.1
灘区	48.3
中央区	53.1
兵庫区	29.7
長田区	40.3
須磨区	32.3
垂水区	67.5
西区	55.9
北区	52.0
全体	46.7

資料．兵庫県『災害復興公営住宅団地コミュニティ調査』2003年より作成

まで記入できるが、当選は9,200世帯で、残り7,000世帯は落選した。希望が震災前に住んでいた神戸や阪神の都心部に集中したためで、応募が定員に達しない郊外の募集割れ住宅は4,000戸を超えた」。以上の結果を受けて実施された神戸新聞のアンケート（神戸、加古川、西宮各市にある仮設住宅を対象とし、200世帯からの回答）では、災害公営住宅の第四次一元募集の落選世帯の73％が、「震災前に住んでいた場所にこだわって申し込む」と回答している。その理由は、かかりつけの病院への通院、知人の多さ、買い物・通勤の便利さなどであった。このように震災前の土地にこだわる理由は、高齢や障害を持っていても、慣れ親しんだ生活環境のもと、地域の人々によって支えられてきた暮らしの営みがあったからである。以上のような大震災後の住宅政策の経過は、失業や貧困とあいまって、家族やコミュニティなどの喪失の過程をともない、大震災後の孤独死の増加となって顕在化したといえよう。

　被災者の「住まい」の問題は、災害救助法にもとづく避難所―仮設住宅、そして公営住宅法にもとづく「公営住宅」という現物支給が中心で、これ以外は自助努力に委ねられた。だがこの政策の問題は、官僚主義の弊害によってもたらされた。現代の官僚は、法の単なる執行人から裁量的に行政に介入するが、政府官僚は災害救助法が、「生業に必要な資金の給与」「住宅の応急修理」とし

て現金支給を規定しているにもかかわらず、その規定を生かさず歪んだ法解釈によって画一的で官僚的な現物給付を実施した。つまり政府官僚は、法を避難所―仮設住宅―災害復興公営住宅のみに限定的に解釈したため、自立への意欲をもち自発的に復興しようとする都市中間層などの被災者をサポートできず、結果として被災者の行政への依存体質をつくりだしたのである。

　さらに仮設住宅、災害復興住宅は、被災者が元住んでいたところより遠く離れたところに建設され、何度も住まいを替えなければならず、多額の資金を投じた割には、被災者の生活再建や自立のために役立っているとはいいがたい。たしかに被災者の生活再建には、災害弔慰金法にもとづく災害援護資金の貸し付け事業がある。国と被災自治体の資金により全・半壊世帯に最高350万円が貸し付けられたが、政令で定める市町村民税における前年の総所得金額以下の世帯（1人世帯の場合220万円、2人世帯430万円、3人世帯620万円以下）が要件のため都市中間層は対象とならず、さらに年利3％で返済しなければならないという問題があった。県によると、災害援護資金の貸し付けは5万6,422件で総額約1,308億円。うち、全額返済されたのは2013年9月末現在、4万2,597件、計約1,091億円。未返済分は兵庫県内だけで同年9月末現在、1万1,176件、約166億円に上る[5]。

　以上のように従来のような制度と運用では、給与所得者や都市自営業者など都市中間層は、生活と住宅再建のための公的支援を受けることができず、そのため自助による再建を余儀なくされ、二重ローンや再建の断念、倒産、自己破産などが相次いだのであった。さらに被災者が元住んでいたコミュニティは無視され、被災者は孤立した状況に追い込まれ、孤独死や自殺、そして犯罪などが続出した。被災地全体で家を失い住宅ローンが残った人の借金は、約1万5,000件で総額1,500億円と推計されている[6]。であれば、現物給付でなく現金給付や全壊家屋のローン返済について銀行の債権放棄などの政策の方が有効だったのではなかろうか。たしかに家賃補助や利子補給など改善策も見られたが、被災者の意思とニーズに必ずしも適合しない画一的な現物給付と、返済が義務付けられた貸付制度など従来からの施策となった。また1世帯あたり約38万円の義援金は、1年余りの間に3度に分けて小出し支給され被災者の救済効果が激減された。

以上のような住民の貧困化や地域経済の衰退の背景には、新自由主義の「構造改革」にみられる労働の非正規雇用化や社会保障水準の切り下げ、経済のグローバル化などがあるが、被災地の復旧、復興政策の問題も見逃すことができない。被災者の生活再建のためには、政治・行政は被災者に寄り添い、被災者の声に耳を傾け、刻々と変化する被災地のニーズに対応しなければならない。被災者の願いは、「元住んでいたところで生活や営業を再建したい」ということであった。だが仮設住宅や工場、災害公営住宅などは、遠く離れた山間部の郊外や人工島につくられた。また入居の際に地域のつながりを考慮せず抽選など画一的対応をしたため、いままでのコミュニティが引き裂かれ、仕事場やかかりつけの医者、学校などに行くのに多額の交通費と労力、時間を要し生活が困難となった。

第4節　被災者の暮らしの再建と「個人補償」問題

　被災者が願ったのは、元の暮らしや営業を再建したい、元住んでいた地域に戻りたいということであった。そのためには、被災者の生活と住宅再建のための公的な「個人補償」が求められた。だが政府や兵庫県、神戸市は、「私有財産に抵触する」として否定的な姿勢であった。当時の村山富市総理大臣は、「個人補償」を求める声に対して「国の成り立ちとして、そういう仕組みになっていないんです」(『朝日新聞』1995年2月11日付け)と言明し、その後を追うかのように兵庫県知事の貝原俊民も「私有財産制度のもとで、個人財産は個人の責任のもとに維持することが原則である」(95年7月5日県議会)、神戸市長笹山幸俊も「地震だから個人補償というのは論理飛躍」(95年12月26日)と否定的であった。さらに神戸市は、その後の「個人補償」を求める市民運動に対しても以下のように非協力的であった。小田実によれば、「個人補償の立法化のために、法案の原案を議員全員と神戸市長、芦屋市長、西宮市長に送ったが、なしのつぶてが神戸市長、芦屋市長は「一緒にやりましょう」の返事、西宮市長は何を書いてあるのかわからない、賛成も反対もない、という返事だった」[7]。そのため、被災者は、自立・自助の条件である生活基盤を回復することができず貧困化していった。その一方で、政府は、95年8月にバブル崩壊で破綻した兵庫銀行(本社

は神戸市）に対して、「震災復興のための金融の円滑化」を名目に、すぐさま4,730億円の公的資金を支出し、その後1兆円を超える公的資金を投じている。つまり「富者と銀行には国家社会主義で臨むが、中間層と貧者には新自由主義で臨む」（ウルリッヒ・ベック『ユーロ消滅？』）ことになり、ダブル・スタンダードがまかり通っているのだ[8]。

　わが国においては、被災者の復興は「自助努力と自力復興が原則」とされ、大震災時も政府は「住宅再建への公的資金の投入は、私有財産の維持形成につながるためできない。私有財産は自己責任による回復が原則であり、自力であるいは保険などによって対処する」ことを強調した。当時の被災自治体も同様の立場であった。中央防災会議防災基本計画専門調査会「防災体制の強化に関する提言」（2002年7月）も、住宅再建について「私有財産である個人の住宅が全半壊した場合に、その財産の損失補てんを公費で行うことは、持家世帯と借家世帯との公平性が確保されるか、自助努力で財産の保全を図る意欲を阻害しないかなどの問題がある。これに対する備えとしては、地震保険や共済制度への加入により対処することが基本である」と強調した。だがその後の度重なる大災害の復興は、住宅再建における公的支援の必要性を証明する結果となり、2007年に改正被災者生活再建支援法が成立し、最高支給額300万円で、住宅の建設・補修費も支給対象となった。全壊と大規模半壊が条件で、中間層の救済で障害となっていた年収・所得要件も撤廃された。これは、2000年10月の鳥取県西部地震における鳥取県の片山善博知事の「住宅復興補助金制度」の施策とほぼ同じ内容である。この制度は、同一市町村内での再建を条件として、被害程度や所得にかかわらず、住宅再建に限度額300万円を、補修に限度額150万円を助成するものである。この結果、高齢者の被災者が多かったが、人口の急激な流出による地域コミュニティの崩壊を防ぐことができたのである。

　2007年の能登半島地震では、被災者生活再建支援制度はより充実したものとなった。所得要件不問の国の制度で300万円（生活関係経費100万円、居住関係経費200万円）、市と県の上乗せ制度で100万円（世帯全体の収入が500万円以下の所得要件）、石川県の復興基金による200万円（所得要件不問）、そして義捐金170万円と、単独世帯以外の世帯は770万円の公的資金が支給されることとなった。当初、仮設住宅入居者の78世帯が災害公営住宅を希望していたが、このうち被災

者生活再建支援制度によって自力再建した世帯が25世帯まで増加した。最終的に災害公営住宅の入居は、当初の78世帯から49世帯に減少した。災害公営住宅の入居者減少は、より充実した被災者生活再建支援制度により、自力再建の見通しを被災者がもつことができたからにほかならない。

　ちなみに能登半島地震における災害復興公営住宅１戸当たり建設費は約1,300万円であるから、1,300万円×25戸＝３億2,500万円が節約されたこととなる。また仮設住宅１戸当たり約400万円（建設費300万円、土地のリース代金や撤去費100万円）が必要である。仮設住宅は、時が経てば撤去しなければならず住み続けることはできない。であれば個人住宅の再建に、仮設住宅１戸分に当たる400万円を投じるほうがより効果的ではなかったか。以上のように大震災の復興において最も大切なことは、被災者と被災地が意欲と希望を持てることであり、そのためには被災者が仕事を続けながら、元の暮らしやコミュニティと、それらの基盤である住まいを再建することであった。

　被災者の「個人補償」の要求は、以下のような背景も考慮しなければならないだろう。すなわち阪神・淡路大震災は、自然災害であったが、同時に人災でもあったことだ。大震災の甚大な被害は、日本の住宅政策における「自己責任・自助努力」イデオロギーと民営化政策の帰結でもあった。たしかに私有財産制度のもとでは「財産は自己責任」が原則である。そのため政府や兵庫県、神戸市は、私有財産制度のもとでは公的な個人補償は認められないとの立場であった。しかし、憲法は、私有財産制度のもとにおいても、自然災害によって自立と自助のための生活基盤が失われた場合、その回復のための財産権を保障することを否定していない。渡辺洋三は、人権と財産権との関係を次のように述べている。「『人権としての財産権』は、人権一般がそうであるように、それなくして人間が人間として生存することのできない権利であるから、これは、市民革命期から今日に至るまで変わることのない『不可侵』な権利としての財産権＝生存権としての財産権である。たとえば農業生産に欠くことのできない耕作農民の農地その他農業用財産権、住民の生活に欠くことのできない居住用財産権（土地および建物の権利を含む）、勤労者がその賃金によって取得した消費生活用財産権はその典型例である。その他、所有と経営と労働とが一体となっている自営業者の財産権などもこれに準じて考えることができる」[9]。「個人補償」の

正当性の根拠となる指摘であろう。

第5節　被害実態と復旧・復興政策の検証

　政府や被災自治体の復興政策において、被災者の生活と住宅政策が軽視されたのは、被害実態の正確な調査が十分になされなかったこと、特に住宅被害額が過少に評価されたことにある。以下で検証しよう。

　ここでは、被害実態の調査方法と評価の問題を、(兵庫県『大震災による直接的被害額』1995年4月5日公表)と(兵庫県復興企画課『「阪神・淡路震災復興計画」の復興事業費』2008年)をもとに検証する。兵庫県は、表6のように建築物や公共施設などの直接的被害額を約9兆9,268億円と評価した。埋立地、廃棄物、その他公共施設を除いた被害額は、約9兆8,409億円でそれに対応する復旧・復興費は5兆7,828億円で被害額の58.8%にすぎない。本来、政府や被災自治体の復旧・復興政策は、被害実態の正確な把握に基づいてこそ効果が発揮される。だが被災規模は、実態よりもかなり低く見積もられた。この点につき阪神・淡路復興委員会委員でもあった堺屋太一も「政府官僚が国民の動揺の沈静化や政府の国際的信用を配慮して、被災規模を小さく見せるべきであると判断し、……地元自治体の対応も国に切迫感を与えられなかったことが考えられる」[10]と指摘している。

　だが被災規模は、一律に低く評価されたわけではなく、住宅は港湾、鉄道、道路などのインフラよりも少なく見積もられている。表6にみられるように、港湾、鉄道、高速道路、公共土木施設、水道施設、ガス・電気、通信・放送施設の復旧・復興費は、被害に相当する額が投じられているのに対し、住宅などの建築物や機械、設備などは被害額よりあまりにも少ない。このことは、港湾、道路などインフラの被害額は適切に評価されたのに対し、被災者の住宅や中小零細企業の機械、設備などの被害額は過少に見積もられたためではないか。以下で検証したい。

　兵庫県は、住宅関係の被害額を約4兆300億円と見積もっている。だが筆者の試算によれば約13兆円である。この差の要因は、第1に、兵庫県は、1995年2月17日に被害棟数15万337棟(全・半壊、全・半焼を含む)として被害額を計算し

表6 大震災の直接的被害額と復旧・復興費

項目と被害額	復旧・復興費	概要
1．建築物　　　　約5兆8,000億円 　　内訳　住宅関係　4兆300億円 　　　　　商工関係　1兆7,700億円	1兆7,922億円	仮設住宅、災害公営住宅など
2．港湾　　　　　　　　約1兆円	1兆12億円	神戸港、尼崎・西宮・芦屋港等
3．鉄道　　　　　　約3,439億円	3,720億円	JR西日本・阪急・阪神電鉄等
4．高速道路　　　　約5,500億円	5,500億円	阪神・名神・中国縦貫道路等
5．公共土木施設　　約2,961億円	3,498億円	道路・河川・下水・公園等
6．水道施設　　　　　約541億円	1,070億円	上水道・工業用水
7．ガス・電気　　　約4,200億円	5,000億円	ガス・電気
8．通信・放送施設　約1,202億円	5,021億円	電気通信・ケーブルテレビ・放送施設等
9．商工関係　　　　約6,300億円	融資・利子補給 （2兆4,000億円）	機械・装置などの設備
10．文教施設　　　　約3,352億円	2,516億円	学校・社会教育・文化施設等
11．農林水産関係　　約1,181億円	1,583億円	農業・漁業施設・卸売市場等
12．保健医療・福祉関係施設 　　　　　　　　　約1,733億円	1,986億円	病院・福祉関係施設等
13．埋立地　　　　　　約64億円		芦屋浜・西宮・甲子園地区等
14．廃棄物処理・し尿処理施設 　　　　　　　　　　約44億円		
15．その他の公共施設など 　　　　　　　　　　約751億円		
合計　　　　　　　約9兆9,268億円 （合計　　　　　約9兆8,409億円 13．埋立地、14．廃棄物、15．その他公共施設を除く）	（合計5兆7,828億円 9．融資・利子補給、13．埋立地、14．廃棄物、15．その他公共施設を除く）	

資料．兵庫県『阪神・淡路大震災誌』、兵庫県復興企画課資料より作成。
注．大震災の直接的被害額は1995年4月5日に兵庫県発表。

ている。だが被害棟数はそののち増加し、兵庫県は1996年7月16日に19万2,706棟と試算した。そこで筆者は、兵庫県の試算した兵庫県全体の19万2,706棟から兵庫県試算の神戸市分9万4,111棟を差し引いた分を神戸市以外の被害棟数とし、それに神戸市が試算した神戸市分12万9,617棟を加えた22万8,212棟を被害棟数とした。よって筆者の試算では、兵庫県の試算より被害棟数が増加している。

第8章　阪神・淡路大震災の「開発・成長型復興」と「復興災害」　113

第2に、兵庫県の試算では、1棟当たりの再建築費を基準としているが、古い建物などは経年による減価償却を考慮して計算している。それに対し筆者の試算では、古い建物でも現在新たに建てるとすればどれくらいの額になるかという実際の再建築費を用いている。それゆえ被害額は兵庫県よりも高くなる。この方法を採用したのは、港湾や道路などの復旧費に被害相当の額が投じられていることから、これらの被害額は実際の再建築費を基準に見積もられているため、住宅被害額も同様の方法で試算すべきだと判断したからである。

　兵庫県による建築物被害額の推計方式は、A（全壊・全焼の被害額＝1棟当たりの再建築費×全壊・全焼棟数）＋B（半壊・半焼の被害額＝1棟当たりの再建築費の30％×半壊・半焼棟数）＋C（一部損壊による被害額）＋D（全壊・全焼の解体費用）、である。

　1棟当たりの再建築費は、建設省建設経済局調査情報課の「建築統計年報」（平成7年度版）の神戸市の単価によって算出されている。筆者の試算では、C（一部損壊による被害額）は少額なので計算していない。なお兵庫県の推計方式は筆者が兵庫県にヒヤリングしたものである。

　第3に、再建築費は、木造と非木造建物で異なるが、兵庫県の試算では明確にされていない。また再建築費は、神戸市と他都市では異なるが、兵庫県は神戸市の単価のみで計算している。筆者の試算では、できる限り木造と非木造を区別し、都市それぞれの再建築費単価で計算した。

　その結果、神戸市の被害額10兆6,021億円、神戸市以外の西宮市、芦屋市、尼崎市、伊丹市、宝塚市、川西市、明石市、淡路1市10町の4兆3,581億円で合計14兆9,602億円となる。これから商工関係の建築物の被害額1兆7,700億円を差し引いた13兆1,902億円が住宅関係の被害額である。一方、住宅関係に投じられた復旧・復興額は1兆7,922億円で、筆者の試算した住宅被害額13兆1,902億円の13.6％にすぎない。被災者が求めていた「個人補償」は、国が被災者に生活と住宅再建の基盤となる現金を支給することであった。全壊世帯に300万円、半壊世帯に150万円支給したとしても、全壊18万6,175世帯、半壊27万4,182世帯として合計9,698億円で住宅被害額の7.4％にすぎない。

第6節　復興都市計画批判

　次に、人々の暮らしの基盤である人口や産業、コミュニテイに関係する震災復興都市計画を検証しよう。それには、前史ともいうべき神戸市の都市計画の歴史を振り返ることが必要である。

植民地満州の都市計画と戦災復興計画
　戦後、経済復興の主要な舞台は都市であって、都市復興のためのインフラは都市計画に求められた。1945年に、東京や大阪、名古屋、神戸など全国115都市が、戦災復興を管掌する戦災復興院によって戦災都市に指定され、都市を復興する「戦災地復興計画基本方針」が閣議決定されている。「戦災地復興計画基本方針」では、過大都市の抑制と地方中小都市の振興を謳い、被災都市の戦災復興土地区画整理（当初計画1億8,000万坪、再検討計画 8,500万坪）が計画された。戦災復興土地区画整理事業は、関東大震災の復興事業のために立法化し（1923年にいったん廃止）、その後に復活適用した「特別都市計画法」を根拠法としている。その基本的性格は、土地区画整理事業によって被災市街地の街区を整え、公園や幹線道路などの公共施設を整備し都市防災を目的としていた。またそれは、高度経済成長を支える都市インフラストラクチャーを進める手法でもあった。ここで神戸市の戦災復興計画をとりあげるのは、他都市と比較して戦災復興計画（土地区画整理方式）のほとんどを実行したのは神戸市だけであり、さらに阪神・淡路大震災の復興計画と密接な関係を有しているからである。

　神戸市の戦災復興事業で重要な役割を果たしたのが、原口忠次郎（当時の神戸市長、復興本部長）であった。原口は、戦前の内務省の土木技術者であったが、満州国の国土計画に必要な人物として満州に招聘される。満州国の国土計画は、産業立地計画とそれを支えるための基盤整備として建設事業計画から成っている。さらに建設事業計画は、鉄道・道路建設、河川、都市計画及び建築活動から構成されていた。これらの建設事業を行うには、優秀な技術者・プランナーが必要であり、満州国側は技術者・プランナーを関東軍を通じて日本の内務省に指名したが、そのうちの一人が原口忠次郎であった。原口の満州での都市計

画の体験が、戦後の神戸市の戦災復興に決定的な影響を与えたことは、次のような彼の回想録からもうかがえる。「在満六年……私の後半生を支配するような幾多の貴重な経験を積み重ねることができたのは確かだ」。「私の頭の中には新京の都市計画の思い出があった。私の目には焼け野原と化した神戸の町が満州の荒野に映った。(中略)私の持っている技術と経験のありったけを満州に続いてこの神戸につぎ込もうと考えたのである。……戦災というわざわいを転じて福となす。いまこそ神戸という都市を、生まれ変わらす絶好のチャンス。……どうせやるならただ復興するだけではおもしろくない。焼け跡に新しい神戸を造ってやろう」と「復旧より復興」の都市づくりを推進していく[11]。

このように神戸市の戦災復興計画は、植民地満州の都市計画と密接な関係を有していた。特にこの復興事業で注目したいのは、そののち都市経営で名をはせた元神戸市長宮崎辰雄や大震災の復興の指揮を執った元神戸市長笹山幸俊などのテクノクラートを養成する機会を提供したことであった。たとえば笹山幸俊が、大震災の復興都市計画を策定する際に、「戦災復興計画」を参考にしていたことからも明らかである。

神戸市は、市街地面積の7割に当たる2,240haを戦災復興土地区画整理事業区域に指定し、他都市をぬきんでて戦災復興計画のほとんどを実行する。復興計画の目的は、「個人的、村落的な古来からの通路あるいは街路等の狭小なために生ずる近代都市的弊害を、この戦災を契機として根本的に区画整理して除去」し、「中央東西幹線を計画して産業交通の利便をはかると共に……土地の立体的使用を考慮して、将来の高層ビル街の建築敷地造成に力をそそぐ」[12]ことであった。土地区画整理事業は、道路建設のために住民から宅地の一部を無償収容し、「公共減歩率は全市平均して25％」で大きな住民負担を伴った。この事業によって「地価が上がる」「便利になる」「街が活性化する」と宣伝された[13]。だが実際は、神戸市の言い分とは反対に、国道43号など主要幹線沿いのインナーシティ地域は、大量の自動車道路による排気ガスや騒音、振動などの環境悪化によって住民の流出が相次ぎ、そこでしか生活できない低所得者層や高齢者の滞留と、零細自営業者の経営を悪化させ、インナーシティ問題と呼ばれるコミュニティの衰退がもたらされた。

神戸市の震災復興都市計画

　神戸市による被災市街地の震災復興都市計画（11地区124.6haの地域での土地区画整理事業と26haの市街地再開発事業）は、行政が大枠を決定し、その後細部について住民と協議して決定する「二段階方式」がとられた。神戸市の復興計画案は、1995年2月21日に発表され、2月28日に縦覧、3月17日に決定された。問題は、この復興都市計画が、多くの住民が避難所や他地域・他府県に避難し、都市計画の内容を知りうる状態のない中で強行決定されたことであった。阪神・淡路大震災復興特別2法の基本理念である「地域住民の意向の尊重」や「地域における創意工夫の尊重」の規定にも反するものであった[14]。

　都市計画を決定した理由は、行政の責務が、安全で安心して暮らせる市街地を形成すべく、広い道路、公園、避難路などを創出する「創造的」な復興、すなわち災害に強い「防災モデル都市」を目指すことであった。だが生活の基盤である住宅や仕事の再建は、当時の兵庫県知事や神戸市長の「住宅・生活再建のための公的補償は私有財産制度に抵触する」との判断に示されたように被災者の自己責任とされた。さらに都市計画決定された事業区域内は、建築基準法、土地区画整理法に基づき建築制限が課される。自分の土地であるからといって建物を自由に建てることができず、仮換地など土地の区画決定に何年もかかり、住宅・生活と営業の再建を急ぐ被災者の足かせとなった。被災者の自己責任論は、家族を失い、住宅や生業手段等の財産を失くした被災者を、きわめてきびしい状況に追い込む。さらに住宅・生活と生業の再建のための建築までが制限されたことは二重の負担を強いるものであった。本来、地方自治体は、憲法、地方自治法に規定されているように、住民の生命と暮らしを守り福祉を増進することを目的としていたはずだ。

　区画整理によるまちづくりは、所有地の一部を道路や公園に提供する減歩を強いられるが、まちが整備されることによって土地の評価額が上がるという経済原則を前提としている。しかし、バブル崩壊と大震災により地価が大幅な下落傾向であったにもかかわらず、この事業を強行したことも問題をこじらせた。計画地域は、広い道路と高層ビル、規格化された住宅の建設が進んだが、被災者が自主的に住宅を再建することができず、零細な地権者や借家人は街から追い出され自営業や零細企業は駆逐された。被災地の人口は減少し、地域社会と

地域経済が衰退していった。神戸市の区画整理事業地域（143.2ha）は、5年近く経っても自分の土地が確定せず、住宅再建ができない人が5割近くに達した[15]。土地区画整理事業では、事業地区の居住者が優先入居できる公営住宅（受け皿住宅）は、事業に協力した人（神戸市に土地を売った権利者およびその借家人）にのみ入居資格が発生する。さらにこの条件を満たしても、郊外の災害公営住宅など他の公営住宅に、いったん入居すると住宅困窮者とみなされず、入居資格を失い元住んでいたまちに戻ることが出来なかった。

　地元産業を担う多くの企業は、都市計画決定による復興の長期化を予想し地区外に転出、そこで下請けを含めた生産体制を確立したため戻ることがなくなり、この地域の産業や人口の空洞化の事態を招いた。つまり大震災の都市計画強行決定と土地区画整理や再開発事業は、被災者の「住まい」や営業よりも道路や公園建設を重視したため、借家人などの被災者が元住んでいたところに戻ることができず、郊外の災害公営住宅に転居することを余儀なくされた。ケミカルや機械、金属工業などの下請け職人や小売業者などは、長田区など下町の借家などで暮らしていたが、仕事を失い郊外の仮設住宅や災害公営住宅などに転居せざるをえなくなったことは、生きる支えとコミュニティを失い孤独死の温床ともなった。

　これらの問題を、大震災で甚大な被害を出し、土地区画整理事業の対象となった長田区御蔵通5・6丁目のまちづくりで検証しよう。この地域は、神戸市長田区の南東部、湊川右岸に位置する約4.6haの区域である。この地域は、もともと戦前の苅藻島の造成（1900年）や湊川付け替え工事（1905年）などに従事した労働者や、ケミカル、金属、機械工業の工員たちの長屋住宅を形成していた。第2次世界大戦後、戦災復興土地区画整理事業が施行され、約100m間隔で幅員6mの道路が整備されたが、各家の前の道路はほとんどが幅員1.8－2.7m程度の私道であった。また、戦災による被害を受けなかった建物も存在し、町工場と長屋・アパート、飲食店などが混住する下町であった。この地区には、1990年に735人が居住していたが、大震災で地区面積の約80％、建物285棟が全壊・全焼した。死者27人、そのうち高齢者は16人であった。そのため震災直後の95年10月における人口は134人（震災前の18％）にまで激減した。御蔵通5・6丁目まちづくり協議会が、95年6月に実施したアンケートによれば、元の地域に戻っ

図1　復興土地区画整理事業

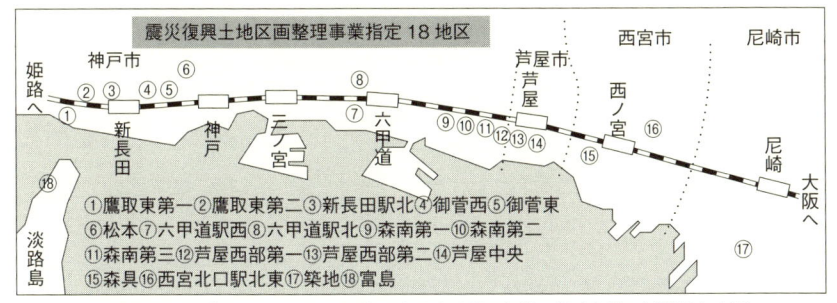

震災復興土地区画整理事業指定18地区

①鷹取東第一 ②鷹取東第二 ③新長田駅北 ④御菅西 ⑤御菅東
⑥松本 ⑦六甲道駅西 ⑧六甲道駅北 ⑨森南第一 ⑩森南第二
⑪森南第三 ⑫芦屋西部第一 ⑬芦屋西部第二 ⑭芦屋中央
⑮森具 ⑯西宮北口駅北東 ⑰築地 ⑱富島

資料．神戸新聞社編『守れいのちを―阪神・淡路大震災10年後の報告』神戸新聞総合出版センター、2005年

て再建したいという回答が9割もあった。このことは、被災者の願いが「元住んでいたところで暮らしの再建をしたい」ということを意味していた。だが2005年の人口410人のうち、新規移住者が50％を占め、従前居住者の70％を占めていた借家人のほとんどは戻れていない。また2003年時点で被災地の更地は、神戸市内で106万㎡で、御蔵通5・6丁目も約6,500㎡（宅地の約25％）にも達し、民間地主もこの地域の経済状況の悪化から建物再建の見通しが立たず駐車場経営が精一杯という現実である。

　大震災の復興土地区画整理事業は図1のように18地区が指定されたが、そのうち神戸市の復興都市計画は14事業地区124.6haで、ここで問題とする御蔵地区は④の御菅西の区域にある。この地域に94戸の受け皿住宅が建設されたが、入居が大震災から4年以上経過してから開始されたことなどから、従前居住者の入居戸数は20余りにとどまった。

　表7のように、神戸市の2005年の人口は、1990年に比べ103％にまで回復しているが、長田区は75.8％、長田区土地区画整理事業区域は71％、御蔵通5・6丁目は55.8％しか回復していないし、回復する目途すらたっていない。また御蔵通5・6丁目の高齢化率は33％と高くなっている。さらに問題は、神戸市の復興政策が、自助努力を基調としているため、中小零細企業のニーズと実態に即さなかったことである。

　以上、御蔵通5・6丁目地区は、インナーシティ問題と激震被害、そして神戸市の都市計画決定という三重苦が重なった地域で、表8のように大震災前に

表7　人口の推移　（　）は1990年比

	1990年	1995年	2000年	2005年
神戸市	1,477,410	1,297,562（87.8％）	1,493,398（101％）	1,525,393（103％）
長田区	136,884	96,464（70.5％）	105,464（77％）	103,791（75.8％）
長田区土地区画整理事業区域	13,221	5,664（42.8％）	8,106（61.3％）	9,388（71％）
長田区御蔵通5・6丁目地区	735	134（18.2％）	330（44.9％）	410（55.8％）

資料．総務省「国勢調査」各年版より作成
注．土地区画整理事業区域の人口は、該当町通を「国勢調査」の人口で計算しているが、事業区域によっては町通の一部分の場合があるため、「国勢調査」人口と一致しない場合がある。だがおおよその人口傾向は把握できる。

表8　長田区御蔵通5・6丁目の工場、店舗、飲食店の推移

	工場	店舗	飲食店
震災前	64	55	20
震災後（2005年頃）	20	20	10

資料．この表の内容は、元御蔵通5・6丁目まちづくり協議会会長田中保三氏からの聞き取りと、河田惠昭・植田達郎・宮定章・宮西悠司「地域コミュニティ型GISの開発とその防災面の展望」を参考にした。

比べ飲食店は半減、工場や店舗は約3分の1に激減するなど地域経済の衰退化が著しい。特に問題なのは、この地域の借家人が、ケミカルや機械、金属工業などの職人として自立した暮らしを営んでいたが、郊外の災害公営住宅などに転居せざるをえなくなったことは、仕事やコミュニティそして生きがいを失うことにつながったことである。つまり復興計画は、借家人の職人としての潜在力とこの地域の産業の潜在力とを活かすことに失敗したのである。

　以上のように、復興まちづくりにおける安全で安心な暮らしは、暮らしの基盤である住宅と仕事を保障することであり、そのための支援をおこなうことが行政の責務であろう。

　復興まちづくりにおいて建築制限する場合、公共の責任によって被災者がその地域で住み、生活し、営業できる仮設住宅・工場・店舗・医療福祉施設など仮設市街地が必要なのではないか。それができない場合、建築制限を画一的にすべきでない。なぜなら被災者の願いは、元の地域にもどり暮らすことであり、

被災者こそ復興まちづくりの主人公だからだ。

　さらに復興再開計画（26ha）のなかでもJR新長田駅南地区再開発事業（20.1ha）は深刻である。この事業は、「新世紀の夢を開くビッグプロジェクト」「地域全体の活力と魅力を生み出すまちづくり」「街を貫く３層プロムナード」を謳い文句に、面積20ヘクタール、総事業費2,710億円、44棟もの高層の商業ビルやマンション、地下１階・地上２階の吹き抜け遊歩道の「３層プロムナード」などを建設する巨大公共事業であった。2010年度末までに30棟が完成したが、地価下落、利用者低迷で、店舗や業務用の７万6,300平方メートルのうち売れたのは49％の３万7,300平方メートルに過ぎない[16]。

　たしかにまちの建物や外観は近代化されたが、ほとんどの店舗で経費に見合う売り上げが上がっていない。シャッターが閉まった店舗が点在しまちは死んでいる状態である。大規模な再開発事業は、完成までに時間がかかるため営業の再建を急ぐ被災者のニーズに合致せず、また維持管理費が高くつくため被災者に重い負担となった。

　もともとこのまちは、ケミカル産業などを基盤とした住・商・工の混合地域である。高齢者や低所得者も多い下町で、薄利多売によって商売が成り立っていた。しかし、高層の再開発事業は、高収益を前提とした高コストのまちをつくってしまった。さらに震災後の人口減少と消費需要の低迷、不況のあおりを受けて、高収益どころか低収益も見込めず、資産を売却しようにも値がつかないほどに資産価値が大幅に下落した。高層建築物と「３層プロムナード」などのため、高い固定資産税と管理維持費（エレベーター、エスカレーターなど）など高コストとなり自営業者を苦しめている。たとえば、ある洋服店は、震災前は借地料約１万円/月で営業していたが、再開発の区分所有者となるため、2,000万円を超える借金をして購入した。だが固定資産税は、約２万3,000円/月、管理維持費５万6,000円と桁違いに跳ね上がった。神戸市は、区分所有用の店舗が売れないため、数百万円から1,000万円近くの内装までして低家賃（145㎡で１カ月１万円）で賃貸したが、これが全体の値崩れを誘発し、さらに震災時の権利者で先に入居し購入した区分所有者との扱いが差別的になるなどの問題をもたらしている。神戸市は2007年度以降に計45店舗に対し、約３億円分の内装工事費を肩代わりしていた[17]。

再開発事業で入居した店舗の商業不振は、この地域を支えていたケミカル産業の企業が中国などへ進出し、低価格の中国製品が流入し、そのうえケミカル産業の復興に失敗したことなどによって引き起こされた。さらに人口減少などで地域の消費需要が衰退しているにもかかわらず、商業ビルを大量に建設してしまったことも事態を悪化させた。つまりまちをつくる主人公であるべき住民をないがしろにして、トップダウン式に都市計画を強行し、地域の個性や伝統、文化を無視した画一的で大規模な開発事業をおこなったことが衰退をもたらしたと言っても過言ではない。その過程で、下町の地域に根ざしたコミュニティや生活文化が崩壊していった。

　またこの地域には、戦災と震災に耐えた公設市場の防火壁、いわゆる「神戸の壁」が残り、「震災の生き証人」として学習型の新しい観光スポットになる可能性があった。壁は昭和２年ごろに建てられ、歴史的文化遺産ともいうべきものだ。美術家の三原泰治氏によると、壁の前の広場は、市民の集いや芸術家のパフォーマンスの舞台として活用されていた。市に保存を求めたが、市は再開発を行なうこの地域に壁を保存する意思はなく、結局、淡路島に移転された。

　同じ長田区の大正筋商店街は、大震災で９割の店舗が全壊・全焼した。近くの商店街では、揺れで支柱がゆがみ、一部が焼けたアーケードの保存が検討されたが、議論の末撤去された。大きな被害が出た長田だが、現在は新しいマンションやビルが立ち並び、震災を生々しく伝える遺物はない。同商店街振興組合理事長伊東正和氏は、アーケードが保存されていれば震災を知らない世代に伝えることができた。伊東さんたちは、長田の教訓を東日本大震災復興に生かそうと、津波被害を受けた宮城県南三陸町の防災対策庁舎の保存を求めようとしている[18]。単なる保存でなく、遺族の「見せ物のようでつらい」という気持ちも配慮し、外からは防災庁舎が見えないように、同庁舎の周りに小高い丘と慰霊碑をつくる慰霊と防災公園として整備すべきであろう。

　この地域の復興まちづくりは、被災者の意思やニーズを尊重し、ケミカル産業などの復興をもとに、高齢化に対応した公営住宅、介護・医療、文化施設など、住民が助け合う福祉型まちづくりが必要だった。地域の個性と身の丈に合ったコミュニティが求められたのである。

　以上のような復旧・復興過程の問題は、人口の減少となってあらわれている。

神戸市の人口（1995年10月）は、表9のように、震災前の1994年10月と比較して9万5,190人減少した。特に、激震6区（東灘区、灘区、中央区、兵庫区、長田区、須磨区）の人口は、震災直後の1995年は73万953人で震災前の1994年の86万5,214人よりも約13万人も減少した。とくに震災前からインナーシティ問題を抱えていた長田区、兵庫区、須磨区の落ち込みが著しく、15年経った2010年の人口も震災前を回復していない。特に長田区は約3万人以上、須磨区も約2万人以上の減少である。人口減少は、地域内需要の減少となり、市場、商店街、営業店舗の衰退を促し、そのことがまた人口減少の要因となる「負のスパイラル」を引き起こした。これらの地域は、以前から人口減少、少子高齢化が進行していたが、震災後は復興政策の失敗もあってより深刻化している。他方、東灘区、灘区、中央区は、市外からの転入者の増加により人口増加に転じ地域の復興格差を生んでいる。

さらに市街地の商店街の3割以上、小売市場の4割以上が全損の被害を受け、地域人口の減少の影響を受け地域に根ざした商業も衰退していった。表10のように、1999年の神戸市の商店街の数は、1993年に比べ26か所（10%）、小売市場は35か所（34%）、営業店舗1,069か所（43%）も減少している。特に営業店舗は

表9　神戸市の人口

	1994年 （10月推計）	1995年10月	2000年10月	2005年10月	2010年 （10月推計）
東灘区	191,540	157,599	191,309	206,037	211,816
灘区	124,891	97,473	120,518	128,050	134,531
中央区	111,536	103,711	107,982	116,591	127,891
兵庫区	117,918	98,856	106,897	106,985	107,100
北区	216,036	230,473	225,184	225,945	225,800
長田区	130,466	96,807	105,464	103,791	99,977
須磨区	188,863	176,507	174,056	171,628	165,323
垂水区	237,781	240,203	226,230	222,792	220,212
西区	199,951	222,163	235,758	243,637	249,478
合計	1,518,982	1,423,792	1,493,398	1,525,393	1,542,128

資料．総務省「国勢調査」、神戸市「神戸市統計書」

表10　神戸市の商業施設

	商店街		小売市場		営業店舗		コンビニ等	
	1993年	1999年	1993年	1999年	1993年	1999年	1993年	1999年
神戸市	260	234	104	69	2,463	1,394	429	562
長田区	33	29	14	7	364	156	42	44
東灘区	9	10	18	7	424	176	51	70

資料.「神戸市中小企業指導センター」1993年、1999年調査より作成

　長田区が57％、東灘区も58％減少している。それらに代わって神戸市全体でコンビニエンスストアが429か所から562か所に激増している。神戸市の小売市場の減少率34％は、近隣大都市である大阪市の15％減、京都市の13％減と比較しても倍以上である。それだけ大震災の影響を強く受けているのである。

　阪神・淡路産業復興推進機構が実施した「産業復興の実態調査」によれば、表11のように、大震災後、年を経るごとに売上高水準が震災前よりも減少している。1998年時点で、売上高水準が震災前よりも減少した事業所数は68.2％で、1997年の56.9％、1996年の36.6％を上回り、悪化の一途をたどっている。「取引先1社当たりの取引量や消費者1人当たりの消費量の減少」、「消費マインドの変化」が主な理由となっている。

　これを従業員規模別でみると、1－4人までの零細事業所が年々落ち込んでいるのに対し、300人以上の大企業は落ち込み割合が少ない。地区別では、灘区、兵庫区、長田区、須磨区など震災被害が甚大なインナー地域の落ち込みが激しい。さらに業種別では、鉄鋼、輸送用機械、繊維、木材・家具、出版・印刷など神戸市の主力産業の売上高水準が減少し、小売業、飲食店、クリーニング、理容・浴場業など地域の消費に密着した業種が落ち込んでいる。建設業は、震災直後に建設特需もあり売上高水準は増加したが、その後は減少傾向にある。このような売上高水準の低下が雇用の悪化をもたらしている。

　以上、仮設住宅や災害公営住宅の郊外建設と都市計画決定、そして被災者の暮らしの再建のための「個人補償」がなされず、中小零細企業や自営業を中心とする地場産業の復興政策が軽視されたことにより、長田区、兵庫区、須磨区など激震インナー地域の経済や社会の衰退が加速化したのである。

表11　従業員規模別にみた売上高水準

		売上高水準の回復状況 A−B−C	震災前より増加 A	震災前と同水準 B	震災前より減少 C	無回答
全体	1998年11月	▲57.1	11.1%	17.6%	68.2%	3.1%
	1997年12月	▲41.3	15.6%	18.4%	56.9%	9.1%
	1996年12月	▲19.6	17.3%	30.3%	36.6%	15.9%
1〜4人	1998年11月	▲72.3	6.3%	11.5%	78.6%	3.6%
	1997年12月	▲60.9	6.9%	12.9%	67.8%	12.4%
	1996年12月	▲33.9	12.3%	22.1%	45.8%	19.3%
300人以上	1998年11月	▲14.4	28.8%	26.1%	43.2%	1.8%
	1997年12月	▲9.8	29.4%	29.4%	39.2%	2.0%
	1996年12月	11.8	31.5%	43.3%	19.7%	5.5%

資料．財団法人阪神・淡路産業復興推進機構「阪神・淡路地域における産業復興の実態に関するアンケート調査結果・1999年」から作成

第7節 「開発・成長型復興」

　阪神・淡路大震災は、戦後日本の経済成長優先政策が、市民の意思やニーズに基づかず、住宅や福祉、安全、環境、コミュニティを軽視し、地域間、社会階層間の格差をつくりだしてきた問題を顕在化させた。だが阪神・淡路大震災の復興は、いままでの「成長神話」を踏襲し、この災厄を契機に「単に震災前の状態に戻すのではなく、21世紀の成熟社会にふさわしい復興」という大義名分のもと、さらなる開発・成長を推進するものであった。

　戦後の経済成長は、災害復旧と道路、原発を軸にして、それらの事業と関連するゼネコン、鉄鋼、自動車、石油・化学、銀行、原発メーカーなどの諸産業が成長することで成り立っていた。たとえば道路と自動車産業は、1953年に揮発油税、1971年に自動車重量税が道路特定財源となり、自動車が走ると道路ができる仕組みが生まれた。さらに1974年に制定された電源三法によって原発建設が促進され、原発メーカーやゼネコン、鉄鋼、銀行などの産業が成長していく。このように、1960−70年代にかけて、災害復旧事業と道路、原発を軸として経済が成長する仕組みが作られた。

　一方、阪神・淡路大震災復興の法・組織・財政システムは、震災復興に関す

る法と復興を構想、立案し実行する組織及び財政から成り立っていた。復興に関する法は、「阪神・淡路大震災復興の基本方針及び組織に関する法律」（5年の時限立法）、「被災市街地復興特別措置法」「特別の財政援助及び助成に関する法律」など17の法律によって措置された。組織としては、図2のように総理府に復興対策本部が置かれ、本部長に総理大臣、本部員に国務大臣があてられるなど、閣議と同じ組織で平時の行政組織体制である省庁縦割りとなった。そのため復興組織法が謳う「地域住民の意向の尊重」や「国と地方公共団体の適切な役割分担」などが実現しなかった。復興委員会は、95年2月から10月まで審議し、第1回意見書は4月に出されているが、この時すでに建設省、運輸省、兵庫県、神戸市の縦割り体制によって、事実上の復興計画といえる港湾計画（95年2月）、都市計画（95年3月）が決定されていた。

　復興対策本部は、縦割りを総合調整する機関として位置づけられた。また総理府組織令に基づき設置された復興委員会の役割は、関係地方自治体が行う復興事業への国の支援その他関係行政機関が講ずる復興のための施策に関し総合調整を要する事項を調査審議することと、それを内閣総理大臣に諮問することであった。以上の復興組織は、平時の縦割り組織のため復興委員会の提言も復興計画に十分反映できる体制になっていなかった。なぜなら復興委員会が、各省庁にまたがる事項を総合調整すべく提言しても、復興対策本部がそれを実行

図2　震災復興の法と組織

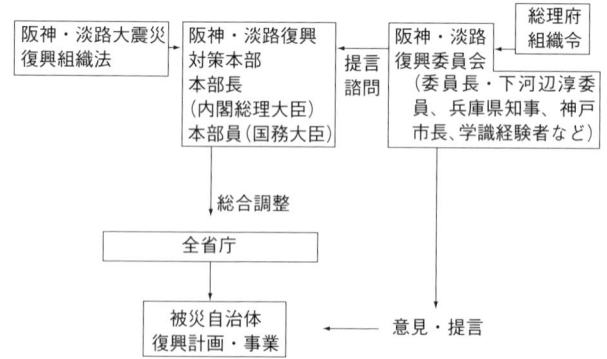

資料．大浜敬吉「震災復興とまちづくり」大浜敬吉編著『都市復興の法と財政』勁草書房、1997年、図7を一部修正して作成した。

できるだけの強力な権限も予算も付与されていなかったからである[19]。

それゆえ復興委員会の下河辺委員長も「県・市のビジョンをまず聞こうじゃないか。聞いて100点ならばいいし、欠けていたら何か知恵を出すというようなやり方がいい」（第1回「復興委員会」議事録）と述べているように、「復興の方針」を決めるうえで神戸市、兵庫県の復興ビジョンが決定的に重要であった。

神戸市は、市の「復興計画」は、震災前に策定した「第4次神戸市基本計画暫定版（多国籍企業の国際競争力強化と経済成長を重視した都市再開発、神戸空港など大型プロジェクトを中心とする計画）」のなかにすでに入っているので、制度の枠組を変えることよりも既存事業の補助率のかさ上げ、起債許可、交付税措置などによって復興を進めるという方針であった。

兵庫県の復興計画も、1986年に策定された「兵庫2001年計画」をもとに策定された。それは、①関西国際空港の全体構想の推進や明石海峡大橋の建設など国内外との様々な交流基盤、情報通信基盤の整備を進め世界都市機能の充実を図り、関西・瀬戸内世界都市圏の形成をめざす。②関西国際空港2期事業、大阪湾岸道路、本州四国連絡道・山陽自動車道等高速道路などの基盤整備によって多核ネットワーク型都市構造を形成するもので、震災復興と直接関係のない大型プロジェクト中心の計画であった。

兵庫県の復興計画の「理念」は「創造的復興」であった。兵庫県によれば「創造的復興」とは、「従来の考え方を越えた都市基盤の整備とそれを活用したコミュニティ形成のモデル地域をめざし、復興にあたって重要なことは、単に1月17日以前の状態を回復するだけでなく、新たな視点から都市を再生する『創造的復興』を成し遂げることである。そのため……関西国際空港開港、大阪湾ベイエリア整備、明石海峡大橋建設等により世界都市関西の形成が期待されるなか、阪神・淡路の文化的特性を活かし、新しい都市文明の形成をめざす」[20]としている。

つまり兵庫県、神戸市の「創造的復興」は、グローバル経済化の進行にともない新たに必要とされる都市基盤を整備し、世界都市関西の形成に参画する都市づくりを目標としていた。その具体的な政策が、大震災の1ヶ月後の港湾計画決定であり、2ヶ月後の都市計画決定、そして関西国際空港2期事業、阪神高速道路（大阪湾岸道路、北神戸線など）、本州四国連絡道・山陽自動車道等高速

道路、神戸空港、医療産業都市、神戸市土地区画整理事業、神戸市市街地再開発事業など震災復興とは直接関係のない大プロジェクトであった。

　この背景に米国の日本に対する強い経済的要求があったことは見逃せない。阪神・淡路大震災の復興計画は、「政府が策定中の経済計画に配慮し、国としても承認し得るもの」（阪神・淡路大震災の復興委員会）と述べられているように、基本的には政府の経済計画の方針に規定されていた。政府の経済計画の基調は、日米構造協議における米国の日本に対する内需拡大（日米貿易摩擦）、市場原理、規制緩和などの強い要求が組み込まれている。その証拠に、日本政府は1991～2000年度の10年間に430兆円（その後630兆円に改定）の公共事業を推進し内需を拡大することを米国に約束している。と同時に橋本内閣の「六大改革」（1996年）にみられる市場原理の徹底、規制緩和による国際競争力強化策が打ち出される。

第8節　「開発・成長型復興―創造的復興」批判

　大震災復興計画の第1の特徴は「開発・成長型復興」であった。表12のように、大震災の「開発・成長型」の「創造的復興費」は8兆3,400億円で、復興総事業費16兆3,000億円の51％である。それに対し復旧・復興費は、7兆9,600億円で総事業費の49％に過ぎない。さらに復旧・復興費から（2）の融資・利子補給関係を除くと5兆4,600億円となり、「開発・成長型」の「創造的復興費」の割合が66.5％にまで達する。また復旧・復興費5兆4,600億円は、被害総額の55％に過ぎない。つまり兵庫県は、被害額に対して実質的な復旧・復興費が少ないために、復旧・復興費をかさ上げするために、大震災と直接関係のない「開発・成長型」の「創造的復興費」も震災関連事業として評価し、震災復興の総事業費を16兆3,000億円と公表したのである。

　第2の特徴は、「多核・ネットワーク型都市圏の形成」を重視した計画であった。表12の（1）の「多核・ネットワーク型都市圏の形成」とは、復興にあたり新たに都市核の整備が進む大阪湾ベイエリア地域や山陽自動車道沿線の内陸部との多核・ネットワーク型都市圏を形成することを目的とした事業で9兆8,300億円と総事業費の60％も占める。「多核・ネットワーク型都市圏の形成」における「開発・成長型」の「創造的復興費」は、6兆9,500億円で「多核・ネットワー

表12 「阪神・淡路震災復興計画」の復興事業費（事業別）

事業名	復旧・復興費	「創造的復興費」	事業費計
(1) 多核・ネットワーク型都市圏の形成	2兆8,800億円	6兆9,500億円	9兆8,300億円（60％）
(2) 既存産業が高度化し、次世代産業もたくましく活動する社会づくり	2兆5,400億円（その内、融資・利子補給関係で2兆5,000億円）	4,100億円	2兆9,500億円（18％）
(3) 21世紀に対応した福祉のまちづくり	2兆円	8,400億円	2兆8,400億円（17％）
(4) 世界に開かれた文化豊かな社会づくり	2,300億円	1,400億円	3,700億円（2％）
(5) 災害に強く安心して暮らせる都市づくり	3,100億円	0	3,100億円（2％）
合計	7兆9,600億円（49％）(2)の融資・利子補給関係を除くと5兆4,600億円	8兆3,400億円（51％）	16兆3,000億円

資料．兵庫県「兵庫県復興企画課」より作成

ク型都市圏」事業費の71％である。一方、復旧・復興費は2兆8,800億円で事業費の29％に過ぎない。前者の主な事業は、被災市街地の復興（神戸市土地区画整理事業、神戸市市街地再開発事業など）、新都市づくり、総合交通体系・情報通信網づくり（関西国際空港2期事業、大阪湾岸道路、北神戸線など、本州四国連絡道・山陽自動車道等高速道路、神戸空港など）である。後者の主な事業は、高速道路、ガス・電気、公共土木施設、鉄道、水道施設などである。

　第3の特徴は、中小零細企業や自営業の再建策の多くが融資や利子補給であった。表12の(2)「既存産業が高度化し、次世代産業もたくましく活動する社会づくり」は、新たな産業構造を構築するため、既存産業の高度化、新分野進出の取り組みに加え、新産業創造システムの形成、高度集客都市群の形成、国際経済文化機能ネットワークを形成するための事業である。この事業費は、2兆9,500億円で復興総事業費の18％を占める。内訳は、「創造的復興費」4,100億円、復旧・復興費2兆5,400億円である。前者は、戦略的産業拠点の形成（神戸複合産

業団地、ポートアイランド2期等への企業誘致の促進、神戸医療産業都市構想など）、国際経済交流の推進などである。後者は、被災中小零細企業や自営業に対する金融支援など融資・利子補給関係と新産業の創造などである。

　第4の特徴は、住宅や福祉のための事業が少ないことである。表12の（3）「21世紀に対応した福祉のまちづくり」は、住宅の復興と高齢者や障害者をはじめすべての人々が、安心して暮らせるコミュニティの形成をめざす。事業費は2兆8,400億円で復興総事業費の17％である。主な事業は、神戸市西神地区等新都市における住宅・宅地供給、優良建築物等支援・県営住宅住環境整備事業など、災害復興公営住宅、応急仮設住宅、被災者自立支援金、災害弔慰金の支給・災害援護資金（貸し付け）などである。

　また表12の（4）「世界に開かれた文化豊かな社会づくり」は、生涯学習のネットワーク化などを通じて文化豊かな、ゆとりとアメニティに富む国際性豊かなまちづくりを推進する。事業費は3,700億円で総事業費の2％である。「開発・成長型」の「創造的復興費」は1,400億円で、復旧・復興事業費は2,300億円である。主な事業は、神戸文明博物館構想、芸術文化センター・県立新美術館の整備・運営、学校施設災害復旧事業、社会教育施設・私立博物館・社会体育施設等災害復旧事業、文化財復旧修理補助事業などである。

　さらに表12の（5）「災害に強く安心して暮らせる都市づくり」は、「大震災の反省と教訓を踏まえ災害に強い安全なまちづくりをめざす」で復旧・復興事業費は3,100億円である。主な事業は、「地域防災力の向上」、「危機管理体制づくり」、災害救急医療、「防災基盤・防災施設の整備・活用」、「震災の経験と教訓の継承と発信」である。しかし、「開発・成長型の創造的復興」は、必ずしも被災地の成長や復興につながらなかった。このことを次に検証してみよう。

　政府や兵庫県、神戸市の復興計画のシナリオは、図3のように都市計画や港湾計画などによる道路、港湾、空港などのインフラの復興と医療産業都市建設、そして人口やモノ、情報の集中、そして多国籍企業の誘致と大企業の経済活動の活性化、これら効果の地域経済への波及によって都市を復興しようとした。1997年1月に出された関西産業活性化センターの「震災復興プロジェクトの動向（中間報告）」も、震災復興プロジェクトのうち56％がすでに震災前に計画ないし着工されていたもので、震災後に計画が具体化したものは10.7％に過ぎない

図3　神戸市の当初の復興シナリオ
港湾、道路、区画整理・再開発、空港
↓
人口の回復、モノ、情報の集中
↓
大企業の復旧・復興
多国籍企業の誘致
↓
中小零細企業、自営業
地場の建設業、製造業、商業
の復旧・復興
↓
市税収入増加
↓
被災地の復興

図4　現実の推移
港湾、道路、区画整理・再開発、空港
↓
大手ゼネコン、大企業の利益
↓
地場の製造業、商業、中小零細企業、
自営業の不振、失業
↓
人口減少、モノ、情報の拡散
↓
生活保護、国民健康保険加入者増大
地域格差・階層格差の拡大
↓
市税収入低下・財政危機
↓
被災者や市民の生活困難と被災地の衰退

ことを指摘している。つまり震災前に計画されていたプロジェクトや計画通りに進まなかったものまでが、震災復興という大義名分により、補助金獲得や早期着工が容易となり推進された。たとえば震災復興のメインプロジェクトである神戸空港は、大阪湾の環境保全上最も注意すべきA海域にまで及ぶ埋め立て開発によろうとしていたため、震災前には環境庁も否定的であった。だが震災後、復興・防災のためなら止むを得ないとして認められたのである。つまり、図4のように、道路や港湾、再開発、空港などの公共事業は、一部の大手ゼネコンや大企業の利益になっても、中小零細企業や自営業に利益が還元されず、失業や倒産、人口減少、そして市税収入の低下と多額の借金による財政危機をもたらした。

　表13のように、震災後の1995－2004年度までの10年間の市債発行額は3兆円余りに達する。主にインフラ復興のために発行された市債の金額は、震災前の1990－1994年度（年平均）2,112億円が、震災後の1995－1999度（年平均）には倍近い3,952億円まで増加している。元金償還額も震災前の1,409億円から2005－2009年度（年平均）では3,587億円にまで増加している。市債の主な用途は、表14のように、震災後、道路などの土木債や都市計画のための都市計画債、そして災害公営住宅などの住宅債（市営住宅事業費）、15m水深の高規格の港湾など港湾事業会計、埋め立てや内陸部の土地造成の新都市整備事業会計、地下鉄海岸線などの高速鉄道事業会計など多額の借金をしている。

表13　市債の発行額など　　　　　　　　　　　　　　　　　　　　　　　　単位．億円

	1990-1994年度 （年平均）	1995-1999年度 （年平均）	2000-2004年度 （年平均）	2005-2009年度 （年平均）
発行額	2,112	3,952	2,349	2,141
元金償還額	1,409	1,671	2,319	3,587
年度末現在高	16,918	28,317	31,864	25,874

資料．神戸市「神戸市統計書」各年版より作成

表14　主な市債の年度末現在高　　　　　　　　　　　　　　　　　　　　単位．億円

	1990-1994年度 （年平均）	1995-1999年度 （年平均）	2000-2004年度 （年平均）	2005-2009年度 （年平均）
土木債	1,390	2,318	2,536	1,958
都市計画債	906	1,723	2,118	1,788
住宅債（市営住宅事業費）	1,326	2,229	2,112	1,618
市街地再開発事業費		394	886	1,181
港湾事業会計	1,938	3,529	3,835	3,034
新都市整備事業会計（開発会計）	2,113	1,548	2,899	3,623
空港整備事業費			50	203
高速鉄道事業会計	1,722	1,902	2,455	2,240

資料．神戸市「神戸市統計書」各年版より作成

表15　市税の動向　　　　　　　　　　　　　　　　　　　　　　　　　　単位．億円

	1990-1994年度 （年平均）	1995-1999年度 （年平均）	2000-2004年度 （年平均）	2005-2009年度 （年平均）
市税	2,809	2,776	2,624	2,693
市民税個人	962	827	774	880
市民税法人	377	295	218	294

　　資料．神戸市「神戸市統計書」各年版より作成
　　注．2005-2009年度の市民税個人が、2000-2004年度に比べ増加しているのは、2007年から「定率減税廃止、所得税から住民税への税源移譲」の制度的変更によると推定される。

　多額の市債発行にともなう市債償還額の増加は、市税収入や土地売却で賄うべきであるが、表15のように市税は震災前の1990-1994年度（年平均）2,809億円が、2005-2009年度（年平均）では2,693億円と減少している。特に法人収入が同

377億円が同294億円と落ち込みが激しい。また新都市整備事業の土地売却は、震災前の1993年度は747億円であったが2005年度には271億円にまで減少、2009－2012年度は100億円台を低迷している（2012年度神戸市監査委員「神戸市公営企業会計決算審査意見書」）。また神戸市の開発行政を担っていた外郭団体の住宅供給公社は、長年の赤字経営で破綻し解散した。神戸市は、公社に対する貸付金の放棄や金融機関からの債務の肩代わりなどに約257億円もの税金を費やしている。さらに神戸市は、土地信託事業の失敗で破綻した外郭団体が経営するホテルに対しても約100億円も負担している[21]。

さらに「開発・成長型復興」は、次のような「復興災害」をもたらしている。復興の中核プロジェクトである神戸空港（総事業費3,140億円）は、実際の利用者数は、図5のように1年目258.8万人、5年目223万人と、神戸市の試算した需要予測（1年目319万人、5年目403万人）の5－6割程度と低迷し、航空貨物も2014年度からその取り扱いはなくなる。空港本体の建設費のために発行した市債（借金）の償還は、着陸料などの収入で賄えず赤字経営となっている。そのため、2011年度から4年連続で他会計（新都市整備事業会計）から繰り入れなければならない状態である。また神戸港復興計画で「単なる復旧ではなく、震災を乗り越え新たな国際貿易港を目指す」とうたった神戸港は、2012年のコンテナ取扱個数は257万TEUで震災前の292万TEUを回復していない。阪神港として目標にしている490万TEUの52％にすぎない。さらに2001年開業の市営地下鉄海岸線も2012年度で約890億円の累積赤字を出している。当初、市は1日の利用者数を8万5,000人、5年後に13万人と見込んでいたが、実際は2012年度で約4万3,000人にすぎない（『神戸新聞』2014年6月14日）。

以上のように、「開発・成長型復興」は大手ゼネコンなどの儲けとなったが、市財政危機をもたらし、市民生活や地域に根ざした産業振興のための施策やサービス水準を低下させ、職員の削減と非正規雇用化、民間委託化などをもたらしたのであった[22]。

大震災の検証委員の林敏彦の分析によれば、兵庫県内における復興のための総需要（民間消費と政府消費、および県内総資本形成）は、1994年度から1998年度までの5年間で7.7兆円であった。そのうちの89.4％に当たる6.9兆円が県外からの移入により支えられていたという。つまり復興活動への支出の89.4％が、県外

図5 神戸空港の利用状況

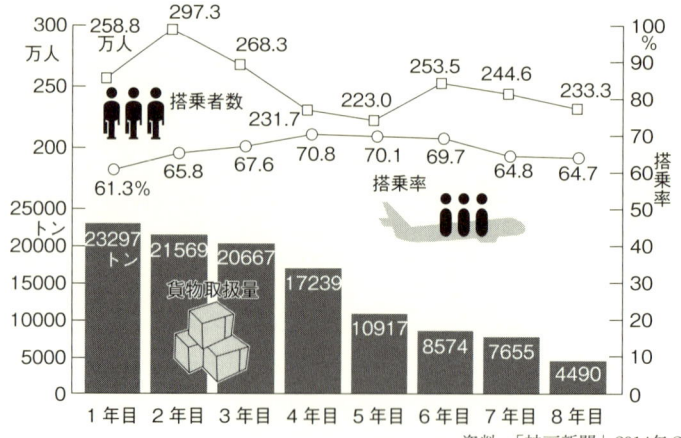

年目	搭乗者数(万人)	搭乗率(%)	貨物取扱量(トン)
1年目	258.8	61.3	23297
2年目	297.3	65.8	21569
3年目	268.3	67.6	20667
4年目	231.7	70.8	17239
5年目	223.0	70.1	10917
6年目	253.5	69.7	8574
7年目	244.6	64.8	7655
8年目	233.3	64.7	4490

資料．「神戸新聞」2014年2月16日。

に流出したのである。林は、「人口の流出、都市機能の低下に伴う小売・卸売業の低迷などが、被災地の経済復興を阻害した。その結果、震災による追加的需要のうち9割もが県外に流出することとなった」[23]と結論づけている。だが、被災地の経済復興を阻害し、追加的需要の9割もが県外に流出した根本的原因は、被災者の生活再建と被災地の再生よりも、大規模開発を優先した「創造的復興」にあり、人口減少、小売・卸売業の低迷はその結果なのである。

つまり神戸など大都市の経済構造は、中小零細の製造業や小売、卸、サービスなど経済のソフト化が進んでいるため、生活や住宅再建、地域に密着した小売業などソフトな対策が求められた。にもかかわらず被災市民の自立を支える「個人補償」や地域型の住宅、商業、工場建設などによる中小零細企業や自営業の再建が軽視されたのである。

たしかに、震災直後の94－95年度の補正予算で3.2兆円の災害復旧の公共事業が打ち出され、5年間で約9兆円の公的資金が投下された。その結果、表16のように、市内総生産は1992年と比べ1996年6.0％、97年4.2％、98年1.6％増となっている。各年の市内総生産の構成比は、公共事業の大量投入によって建設業が93年の7.4％から95年の13.0％、96年の12.8％、97年の9.7％と高率で推移している。それに対し製造業は、92年の21.2％から96年の16.1％、97年の17.5％と衰退

表16　神戸市内総生産　　　　　　　　　　　　　　　　　　　　　　　　　単位．100万円

	総生産額	（1992年市内総生産—各年市内総生産）	（1992年市内総生産—各年市内総生産）/1992年市内総生産（％）	製造業の構成比％	建設業の構成比％	卸・小売業の構成比％
1992年	6,599,546	0	0	21.2	9.0	18.0
1993	6,551,691	△47,855	△0.7	21.2	7.4	17.9
1994	6,157,153	△442,393	△6.7	20.9	7.9	16.7
1995	6,322,503	△277,043	△4.2	20.2	13.0	14.8
1996	6,992,807	393,261	6.0	16.1	12.8	15.8
1997	6,878,805	279,259	4.2	17.5	9.7	16.2
1998	6,706,266	106,720	1.6	18.1	7.8	15.9
1999	6,447,432	△152,114	△2.3	17.4	6.8	15.7
2000	6,547,664	△51,882	△0.8	17.4	7.3	15.4
2001	6,373,507	△226,039	△3.4	16.7	5.9	15.3
2002	6,248,684	△350,862	△5.3	16.9	4.9	15.2
2003	6,221,787	△377,759	△5.7	16.3	4.8	15.2
2004	6,235,939	△363,607	△5.5	17.4	5.0	15.1
2005	6,229,830	△369,716	△5.6	16.7	4.4	14.9
2006	6,378,597	△220,949	△3.3	17.1	4.6	14.6
2007	6,443,527	△156,019	△2.4	17.4	3.9	14.4
2008	6,295,586	△303,960	△4.6	16.9	3.6	14.8
2009	6,200,213	△399,330	△6.1	18.5	3.6	14.1

資料．神戸市「神戸市統計書」各年版より作成
注．この表の市内総生産は「輸入税、(控除)その他、(控除)帰属利子」を含まない。

している。卸・小売業も92年の18.0％から95年14.8％、96年15.8％、97年16.2％と低迷している。復興特需が、建設業に集中することで地域経済は浮揚したが、復興特需が切れる99年以降は、経済成長はマイナスで特に2009年は高いマイナスである。

　また表17のように、年収200万円以内の貧困世帯は、1992年の17.0％から1997年は17.2％とほぼ同じ比率であった。それに対し、500－1000万円の都市中間層は同年の29.6％から同年の37.2％に、1000万円以上も同14.1％から同16.3％にまで上昇している。つまり復興特需は、都市中間層に好影響を与えていたことが

表17 神戸市と全国の階層別世帯所得 　　　　　　　　　　　　　　単位．千世帯

		総世帯	200万円以内	200-300万円	300-500万円	500-1000万円	1000万円以上
1992年	神戸市	494	84 (17.0%)	59 (11.9%)	134 (27.1%)	146 (29.6%)	71 (14.1%)
	全国	41,550	6,266 (15.1%)	4,459 (10.7%)	9,655 (23.2%)	15,384 (37.2%)	5,786 (13.9%)
1997年	神戸市	545	94 (17.2%)	56 (10.3%)	118 (21.7%)	188 (34.5%)	89 (16.3%)
	全国	45,686	7,094 (15.5%)	4,779 (10.5%)	10,337 (22.6%)	16,466 (36.0%)	7,010 (15.3%)
2002年	神戸市	642	160 (24.9%)	86 (13.4%)	141 (22.0%)	185 (28.8%)	70 (10.9%)
	全国	45,519	9,495 (20.9%)	6,176 (13.6%)	11,469 (25.2%)	12,473 (27.4%)	5,906 (13.0%)
2007年	神戸市	656	153 (23.3%)	97 (14.8%)	153 (23.3%)	178 (27.1%)	75 (11.4%)
	全国	50,585	10,228 (20.2%)	7,130 (14.1%)	12,231 (24.2%)	15,400 (30.4%)	5,596 (11.1%)
2012年	神戸市	678	162 (23.9%)	112 (16.5%)	169 (24.9%)	178 (26.3%)	57 (8.4%)
	全国	51,747	11,663 (22.5%)	7,941 (15.3%)	12,875 (24.9%)	14,601 (28.2%)	4,667 (9.0%)

資料．総務省「就業構造基本調査」各年版より作成
注．貧困化の指標は、年間200万円/人とされるため、これを世帯当たり所得に換算すると約300万円と推定される。

推定できる。だが1997年から2002年にかけては、貧困世帯（200万円以内）と準貧困世帯（200-300万円）の計300万円以内の世帯は、同27.5％から38.3％と10.8％も高くなっている。反対に、500-1000万円世帯は△5.7％、1000万円以上世帯も△5.4％となっている。300万円以下の貧困世帯の割合は、1992年の28.9％（全国25.8％）から2012年の40.4％（全国37.8％）へ増加し、500万円以上の世帯は同年の43.7％（全国51.1％）から34.7％（全国37.2％）へ減少している。つまり震災後の復興特需が切れた以降、市民の貧困化と中間層の没落がすすんでいる。

貧困化の指標である生活保護率（人口千人当たり人員）も、表18のように、市全体では、震災前の1994年の15.0人から2010年の29.6人へと2倍近くに増加している。2010年では東灘区13.3人、西区17.2人に対し、兵庫区69.5人、長田区79.1人

表18　神戸市の生活保護人数（千人当たり）

	1994年	1996年	2000年	2005年	2010年
東灘区	6.2	8.0	8.4	10.8	13.3
灘区	13.8	11.3	15.8	18.3	20.5
中央区	30.1	29.2	40.3	47.6	47.3
兵庫区	33.5	29.1	45.0	60.8	69.5
北区	8.5	11.0	12.6	17.3	17.7
長田区	45.5	42.4	50.3	68.7	79.1
須磨区	11.2	11.9	16.6	26.1	28.7
垂水区	8.2	8.3	14.2	21.4	24.6
西区	4.8	9.5	7.9	14.2	17.2
合計	15.0	14.8	19.1	26.5	29.6

資料．神戸市「神戸市統計書」
注．1995年は震災の年に当たり区別統計資料はない。

表19　神戸市の世帯数、単身世帯、高齢者単身世帯、高齢化率、母子世帯、父子世帯数

	世帯数	単身世帯	高齢者単身世帯	高齢化率（65歳以上）	母子世帯	父子世帯
1990年	539,151	135,172	32,932	11.5%	7,979	1,323
1995年	536,508	143,669	35,502	13.5%	7,359	1,098
2000年	606,162	188,694	54,684	16.9%	8,971	1,137
2005年	643,351	212,585	70,110	20.1%	11,096	1,157
2010年	684,183	252,415	84,193	23.1%	13,743	1,769

資料．総務省「国勢調査」各年版より作成

　と地域的格差が著しい。特に震災前から少子高齢化、人口減少、産業の空洞化などインナーシティ問題を抱えていた激震被災地域の兵庫区と長田区が増加している。

　経済と生活の衰退化は、家族の貧困化過程でもあった。家族の相互扶助機能の貧困化は、単身世帯化となって現れている。表19のように市の世帯数は、1990年の53万9,151世帯から2010年の68万4,183世帯へと145,032世帯も増加している。これは、世帯の単身世帯化（同年の13万5,172世帯から同年の25万2,415世帯へ11万7,243世帯も増加している）が主な要因である。とりわけ高齢化率（1990年の

第8章　阪神・淡路大震災の「開発・成長型復興」と「復興災害」

表20　神戸市と全国の自殺者数（10万人当たり）、1990年から2011年

	1990	1991	1992	1993	1994	1995	1996	1997	1998	1999	2000
神戸	16.65	14.71	14.54	16.50	15.40	16.50	14.09	19.25	25.49	26.02	24.11
全国	17.27	16.95	17.74	17.49	17.31	17.88	18.36	19.34	25.83	26.09	25.19

	2001	2002	2003	2004	2005	2006	2007	2008	2009	2010	2011
神戸	20.62	21.65	16.49	22.17	23.27	22.68	23.56	20.57	22.64	22.99	22.92
全国	24.38	25.21	26.96	25.30	25.49	25.14	25.85	25.18	25.65	24.75	23.98

資料．厚生労働省「人口動態統計」、警察庁統計、国立社会保障・人口問題研究所「人口統計資料集」、神戸市「神戸市統計書」より作成

表21　神戸市区別の1999－2011年の年平均自殺者数（10万人当たり）

区名	自殺者数
東灘	20.36
灘	24.03
兵庫	34.23
長田	29.68
須磨	21.52
垂水	22.75
北	19.58
中央	24.10
西	19.14
全体	22.28

資料．厚生労働省「人口動態統計」、神戸市「神戸市統計書」。1999年から自殺者数をカウントしたのは、それ以前は、厚生労働省「人口動態統計」において区別の自殺者数がデータ化されていないためである。

11.5％から2010年の23.1％）の上昇にともなって、高齢者単身世帯が、同年の3万2,932世帯から8万4,193世帯へ、さらに母子・父子世帯が増加している。

　以上のような貧困は自殺者数の増加として現れている。神戸市の自殺者数は、表20のように震災前までは15人前後と全国の17人前後と比べ低い水準であった。だが震災後の1998年には25人にまで増加し、その後、年平均して約22人と高止まり状態が続いている。これは、全国的な傾向であるが、1999－2011年の年平均自殺者数は、神戸市が22.28人、全国が25.32人と全国よりも低い。だが表21のように、区別でみてみると兵庫区（34.23人）、長田区（29.68人）と全国平均よりも高く、灘区（24.03人）、中央区（24.10人）は、神戸市平均よりも高くなっている。自殺者の内訳は、無職が多く、病気、障害、リストラなどで仕事に就けずさらに借金など生活の困難を抱えていることが推察される。問題は、復興過程において、このような貧困と自殺が続いていることである。

　兵庫区、長田区、灘区、中央区は、震災前から、高齢化、貧困化、コミュニ

ティの衰退がすすみ、加えて激震被災地域であった。特に兵庫区、長田区は、震災後においても、震災前の人口を回復できず人口減少している地域であり生活保護率も高い地域である。震災前からインナーシティ問題を抱えていた地域が、震災後も復興できず貧困化がすすんでいる。

注
(1) 帝国データバンク。神戸市産業振興局「神戸の経済2010」。
(2) 神戸商工会議所『阪神大震災による経営への影響及び神戸の復興に関する調査結果』1996年3月（1996年1‐2月に実施、神戸市内4145社にアンケート、回収1246件）。
(3) 岩井浩「失業統計の吟味・批判と失業の代替指標―国際的論議―」www.hosei.ac.jp/toukei/shuppan/g_shoho29_iwai.pdf。失業者については、ILOの国際基準に基づいているが、調査週間の1週間に求職活動を行った者を失業者としている。労働市場で求職し、かつ就業可能な者が失業者とされ、何らかの理由で求職活動のできない者は、労働市場の外にいる非労働力人口とみなされ、失業者としてカウントされない。さらに失業率の国際比較では、ドイツやフランスなど（失業率は日本に比べ比較的高い）は、失業の社会保障制度が整備されているのに対し、日本は脆弱であることも考慮されなければならない。
(4) 池田清「開発・成長型復興政策と貧困化」兵庫県震災復興研究センター編『大震災15年と復興の備え』クリエイツかもがわ、2010年、16ページ。
(5) 「毎日新聞」2014年1月16日。未返済のうち2,649件、計約50億円分は死亡や重度障害を理由に返済が免除されている。また、1,998件（約36億円）は本人が行方不明で保証人とも接触できないなど徴収が困難で、自治体の負担になる可能性が高い。9,175人が月1,000円ずつといった少額返済を続けている。
(6) 島本慈子『倒壊　大震災で住宅ローンはどうなったか』筑摩書房、1998年。
(7) 「小田実が語る―9条の会と平和憲法、災害基本法を実現する市民＝議員立法運動」自治労連・地方自治問題研究機構編『季刊　自治と分権』第19号、大月書店、2005年4月、55ページ。
(8) 水野和夫『資本主義の終焉と歴史の危機』集英社、2014年、51ページ。
(9) 渡辺洋三『財産権論』一粒社、1985年、142‐143ページ。
(10) 「堺屋太一さんに聞く」『神戸新聞』1998年1月21日。
(11) 原口忠次郎『わが心の自叙伝』のじぎく文庫、1971年、55‐56ページ。
(12) 建設省『戦災復興誌（第10巻）』都市計画協会、1961年、618‐619ページ。
(13) 建設省、同上、673ページ。
(14) 「神戸新聞」によれば復興都市計画は神戸市が主導していた。「1995年1月25日。当時の神戸市都市計画局長の鶴来紘一らは、建設省（現・国土交通省）の幹部らに資料を示した。神戸市都市計画局の特命チームが作成した建築基準法84条による建築制限を適用する新長田駅南（長田区）など6地区計233ヘクタールが記載されていた。鶴来は『区画整理と再開発でやりたい』と告げた。神戸新聞社が入手した特命チームの手引書には、『不幸な災害を千載一遇の機会と捉え…都市問題の解決を図る』と記されていた」（「神戸新聞」2012年8月20日）。
(15) 「神戸新聞」1999年11月24日。
(16) 「神戸新聞」2011年1月9日。
(17) 兵庫県震災復興研究センター『震災研究センター』2013年10月17日、No150。「神戸新聞」2011年1月9日。

(18) 「長田の教訓〈遺物　後世へ〉」『毎日新聞』2012年8月17日。
(19) 大浜敬吉「震災復興とまちづくり」大浜敬吉編著『都市復興の法と財政』勁草書房、1997年。
(20) 兵庫県「阪神・淡路震災復興計画―基本構想」1995年4月。
(21) 『朝日新聞』2013年9月27日。
(22) 神戸市の貧困な被災者施策は、次のような民間の「借り上げ住宅」転居問題にも現れている。神戸市は、震災後、災害公営住宅に当選しなかった被災者は民間の「借り上げ住宅」に入居させた。だが、契約書の入居期限は空欄にもかかわらず、「入居期限は20年」ということを口実にして被災者に転居を迫っている。神戸市の民間の「借り上げ住宅」の管理戸数は3,797戸、入居戸数は2,613戸で、神戸市負担は約5億円程度である（ひょうご震災復興借上住宅協議会「たんぽぽ」2014年5月、No.24）。
(23) 林敏彦「復興資金―復興財源の確保」兵庫県『復興10年総括検証・提言報告』2005年。

第9章

東日本大震災の「開発・成長型復興」と「復興災害」

第1節　「開発・成長型復興」と被災者の生活困窮

　政府の復興構想会議は、東日本大震災復興は「単なる復興ではなく創造的復興を期す」との基本方針（2011年4月14日）のもと、「被害を受けた施設を原形に復旧すること等の単なる災害復旧にとどまらない、活力ある日本の再生を視野に入れた抜本的な対策」（復興基本法第2条）が必要と「開発・成長型復興」を打ち出した。このような政府の「開発・成長型復興」に決定的な影響を与えたのが、震災直後に打ち出された日本経団連や日本経済同友会の提言である。日本経団連は、〈復興〉は元に戻すというより〈創造〉に近いイメージであるとし、「究極の構造改革」である道州制の導入を打ち出した。御手洗冨士夫・前日本経団連会長は、「東北地方を復興特区と位置付け、復興資金の低利融資、法人税の免除、大工業団地」など「構造改革」型の復興を主張する。日本経団連の「成長戦略2011」は、「原子力発電所を速やかに再稼働させる」、「TPP交渉に早期参加」、「規制緩和を行う」、「消費税率の大幅引き上げ」、「法人税率をさらなる引き下げ」、「派遣などへの労働規制強化の動きを改める」との方針である。経済同友会も、「東北の復興を『新しい日本創生』の先進モデルとして、国際競争力のある、国内外に誇れる経済圏を創生する」とし、農地の大規模化や法人経営の推進、漁港の拠点化など「大胆な構造改革を進める」と提言する。そして環太平洋戦略的経済連携協定（TPP）などの成長戦略を遅滞なく実行するこ

とを求めている[1]。

　だが、実際の復興においては、原発事故に象徴されるように肝心な情報は隠匿され、あまりにも多くの言説や情報が氾濫し錯綜しているため、何が正しいのか、何が本質的問題であるかを理解することがきわめて困難となっている。そのため真の復興のための道筋が混迷を極め、被災者の生活と生業の再建、雇用の保障に必要な施策は薄弱で、そのツケが高齢者、障害者、低所得者、子ども、母子家庭、外国人、零細生業者など、いわゆる災害弱者にもたらされている。そのことは、以下のような事実と数字によっても明らかであろう。

　表1のように、震災当初に避難した約47万人のうち、今なお約62％に相当する約28万9,600人が全国47都道府県で避難生活を余儀なくされ、被災地からの人口流出に歯止めがかかっていない。特に原発事故のために福島県外に避難している被災者は約5万人にも達する（復興庁の2013年8月12日時点でのまとめ）。避難生活による体調悪化や将来不安、生きがい喪失、自殺などが原因の「震災関連死」は2013年11月末現在で2,911人（福島県1,605人、宮城県878人、岩手県428人）に達する。阪神・淡路大震災の919人と比べてみて異常な多さである。特に注目すべきは、福島県の震災関連死が、地震や津波による県内の直接死者数1,603人（県災害対策本部調べ）を超えていることである。内閣府の調査によれば、震災関連死のなかの自殺者数は、2011年の49人（岩手県17人、宮城県22人、福島県10人）から2012年24人（岩手県8人、宮城県3人、福島県13人）、2013年35人（岩手県4人、宮城県10人、福島県21人）であり、福島県が増加傾向にある。社団法人・社会的包摂サポートセンターが運営する「よりそいホットライン」に2013年4月から7月末までに寄せられた相談のうち、自殺関連を選んだ人が岩手、宮城、福島3県合わせて計4万6,957件と全体の相談数の23.6％を占めた。全国の割合の2倍以上に当たる[2]。特に福島では、原発事故が誘因した1号機の水素爆発以来、夫を残して嫁と子供が県外に移り家族離散、農業や漁業が生産停止で生きがいや収入も奪われ、今後の見通しも立たない人々が続出した。不眠症やうつ病、アルコール依存症でも多くの人が苦しんでいる。これらのことが、自殺関連の相談の多さに影響しているのであろう。

　自力再建の困難な被災者が仮設住宅などから移る災害公営住宅の入居も進んでいない。復興庁によると、岩手、宮城、福島の3県は、それぞれ約6,000戸、

表1　阪神・淡路大震災と東日本大震災の被害と「復興災害」

		阪神・淡路大震災	東日本大震災
被害	地震の規模	M7.3	M9.0
	死者・行方不明	6,437人	1万8,539人
	被害額	約10兆円（兵庫県試算）	約16兆円（内閣府試算）
	避難者	当初約32万人	当初約47万人
	全壊棟数	約10万棟	約13万棟
「復興災害」	震災関連死	919人 孤独死約1000人	2,911人（福島県1,605人、宮城県878人、岩手県428人）2013年11月末現在 孤独死54人（震災2年後）
	失業者（震災直後） 倒産（震災2年後） 負債総額	推定4－10万人 336件 937億円	推定12－20万人 1,139件（震災2年後） 1兆3,122億500万円（震災2年後）

資料．復興庁、福島県災害対策本部調べ、帝国データバンク調査、「毎日新聞」2013年9月8日、12月17日、「神戸新聞」2013年9月10日など

　約1万5,400戸、約6,200戸の建設を計画しているが、完成したのは3県で計295戸（2013年6月末現在）と、まだ1％にとどまる。用地取得の難航が要因で、全戸完成は3県とも2016年度以降にずれ込む見通しである。住民が津波の浸水地から高台や内陸に移転する国の防災集団移転促進事業も、土地の地権者や相続人が不明だったり、多数存在したりするために用地取得に時間がかかっている。さらに自治体職員・工事作業員や資材の不足などで着工が遅れ、2013年6月末現在、事業対象334地区のうち119地区でしか着工できていない。

　帝国データバンクの調査によれば、表1のように、①東日本大震災から2年、「東日本大震災関連倒産」は累計1,139件発生している。同じ2年間で比較すると、「阪神・淡路大震災関連倒産」（336件）の約3.4倍に達する。②関連倒産は、東京都、宮城県をはじめ福岡県や大分県などで発生し、その影響は日本全国に及んでいる。倒産企業の従業員数の合計は1万7,971人で、パート・アルバイトなど非正規雇用を含めると、さらに膨らむことが推測される。③負債総額は、1兆3,122億500万円となり、同期間の「阪神・淡路大震災関連倒産」の約14倍である。④直接的な被害による倒産は100件、間接的な被害による倒産は1,039件である。間接的被害の内訳は、「消費マインドの低下」が579件（55.7％）、物流網

の混乱による調達難などの「流通の混乱」が102件（9.8％）であった。

また、福島第一原発事故の影響による「原発関連倒産」は102件（9.8％）である。「東日本大震災関連倒産」が、1年目と比べ2年目が24.8％減少しているのに対し、「原発関連倒産」は17.0％増と増加傾向を示している。これは、放射能汚染の風評により売上減少が続いている食品製造業者や、客足が回復しない旅館・ホテル経営業者がいまだに多く、倒産件数を押し上げていることに起因する[3]。

特に福島の原発被災自治体では、表2のように、震災発生時に比べ2012年度は、自営業や会社員・公務員、パート・アルバイトが激減し、無職が約2倍に激増している。また住民の帰還意向の「戻らない」が、2012度に比べ2013年度

表2　原発被災自治体における住民の震災発生前後の職業の変化

		自営業	会社員・公務員	パート・アルバイト	無職	無回答などその他
富岡町	震災発生時	14.5	36.1	11.7	29.9	7.8
	2012年度	4.1	25.2	5.7	55.5	9.5
大熊町	震災発生時	14.7	50.1	6.8	23.5	4.9
	2012年度	4.7	36.6	3.3	48.8	6.6
双葉町	震災発生時	14.2	34.9	9.3	32.5	9.1
	2012年度	5.5	23.9	4.9	56.7	9.0

資料．復興庁『平成24年度原子力被災自治体における住民意向調査結果報告書』平成25年5月より作成

表3　原発被災自治体における住民の帰還意向

		現時点で戻りたいと考えている	現時点でまだ判断がつかない	現時点で戻らないと決めている	無回答
富岡町	2012年度	15.6	43.3	40.0	1.1
	2013年度	12.0	35.3	46.2	6.5
大熊町	2012年度	11.0	41.9	45.6	1.4
	2013年度	8.6	19.8	67.1	4.5
双葉町	2012年度	38.7	26.9	30.4	4.1
	2013年度	10.3	17.4	64.7	7.5

資料．復興庁『平成24年度　原子力被災自治体における住民意向調査結果報告書』平成25年5月より作成

は、大幅に増加している。特に双葉町は30.4％から64.7％へと2倍以上の増加である（表3）。

　警察の統計データによると、2012年以降、福島で警察に届けられた家庭内暴力の被害件数は、過去最高の840件に上り、前年比64％増加した。家庭内暴力の被害者は多くが女性だった。また、子供に対する虐待は、同76％増の109件。同様に、巨大地震と大津波の被害が深刻だった宮城県では、家庭内暴力の件数は2011年比33％増の1856件に達した[4]。

　さらに震災後2年間に「孤独死」した被災者は54人に上っている。阪神・淡路大震災で注目された孤独死は、3つの特徴があった。①一人暮らしの無職の男性、②年収100万前後の低所得、③慢性の疾患を持病としている。つまり仕事がなく孤立し慢性疾患が相乗する低所得者であった[5]。仕事がなく生活再建が困難なことが被災者を追い詰めることは、東日本大震災においてもみられる。東日本大震災から半年以上経ち、復旧復興が進む一方、生活再建から取り残される「孤立する被災者」の問題が顕在化しつつある。特に懸念されるのが心の問題で、宮城県東松島市の保健師らによる被災者1,230人の相談調査によれば、心の深刻な問題は、津波被害を受けたとか家族を亡くしたという要因で決まるのでなく、むしろ失業や住宅再建などの経済問題が92％にも達した[6]。

　阪神・淡路大震災による失業者数は、震災失業者のうち職安に求職票を出したのは約1万8,000人だが、失業者の実体は把握できず実際は4–10万人規模と推定されている[7]。一方、東日本大震災で被災した岩手、宮城、福島の3県の失業者数は、厚生労働省によれば震災直後の3月22日現在で11万1,573人に達する。失業者の集計には、農業や漁業などの個人事業主で職を失った人は含まれていない[8]。そのため実際の失業者数は12–20万人と推定され、阪神・淡路大震災の2–3倍にも達する。

　以上のように、大災害と復興過程の中で、生活再建できない多くの被災者、失業や企業倒産の増加、震災関連死と自殺者、家族とコミュニティの崩壊がすすんでいる。そして被災者と被災していない人、被災者の中でも早期に生活再建できた人とできない人、原発事故で県外避難した人と被災地にとどまった人、同じ仮設住宅に住んでいても原発の賠償金のある人とない人との対立など、復興過程において多くの楔が打ち込まれ、分断と差別が生まれている。さらに問

題は、原発廃炉が未定、除染効果も不確定、原発汚染水問題など原発事故が収束せず、より深刻な事態となっていることである。このような状況は、個人の「人間としての尊厳」を目的とする憲法に違反している。さらに復興過程の中でさえ、憲法に違反する状況が人為的につくられていることも否定できない。以上のような「復興災害」と憲法違反の状況がつくりだされる背景に、次のような事情があることも確認しておきたい。

　震災復興予算は、当初、2011年度からの5年間で19兆円を見積もったが、安倍内閣のもとで25兆円に拡大された。にもかかわらず、上記のように被災者が救われず被災地は復興していない。それは、予算が予定通りに使われず現地の復興に生かされていないためである。復興庁によれば、2011年度の補正予算（1次‒3次）14兆9,243億円の執行率は60.6％で不用額は1兆1,034億円であった。2011年度補正予算（繰越分）及び2012年度予算の計8兆196億円の執行率は51.5％に過ぎない（2012年9月30日現在）。2012年度に使う予定だった9.7兆円のうち3.4兆円が手つかずに終わり2.2兆円は繰り越し、1.2兆円が使用のめどがたたず「不用額」と判定された。がれきの搬入ができない、放射性物質の除染作業が進まないなどの事情による。復興庁によると、2013年3月までに実際使われた復興予算総額は約15兆円であるが、被災地外への流用や東京電力に求償できる分を除けば国の支出はさらに圧縮する。

　集団移転や復興住宅などに用いる復興交付金を使った事業の進捗もはかばかしくない。復興庁が2011、2012年度分に配分した5,809億円のうち、自治体が事業者と契約を結ぶなど支払いが確定したのは2,976億円で全体の約5割どまりである。交付金の使用が進まないのは、職員不足や手続きの複雑さによる用地確保など作業の難航全国的な公共事業の増加で資材や人員の不足、入札に応じる企業がないからである。

　2012年9月9日放送のNHKスペシャル「シリーズ東日本大震災　追跡　復興予算19兆円」によると、復興増税で調達した復興予算が、沖縄の国道整備、反捕鯨団体対策、国立競技場補修、刑務所の職業訓練、公安調査庁のテロ対策など、被災地と無縁の事業に流用されていた。予算総額19兆円のうち、流用は2兆円を超えた。その一方で、被災地には復興資金が回らず、津波で流された商店や診療所の再建資金補助が受けられない人々の苦境も紹介されていた。流

用の罪は重い[9]。

　厚労省は被災者らの雇用を助けるため、「震災等緊急雇用対応事業」として都道府県の基金に復興予算などから2012年度までに約3,000億円を配った。厚労省の調べでは、このお金で同年度に雇われた人のうち被災者は約38.4％しかいなかったことを明らかにした。とくに被災地以外の38都道府県では被災者はわずか約2.3％だった。全国で雇われた12万4,019人のうち、被災者は4万7,663人。このうち岩手、宮城、福島など被災9県では5万5,849人のうち被災者が4万6,129人（約82.6％）だったが、それ以外の38都道府県では6万8,170人のうち1,534人しかいなかった[10]。

第2節　「開発・成長型復興」の破綻

　東日本大震災の「復興災害」は、阪神・淡路大震災において破綻した「創造的復興」が繰り返されているために起きている。阪神・淡路大震災の「創造的復興」が破綻しているのは、第1に、「開発・成長型復興」が、人口と経済が右肩上がりに増加していくという「成長神話」にもとづいていたからだ。前章でも述べたが、たとえば神戸市の「復興計画」（1995年6月）は、2005年を目標年次とする10カ年計画で、総事業費は5年間で6兆円、10年間で9兆円の1,000を超える事業と17のシンボルプロジェクトであった。

　この「復興計画」は、震災前に策定された「新・神戸市基本構想」（1993年9月策定、目標年次2025年）と「第4次神戸市基本計画案」（1994年4月）を基本として、新たに防災計画を付加したものであった。「新・神戸市基本構想」は、神戸の将来像（都市としてのあるべき姿やめざすべき方向）を示すもので、持続可能な成長を図り、神戸市の都市容量を人口180万人に設定していた。また「第4次神戸市基本計画案」も、「新・神戸市基本構想」を受けて、「情報化や国際化」という新しい時代に対応し、広域圏を対象とする高次都市機能の集積を図るべく、次のような大型プロジェクトを計画した。

　第1に、都心の再開発で、中央部の臨海工場遊休地を再開発して東部新都心を形成し、JR六甲道駅を核とする東部地域と、JR新長田駅を中心とする西部地域に新たな副都心をつくる。

第 2 に、東神戸線、神戸中央線などの広域的な道路網の整備によって既成市街地や六甲山背後の内陸部、国土軸との連携を強化する。
　第 3 に、高規格の港湾や神戸沖空港の建設である。
　震災後に策定された「第 4 次神戸市基本計画」(1995年10月) は、2010年までの市内の実質経済成長率を2.8％ (同時期の国内総生産の実質成長率予測2.5％) と高く設定し、人口も1995年の140万人から2010年の170万人へと異常に高い伸びを見込む計画であった。だが1995年度から2009年度までの15年間の市内総生産の年間平均成長率はマイナス0.3％であり、2.8％には程遠い数字であった (新ＳＮＡに基づく「県民経済計算方式」による神戸市で推計した市内総生産。神戸市『神戸市統計書』)。また人口も、2004年には震災前の1992年の150万人の水準を回復したが、2010年は154万4,000人で目標の170万人には程遠い数字であった。さらに2012年には2,846人、2013年は1,507人と 2 年連続して減少に転じている (『神戸新聞』2014年 1 月25日)。つまり神戸市の「復興計画」は、多額の借金をして大規模なプロジェクトを推進したが、経済成長や人口増加が見込まれず、借金の返済に追われて被災者の生活再建と地域に根ざした産業の振興のための施策やサービスが後退する「復興災害」が引き起こされたのであった。
　東日本大震災の被災地はどうであろうか。表 4 のように、国立社会保障・人口問題研究所の将来推計人口 (2012年 1 月推計) によれば、福島県の人口は、2010年の202万9,000人から2040年には148万5,000人と73.2％にまで減少する。さらに65歳以上の高齢者の割合は、同年の25.0％から同年の39.3％にまで増加する。岩手県の人口も、2010年の133万人から2040年には93万8,000人と70.5％にまで減少する。さらに65歳以上の高齢者の割合は、同年の27.2％から同年の39.7％にまで増加する。宮城県の人口は、2010年の234万8,000人から2040年には197万3,000人と84.0％にまで減少する。65歳以上の高齢者の割合は、同年の22.3％から同年の36.2％にまで増加する。特に原発や津波被災地は、若者の人口流出と出生率の大幅低下のため、人口が減少し高齢化が進行すると予測される。にもかかわらず、東日本大震災の復興計画は、人口の回復・増加と経済成長を目標とする「公共施設の復旧」と「創造的復興」によって、人が住まないようなところにまで、巨大防潮堤や高台移転のまちづくりを行う大規模な公共事業を推進している。また巨大防潮堤が、海岸線の狭い平野部をさらに狭めることで人が住めるまち

表4 福島県、岩手県、宮城県の人口と65歳以上人口割合の推移

	人口（千人）		65歳以上人口割合（％）	
	2010年	2040年	2010年	2040年
福島県	2,029	1,485	25.0	39.3
岩手県	1,330	938	27.2	39.7
宮城県	2,348	1,973	22.3	36.2

資料．国立社会保障・人口問題研究所の将来推計人口（2012年1月推計）

づくりを困難にする問題をもたらしている。つまり国民の税金が、被災者の暮らしの再建と被災地の再生に役立つのではなく、きわめて非効率的なかたちで浪費されているのである。

第3節　宮城県の復興政策批判

　政府の東日本大震災復興対策本部は、「日本経済の再生なくして被災地域の真の復興はない」との「基本方針」（2011年7月）を打ち出した。「日本経済の再生」には、政府の「日本再生戦略」を被災地の復興に生かすことであり、「被災地域の復興は、活力ある日本の再生の先導的役割を担う」という。日本再生を担う地域のモデルが、被災地宮城県の復興戦略である。村井知事は、「私は道州制論者……道州制が進めば、復興もかなり早く進む」[11]と、究極の「構造改革」である道州制を強調する。そして「水産業特区」によって民間企業の関心を三陸沖に集め、民間投資を呼びやすくし、「住宅の高台移転と職住分離、土地利用の規制緩和」、「復興財源として増税を打ち出す」。さらに「時間をかけて議論し一人一人の意見を聞いて、というわけにはいかない。スピードが大事」[12]とトップダウンの権威的な行政姿勢である。

　宮城県の震災復興計画を策定する「復興会議」は、委員12名で構成されるがそのうち県内在住者委員は2名に過ぎない。委員の大半は、野村総合研究所顧問や三菱総合研究所理事長など首都圏在住者である[13]。村井知事は4月25日の記者会見で、「地球規模で物事を考えているような方に入っていただいて、大所高所から見ていただきたいと考えた」と語っているように、復興の主人公であるべき被災者と被災地を欠いた計画なのである。宮城県の復興計画は、以下のよ

表5　岩手県と宮城県の仮設住宅への取り組み

	用地	着工	事業者	被災地の建築制限、建築基準法84条、特例法
岩手県	民有地（有償含む）も対象	可能になり次第（市町村取り組み尊重）	プレハブ建築協会1万1,500戸、地元公募募集者2,500戸	指定なし
宮城県	公有地限定（その後民有地も可）	地域バランス（市町村の足並み揃える）	プレハブ建築協会のみ2万3,000戸	指定あり

資料．国土交通省住宅局「応急仮設住宅着工・完成状況」2011年5月31日現在、岩手県建築住宅課のヒヤリング（2011年7月1日）、相川俊英『週刊ダイヤモンド』2011年6月4日号

表6　岩手県と宮城県の仮設住宅の建設スピード

	必要戸数	着工第1号	5月末時点の発注率	5月末時点の完成率	完成見通し
岩手県	約1万4,000戸（5月31日）	3月19日	94.7%	49.7%	7月下旬
宮城県	約2万3,000戸（5月31日）	3月28日	65.0%	49.5%	不明

資料．国土交通省住宅局「応急仮設住宅着工・完成状況」2011年5月31日現在、岩手県建築住宅課のヒヤリング（2011年7月1日）、相川俊英『週刊ダイヤモンド』2011年6月4日号

うな問題をもっている。

　第1に、仮設住宅は、災害救助法にもとづき都道府県が事業主体となり建設する。その場合、被災した市町村の公有地に建てることが原則で、住宅の仕様も決められている。建設費用は国が負担する。宮城県は、この画一的な規定を遵守し次のような原則を掲げ建設を進めた。用地は、ある程度まとまった戸数が確保できる公有地であること、水道などのインフラ整備に時間と費用のかかる土地や、津波で冠水した土地は除外する、というものであった（表5）。そのため5月末の発注率は岩手県94.7％に対し宮城県65.0％と低くなっている（表6）。

　しかしこのような条件は、広い土地に大量に建設するため安上がりとなるが、被災地から離れた内陸部にしか見当たらず、「元住んでいた地域やその近くに仮設住宅を」という被災者の願いやニーズに応えることができない。これは、大量の輸入材によって建設するプレハブ建築協会の要望とも合致するものであるが地元経済の波及効果は少ない。

一方、岩手県は宮城県とは対照的で、住民が自治体にとって最大の活力源と、できるだけ被災地域内に仮設住宅を建てるべく知恵を絞っている。「海をもとに発展した地域なので、遠くに仮設住宅を造っても住民は移りたがらない」。「公有地だけでなく有償借り上げの民有地、造成費のかかる土地も可とする」。いずれも国庫補助の対象外であるが、地域内に仮設住宅を早く建てることを最優先したという。その後、国もこの岩手方式に注目し、民有地の借り上げを認め、土地の借料も国庫補助の対象とし、さらに必要な造成費や用地の現状回復費も国庫補助の対象とする通達を出す[14]。岩手県は、被害の多い地域から仮設住宅を建設し、地域の活性化と建設後のメインテナンスを考慮して地元の建設業者にも発注している（表5）。

　さらに問題なのは、厚労省の調査によれば、宮城県では仮設住宅の住環境改善の取り組みに関してほとんど手つかずである。風除室の設置については、福島県の実施率（実施見込みを含む）が82.4％、岩手県で28.9％に対し宮城県は1.7％に過ぎない。断熱材追加でも岩手県28.6％、福島県7.3％に対し宮城県は０％。二重ガラス化でも岩手県42.8％、福島県11.5％に対して宮城県０％である[15]。以上のような県の差異は、被災者の生活再建の成否に重要な影響を及ぼすであろう。

　第２に、中小企業庁管轄の「中小企業等グループ施設等復旧整備補助事業」の問題がある。この事業で対象となる経費は、東日本大震災により損壊若しくは滅失又は継続して使用することが困難になったもののうち、中小企業等グループが復興事業計画に基づき事業を行うのに不可欠な「施設・設備を復旧するのに要する経費」である。補助率は国１/２以内、県１/４以内、自己資金１/４以上である。それゆえ同事業は、活用の仕方によれば被災地経済の復興に寄与する。なぜなら中小企業は、地域の経済や社会において重要な役割を担っているからだ。今回の大震災でも、地域住民の暮らしを支え、サプライチェーンを担うなど中小企業の重要性が再認識された。中小企業は、わが国の企業数の99.7％、雇用の約70％を占め、その割合は人口規模の小さい市町村で高いのである。

　日本銀行仙台支店の調査によれば、鉱工業の業種別生産動向は電子部品や輸送機械など生産設備が内陸部に集積している業種などは、６月には震災前の９

表7　宮城県「中小企業等グループ施設等復旧整備補助事業」

申請期間	申請件数	採択件数	採択事業者数	補助金要望額	補助金決定額
1次（6月）	217	14	64	1250億円	65億円
2次（9月）	146	16	192	802億円	58億円
3次（10-11月）	164	31	816	1,979億円	1,041億円
合計	527	61	1,072	4,031億円	1,164億円

資料．宮城県 経済商工観光部 新産業振興課資料より作成

割以上の水準にまで回復している。一方、鉄鋼や紙・パルプは、沿岸部の主要生産設備が津波により甚大な被害を受けた影響から、他の業種に比べ回復が遅れている。また宮城県の食料品の生産指数も6月段階で46.1％しか回復していない[16]。

　表7のように宮城県の2011年度の同補助事業による補助金は1,164億円で、申請件数527に対し採択が61と12％、補助金要望額4,031億円に対し決定額1,164億円と29％に過ぎず、補助金の絶対額があまりにも少なく、被災地の中小企業の再建に十分に貢献していない。

　第3に、防潮堤、区画整理事業、高台移転の問題がある。津波のために大きな被害を受けた沿岸部は、津波を防ぐための防潮堤の高さと、それによる景観や環境、まちづくりへの影響が、復興まちづくりで大きな問題となっている。毎日新聞のまとめによれば、防潮堤が破壊された岩手県、宮城、福島3県420地区のうち、約29％に当たる120地区で、当初各県の定めた基準より低い堤防が整備されることとなった。住民が景観悪化や漁業への影響を懸念して見直しを求めるケースが多く、岩手県では14地区で住民の要望を受け入れている。一方、宮城県では、住民が、高台に移転して誰も住まなくなる沿岸の土地に巨大な防潮堤をつくる計画に対し見直しを求めている地域でも、住民の要望を受け入れた例がない。ここにも宮城県のトップダウンの官僚的対応の問題が出ている[17]。

　高台のニュータウンは、山を削り森林を伐採するため環境破壊をもたらす。また山地での宅地造成は、内陸部の地震による山津波や集中豪雨による土砂災害、造成地崩落など安全上の問題がある。もともと被災地の漁村は、住まい・生活と漁業とが一体となった職住近接のコミュニティを形成していた。漁師は、そこの海と土地とともに生き大切な食料をつくり、生きがいとアイデンティティ

表8 「東日本大震災により甚大な被害を受けた市街地における建築制限の特例に関する法律」による宮城県の建築制限区域

市町村	市町村面積（ha）	特例法指定（ha）	制限区域の比率
気仙沼市	33,337	465.1	1.4%
石巻市	(55,578)	549	1.0%
東松島市	10,186	162.3	1.6%
名取市	10,006	102.7	1.0%
南三陸町	16,374	175.7	1.1%
女川町	6,579	206.9	3.1%
山元町	6,448	198.1	3.1%
合計	82,930	1,859.8	

資料．宮城県土木部建築宅地課、2011年6月30日
注．石巻市の面積は合計から除外している

を感じてきたのである。元の漁村から数キロメートルもの遠方に設けられた高台に移転する職住分離は、コミュニティの崩壊と生活スタイルの急激な変化など被災者に過度のストレスを与える。

　高台のニュータウンや人工基盤を造成する復興は、「災害に強いまちづくり」として土地区画整理方式が採用される。たとえば宮城県は、乱開発を防ぐと称して東日本大震災で創設された「被災市街地における建築制限の特例に関する法律」にもとづき、表8のように4市3町（気仙沼市、石巻市、東松島市、名取市、南三陸町、女川町、山元町「追加指定」）を8カ月間の建築制限地域に指定した。ただし石巻市は、人口が多く建築主事を置いており、市の権限で制限をかけることができるため、区域を市が独自に指定している。制限区域は、総面積1,859.8haで阪神・淡路大震災被災地の5市1町14地区の337.1haの5.5倍の広さである。8カ月後の11月に建築制限は解除されたが、街区の早期形成や危険地域の住宅建設禁止を盛り込んだ各市町の復興計画に基づき建築制限を継続させている。

　震災復興における秩序あるまちづくりは、被災者の自主的な建築を制限し、完了まで長い期間を要する。そのため、被災者が自分の住宅や店舗、工場を再建できず元の生活や営業を再建できなくなる。実際、建築基準法に基づく建築制限を実施している宮城県内7市町の被災者や事業者の間に困惑が広がっている。新築や改築が禁止され、工場や商店の再開に見通しが立たないのである[18]。

そのためか、郊外の大型店は復興需要で活況を呈するが、中心市街地の商店街は廃業する業者が続出している。阪神・淡路大震災の復興における性急な都市計画が、被災者の生活と営業の再建と矛盾した現実をもたらしたことをみれば明らかである。

　建築制限する場合、復興まちづくりにおいて重要なことは、公共の責任によって被災者がその地域で住み生活し営業できる仮設住宅・工場・店舗・医療福祉施設など仮設市街地が必要なのである。それが出来ない場合、建築制限を一律に実施すべきでない。なぜなら被災者の願いは、元の地域に戻り暮らすことであり、被災者こそ復興まちづくりの主人公だからだ。その点、岩手県は、建築基準法による建築制限を実施していない。津波浸水地域で危険な区域を建築基準法第39条の「災害危険区域」に指定して建築制限を適用する条例を市町村に求めている。しかしそのような条例を制定した市町村はなく、事実上、個人の建築は自由である。

　次に土地区画整理や住宅の高台移転政策の実現可能性の問題を見てみよう。宮城県は、表9のように、人口61万人を擁する県内沿岸7市5町内の85地区と、被災市街地復興土地区画整理事業26地区、高台への防災集団移転促進事業59地区の復興まちづくりの基盤整備費などの合計金額を2兆1,079億円と試算した。国の負担8,064億円（38％）、県の負担3,983億円（19％）に対し、市町村の負担が8,591億円（41％）と、12市町の2010年度当初予算2,158億円の4倍にも達している。

　このように県や市町村の負担が過重であるのは、現行の土地区画整理事業制度が国の補助率50％、防災集団移転促進事業の補助率75％で、いずれも限度額が設定されているためである。政府は、2011年度第3次補正予算案で用地造成費は全額国負担とし、地方負担をなくす方針である。だが現行の「防災集団移転促進事業」では、国の補助上限が1戸当たり1,655万円である。約2,400の対象世帯がある仙台市では、被災者の自己負担が3,000万円に達するといわれている。

　特に国による被災地の土地の全面買収については、「公的負担で利用価値の乏しくなった土地を取得するという難点と、被災者が他の地域に移転した場合、地域の再生や復興には直接つながらないという難点がある」（東日本大震災復興構想会議「復興への提言」）と消極的である。

表9　宮城県の復興まちづくりの基盤整備費の試算　　　　　　　　　　　　　　単位. 億円

事業名	総事業費	国負担 （　）割合	県負担 （　）割合	JR等 （　）割合	市町村負担 （　）割合
被災市街地復興土地区画整理事業（1,640ha、28,800戸）	5,850	1,681（28%）	26（1%）	48（1%）	4,095（70%）
防災集団移転促進事業（772ha、13,900戸）	4,250	1,420（33%）			2,830（67%）
国道・県道・市町村道	3,223	1,289（40%）	558（17%）		1,376（43%）
JR線	720	168（23%）	151（21%）	393（55%）	8（1%）
防災緑地等	7,036	3,506（50%）	3,248（46%）		282（4%）
合計	21,079	8,064（38%）	3,983（19%）	441（2%）	8,591（41%）

資料．宮城県知事村井嘉浩委員の復興構想会議に提出した資料

　住宅の高台移転などの再開発事業は、この事業を担う不動産開発業者に対する低金利融資や法人税の免除、農地の宅地転用等土地利用規制の大幅緩和が計画されている。これらは、民間大資本を支援して被災地を儲けの対象にするが、いままで暮らしていた高齢者、低所得者、中小零細業者など社会的弱者は住めなくなり、人口減少と地域衰退を招く危険性がある。そもそも宮城県知事のトップダウンによる、広範囲にわたる建築制限区域の指定と土地区画整理方式が、大震災の復興計画にふさわしいものなのか再考すべきであろう。

　次に、図1にある石巻市雄勝町を事例にして、宮城県の「防災集団移転促進事業による高台移転」ありきのトップダウンのまちづくりの計画が、いかに被災者の生活再建と被災地の再生を妨げているかを検証する。その理由は、宮城県石巻市雄勝町の復興が、第1に、「平成の大合併」で広域化した自治体が、はたして復旧、復興の課題を遂行できるのか。第2に、被災者の意思とニーズに基づかない復興は、被災者の生活再建と被災地の再生につながらない、という問題を提起しているからである。以下、順に考察する。

　大震災の半年後に毎日新聞が実施した被災地首長アンケートによれば、復興に向けた最大の障害・課題は、「自治体の事務能力や人員の限界」である。宮城県石巻市の亀山紘市長は「今後は一層、膨大な事務量が発生し、現在の市職員体制では復興事業の執行は実質的に不可能」という。石巻市は死者・行方不明

者が計3,832人（2011年12月7日現在）に上り、市町村単位では最大の5,654ha（国土交通省調べ）が浸水した。市職員は約1,700人にすぎない。震災直後から関西広域連合などを通じ、他自治体の職員延べ約5,890人が応援に駆けつけた。しかし、復興事業が本格化する中で人手不足は深刻である。特に、技術職員や仮設住宅を回る保健師の不足が際立っている。市と県の試算を合わせると不足要員は241人に上るという。

　石巻市の復興計画で見込む総事業費は10年間で約2兆円であるのに対し、一般会計予算規模は年収約700億円である。市は2012年度に職員定数増員を検討する方針だが、人件費増がたちはだかる。公共事業削減が進む中、各自治体とも技術職員を減らしてきた。「ただでさえ少ない専門職員を長期派遣してもらうのは厳しい」（市建設部幹部）現実があり、人手不足を解消する妙案は見あたらない[19]。

　以上のような人員不足は、2005年4月の旧石巻市と雄勝、牡鹿、北上、河北、河南、桃生の6町の合併にまでさかのぼる。石巻市は、合併時の人口は宮城県内では仙台市に次ぐ約16万9,000人。合併後の行政改革で、職員と議員の定員削減、支所・公民館の統廃合、保育所の統廃合と民営化、中学校や給食センターの統廃合、ゴミ収集業務の民間委託、本庁を含めた組織のスリム化などがすすめられた。そのため職員は、合併前の2,111人から合併後は1,717人へと394人も削減され、特に旧町は859人から469人に390人も削減された（表10）。議員も127人から32人へ大幅に減少している（表11）。

　1995年に地方分権一括法により合併特例法の改正が行われ、合併特例債などの財政支援措置がなされる一方で、地方交付税の大幅な削減（地方交付税への依存度の高い小規模自治体にとって打撃となった）など政府のアメとムチの政策に

表10　石巻市合併前後の職員数

職員数	石巻市（本庁）	河北町（支所）	雄勝町（支所）	河南町（支所）	桃生町（支所）	北上町（支所）	牡鹿町（支所）	合計
2004年4月1日	1,252	172	129	188	101	98	171	2,111
2011年4月1日	1,248	94	62	109	59	50	95	1,717
比　較	▲4	▲78	▲67	▲79	▲42	▲48	▲76	▲394

出所．石巻市役所人事課資料

表11　石巻市合併前後の議員数

議員数	石巻市	河北町	雄勝町	河南町	桃生町	北上町	牡鹿町	合計
2004年4月1日	29	20	14	20	16	14	14	127
2011年4月1日				32				32
比較								▲95

出所．石巻市議会事務局資料

よって市町村合併が推進された。

　平成の合併の結果、1999年3月31日に全国で3,232であった市町村は、2010年3月31日には1,727と約半数にまで減少した。被災地宮城県も71市町村から35市町村に51％も減少している。岩手県は59市町村から33市町村に44％、福島県は90市町村から59市町村に34％減少している。

　筆者は、大震災後の2011年5月4日に石巻市雄勝町を訪れた。雄勝町は、リアス式海岸の豊かな漁場と青い海の美しい町であった。だが、この地形が、津波による被害を拡大した。津波が湾内に入ると急激に高まり甚大な被害を出した。震災前の雄勝町人口は4,366人（約1,640世帯）、うち約1,800人は漁業世帯で約100人が硯石の生産・加工に従事する世帯である。

　雄勝町の主たる産業は水産業であるが、表12のように1960年の2,829人から1995年の796人に減少している。農林業も544人から17人に激減している。とこ

図1　石巻市雄勝町

第9章　東日本大震災の「開発・成長型復興」と「復興災害」

表12　雄勝町産業別人口

	水産業	農林業	第二次産業	第三次産業	合計
1960年	2,829 56.4%	544 10.9%	869 17.3%	771 15.4%	5,013
1995年	796 28.7%	17 0.6%	832 29.9%	1,133 40.8%	2,778

資料.「国勢調査」より作成

ろが第二次産業の硯生産・加工などは、同年の869人から832人とあまり変わらず、人口の占める割合も17.3％から29.9％に上昇している。雄勝町は、硯の生産量が日本一、硯は600年の伝統を誇る伝統工芸で、雄勝スレートは国の重要文化財の東京駅の屋根材として使われている。しかし町内に10カ所ほどあった硯工場は津波に流され、硯職人も9人から6人に減っている[20]。

　雄勝町の小さな漁村である名振地区の人口は189人（90世帯）、7割が65歳以上の高齢者である。南アメリカのエビ漁やカツオ、マグロ船などの元船員と年金生活者が多数を占める。現在は、沿岸漁業で生計を立てる。この集落は、ウニ、アワビ、ワカメの養殖、底引き網（カツオの餌となるイワシ漁）、刺し網（雑漁）の漁業のもとでコミュニティが成り立っていた。地区の共有財産として禁漁区をもうけ、年間約1,000万円の収入を見込む漁業者もいる。この財産によって、漁業に必要なクレーンや機械設備、そして冠婚葬祭や祭り清掃の費用に充てる。豊かな自然が地区の資源であり宝の海でもある。地区は、東、中、西、小浜の4組で構成され人と人とのつながり、助け合いを大切にしてきた。だがこの地区も約60人しか戻れていない。

　まちの復興には、生活の糧となる仕事と、食料品や日用品を提供するコンビニや商店、郵便局（銀行業務も兼ねる）、学校や病院が必要である。雄勝町は漁業の再建が求められるが、宮城県は名振など字単位の漁港を廃止し大規模な漁港に集約する方向である。これではコミュニティ単位で成り立っていた漁業の経営が困難となる。さらに雄勝町と他の被災地との決定的な違いは、唯一の病院であった雄勝病院が被災し、震災前からいた医師2人を含むスタッフ24人が死亡し、震災で市立雄勝病院や民間診療所の全てが全壊し無医地区となったことである。住民の強い願いにより、2011年10月に医師1人（内科専門医師の不

在)、看護師3人、事務職員1人の5人体制の診療所が開設したが、震災以前の医師2人、歯科医1人、看護師などスタッフ37人の病院と比べると、脆弱な体制の運営となっている[21]。

　少子高齢化が進行した地域は、病気やけがをする割合が高くなるにもかかわらず、合併や大震災によって医師やスタッフ不足によって縮小され、地域そのものの存亡が危惧されるに至っている。雄勝町のような風光明媚で豊かな漁場、そして硯などの伝統工芸を有する個性ある地域文化が失われようとしているのだ。

　以上のような、地域や漁業、病院などの再建の障害となっている大きな要因が合併である。旧町単位で設置された総合支所は、合併前に比べ大幅に少ない職員が震災対応を迫られ、被災者の意思やニーズが市や県に反映されにくいという問題をもたらした。石巻市も、市域が広域化しているため、被災者の意思やニーズを十分に把握できず、県に反映することも困難であった。

　雄勝町の復興の障害となっているのは、以上のような合併問題だけでなく、宮城県や石巻市のトップダウンの復興計画がある。2011年から12年にかけて、宮城県と石巻市の復興計画をヒヤリングした時、これでは雄勝町は再生しないのではないかと危惧の念を抱いたが、それが現実のものとなってしまった。雄勝町の中心部で電器店を営み、「雄勝町の雄勝地区を考える会」の阿部晃成によれば、住民の希望を反映しない行政の高台移転の推進によって、被災者の8割が雄勝町を出ていくという。雄勝町の復興まちづくり協議会（石巻市雄勝支所と住民有志で構成）は、2011年7月に住民アンケートを実施した。住民の回答は、「元、住んでいた地区への帰還を希望」5割超、「戻らずに出ていく」2割以下、残りが「まだ悩んでいる」であった。だがこのアンケート結果は、住民に送付されず、この住民協議会が、石巻市本庁に送った復興に関する要望書は、「早急に各地区ごと津波被害のなかった高台を要望する」と書かれ、津波被害のあった現地再建を望む住民の声は無視されていた。このまちづくり協議会は、神戸市の復興まちづくり協議会をモデルとしていたといわれるが、被災した雄勝住民の希望を反映した復興計画を作るのではなく、行政の高台移転計画を推進することを目的としていたといえるであろう。たしかに神戸市の復興まちづくり協議会が、神戸市が住民の反対を押し切って強行した都市計画の事業をスムー

スに推し進めるための「住民同意」の受け皿の性格を有していた。このことを想起すれば、石巻市の住民協議会の性格も、神戸市のそれと同様、あるいはそれ以上に行政の下請け的性格を有していたのではないか。

　雄勝町は、半島部に散在する14集落の漁村と、中心部（支所、郵便局、病院、コンビニなど）の６集落から構成され、半島部の14集落の多くは仮設住宅が集落ごとにつくられ、地区集会が何度も開かれ高台移転の住民合意が図られていた。だが、中心部の６集落では、仮設住宅が中心部につくられず、住民の大半が石巻市各地の仮設住宅に散在してしまい、地区集会を開けなかった。しかし石巻市は、以上のようなそれぞれの地域の個性や被災状況、そして復旧の実情を無視して、半島部と中心部をあわせた雄勝町一括で高台移転の計画を住民に迫るものであった。石巻市は「高台移転以外に選択肢はない」との説明のもと、「わずか２時間ほどの説明と話し合いで高台移転の住民合意」が強行された。

　だが2012年11月の住民アンケートでは、雄勝町に戻りたいと希望する人が激減し、町の人口は、震災前の人口4,300人の４割を割り込み、特に中心部では被災した592世帯1,598人のうち、１割以下の58世帯124人しか元の地域に戻らないこととなった[22]。中心部の住民が、高台移転する意思がないにもかかわらず、高台移転に合意したのだろうか。「自分ひとりが反対しても仕方ない」、「むしろ皆に迷惑がかかる」、「行政がそう言っているから」という心理が働いていたのではないか。このように自分の意見を主張しないのは、東北など地方の「ムラ意識」にあると言われるが、私は日本社会全体にある意識であると思っている。何故か。それは、原発問題に象徴的にあらわれているからだ。

　北澤宏一によれば、「過去50年間、日本の原発に責任を持っていた科学者、専門家といわれる人たちは、個人的には『安全神話に囚われた自縄自縛状態』を危惧していたが、一人声をあげても無駄なこととあきらめ、全体の大きな惰性的流れに身を任せる保身的な人であった」[23]という。つまり科学者・専門家ですら、全体の大きな流れが破局（カタストロフィ）に至ることがわかっているにもかかわらず声をあげなかったのだ。

　いずれにせよ、復興まちづくりの問題の核心は、今回の地震と津波被害から住民の生命と財産を守るためのまちづくりをどう構想し計画するかである。かつて柳田國男は、明治三陸大津波（1896年）から25年後に三陸地方を旅し「雪国

の春」を著した。安全のために「元の屋敷を見捨てて高みへ上った者は」経済的利便性を欠いたために「それ故にもうよほど以前から後悔して居る」。「之に反して夙に経験を忘れ、またそれよりも食ふが大事だと、ずんずん浜辺に近く出た者は、漁業にも商売にも大きな便宜を得て居る」[24]と述べ、住環境の安全性と経済の矛盾を指摘した。

　最も重要なことは生命を守ること、つぎに財産を保全することである。「津波が来ても被害を受けない」巨大な防潮堤のまちづくりは、今回の想定外の自然災害で脆くも崩れ去った。むしろ大切なのは、「いつでも避難できるまちづくり」であり、財産を失っても生命は守るまちづくりである。災害で失われた財産は、立法政策によって回復可能である。それゆえ高台移転を一律に否定するわけではないが、地域の伝統や暮らし方、住民の意向など実情にあったまちづくりを構想・計画することの方が現実的であり復興への近道であろう。その場合、市や県、国が、被災地の住民の意向を尊重し全面的な支援を行うとともに、住民に寄り添い信頼されるプランナー、弁護士、大学研究者などによる中間支援組織が必要であろう。

第4節　東日本大震災の「復興災害」

　東日本大震災の「復興災害」は、ＴＰＰの問題、すなわち農林漁業のさらなる衰退の促進、国民皆保険制度の崩壊、ＴＰＰ加盟国から外国人流入による失業者増大や、原発再稼働に道を開いた原子力規制委員会の新基準（2013年4月）の問題、行政の「原発事故子ども・被災者支援法（2012年6月）」の不作為による実質的な支援活動の遅滞の問題などがあるが、以下では、有事や国防、国土強靱化などに関わる主要な問題を検証する。

　第1は、フクシマ原発事故を契機に、「原子力基本法」を改定して安全保障条項が挿入されたことである。「原子力の憲法」といわれる原子力基本法が、「原子力規制委員会設置法」（2012年6月成立）の付則で変更され、国会でほとんど議論されぬまま「安全保障に資する」の文言が加えられた。基本法の変更は、原子力の研究や利用を「平和の目的に限り、安全の確保を旨として、民主的な運営の下に」とした基本法2条に1項が追加され、原子力利用の「安全確保」

は「国民の生命、健康及び財産の保護、環境の保全並びに我が国の安全保障に資することを目的として」行うとした。このことは、国際社会では日本は核武装する可能性をもったと解釈される。

前泊博盛によれば、「原子力基本法」に、「我が国の安全保障に資することを目的として」という文言が挿入されたのは、原子力利用について憲法判断や法的コントロールが及ばない可能性を示唆するものであるという。なぜなら、かつて最高裁は、1959年のいわゆる砂川事件裁判において「安保条約のごとき、(略)高度の政治性を有する」ものについては、憲法判断が出来ないという判決を下したからである。つまり、この判決により「国家レベルの安全保障」に関しては、法的コントロールが及ばないことが確定したのである[25]。

第2は、自民党の「国土強靱化基本法(案)」にみられる問題である。この法案の趣旨は、国土強靱化の基本として次の3点があげられている。①戦後の我が国の国土政策と経済政策が、経済等過度の効率性の追求と過度の集中を生み国土の脆弱性をもたらし、東日本大震災における甚大な被害をもたらしたとして「多極分散型の国土の形成」を図る。②経済の停滞、少子高齢化の進展、人口減少等の課題の解決に資するため「国土の均衡ある発展」を図る。③大規模災害を未然に防止し、及び大規模災害が発生した場合の被害の拡大を防ぐとともに、大規模災害が発生した場合における我が国の政治、経済及び社会の活動を持続可能なものとする。

この法案の問題は、第1に、原発を廃炉にするのではなく、原発を前提とした「国土強靱化」になっていることである。この法案の目的が、「国土の保全と我が国の政治、経済及び社会の活動を持続可能なものとする」であるならば、原発の廃炉こそが国土の「強靱化」になる。なぜなら今回のフクシマ原発事故では、福島県のみならず広域にわたり放射能汚染による被害が出ている。また首都圏までもが被災し、日本の国そのものが危機的状況に陥る恐れすらあった。このような危険な原発のある国土では、いくら立派なインフラを造ったとしても国土強靱化にならない。

また国土強靱化は次のような「復興災害」をもたらしている。安倍政権が、10年間で200兆円もの公共事業といわれる「国土強靱化」を打ち出し、政府が全国で公共工事を大幅に増発(前年度当初比16%増)した結果、被災3県以外の業

者がそれぞれの仕事に追われ、復旧工事を巡り、被災3県の建設業者が、県外の業者から下請け工事等への協力を断られるケースが増え始め、被災地の復興に支障をきたしている。さらに2020年の東京オリンピックは、この傾向に拍車をかけるであろう。

　毎日新聞社の「震災復旧工事に関する被災3県大手建設業者へのアンケート結果」によれば、「一緒に仕事をしてきた被災地外の業者から、今年に入って地元で公共工事が増えていることを理由に、仕事を断られたことがあるか」との質問では13社が「ある」、14社が「聞いたことがある」、22社が「ない」との回答であった。また「今後も全国で公共工事が増えることで、被災地の人手不足に拍車がかかるという不安があるか」との質問では、35社が「ある」、14社が「ない」と答えている[26]。

　第3に、「国土強靱化基本法（案）」と有事法制の危険性である。法案は、「国土の強靱化に関する施策を総合的かつ計画的に推進するため、国土強靱化国民運動本部等を設置する」、「国は隣保協同の精神に基づく国民の自発的な防災活動に対する支援を講ずるものとする」など、戦前の大政翼賛会を想起させるような発想や思考がみられることである。

　間宮陽介も「国土強靱化基本法は、コンクリートによるコンクリートのための公共事業計画であると同時に、有事に備える有事法制でもあるという二面性をもった法律である」と指摘する。「国防にせよ防災にせよ、下手をすれば大惨事を招きかねない事態を想定して対策を講じようとすれば、対策は資源、法律、さらには国民の精神生活までも巻き込んだ総動員体制となりやすい。しかもいざというときには事は迅速を要するために指揮系統は上意下達となり、平時においても緊急時に備える必要があるから、『戦時』が平時に滑り込む」。それゆえ「国土強靱化基本法は、有事法制の非軍事版である。大災害という緊急事態を想定し、それに備えてコンクリートで人を守る準備を整える。そしていざ有事の場合には『国家及び社会の諸機能の大体制の確保』を図る。非軍事的基本法は軍事基本法に転用可能、少なくとも後者への地ならしをすることは可能である[27]。

　第4は、現憲法の「平和主義、国民主権、基本的人権の尊重」の理念と対立する自民党の憲法改正草案である。ここでも地震等による大規模な自然災害に

対処することが理由の一つにあげられている。たとえば自民党草案の第98条では「内閣総理大臣は、我が国に対する外部からの武力攻撃、内乱等による社会秩序の混乱、地震等による大規模な自然災害」などにおいて「緊急事態の宣言を発することができる」と規定されている。第99条で「緊急事態の宣言が発せられたときは……内閣は法律と同一の効力を有する政令を制定することができるほか、内閣総理大臣は財政上必要な支出その他の処分を行い、地方自治体の長に対して必要な指示をすることができる」とされている。これらの緊急事態条項は、関東大震災の戒厳令や治安維持法の焼き直しというべきものである。緊急事態条項は、非常事態への対処を理由に、権力を内閣に集中させ、「独裁的な体制」を構築しようとするものである。それは、近代憲法の骨格ともいえる立憲主義、権力分立原理、人権保障を骨抜きにする。本来、憲法とは、主権者である国民が、国家が横暴を行わないように縛りをかける最高法規である。それは憲法99条の「天皇又は摂政及び国務大臣、国会議員、裁判官その他の公務員は、この憲法を尊重し擁護する義務を負う」に明文化されている。だが自民党草案では「全て国民は、この憲法を尊重しなければならない」とあり、国民に順守義務が課せられ、立憲主義を否定するものとなっている。

注
(1) 日本経団連「震災復興に向けた緊急提言」2011年3月31日、御手洗冨士夫・前日本経団連会長「今は東北を復興特区に位置付け、産・官・学の連携で新しい日本をつくるとき」『財界』2011年6月21日号。経済同友会「東日本大震災からの復興に向けて〈第2次緊急アピール〉」2011年4月6日。
(2) 「神戸新聞」2013年9月10日、2014年2月20日（「復興庁によると、2013年9月現在で震災関連死とされた人の約9割が66歳以上」である）。「毎日新聞」2013年9月8日、2013年12月17日。
(3) 帝国データバンク「東日本大震災関連倒産」（発生から2年）の内訳と今後の見通し
www.tdb.co.jp/report/watching/press/p130302.html
(4) 「東日本大震災から2年、被災者の孤独死・家庭内暴力が激増―中国メディア」2013年3月12日（www.recordchina.co.jp/group.php?groupid=70231）。
(5) 額田勲『孤独死』岩波書店、1999年、44ページ。
(6) ＮＨＫ総合テレビ「シリーズ東日本大震災　助かった命が　なぜ？」2011年11月13日。
(7) 内閣府「阪神・淡路大震災教訓情報資料集」
www.bousai.go.jp/kyoiku/kyokun/hanshin_awaji/data/index.html/
(8) 「朝日新聞」2011年5月28日。
(9) 「長崎新聞」2012年9月12日。（www.nagasaki-np.co.jp/news/mizusora/2012/09/12100010.shtml）

(10) 「朝日新聞デジタル」2013年8月31日。
（www.asahi.com/national/update/0831/TKY201308300509.html）
(11) 『財界』2011年6月21日号。
(12) 「毎日新聞」2011年6月11日。
(13) 「河北新報」2011年4月18日。
(14) 宮城県と岩手県の仮設住宅の比較分析は、相川俊英の次の文献を参考とした。相川俊英「仮設住宅建設立ち遅れの裏に地域実情ないがしろの『官の論理』」『週刊ダイヤモンド』2011年6月4日号。
(15) 「週刊東洋経済」2011年10月22日号。
(16) 日本銀行仙台支店「東北地域における東日本大震災後の生産動向」2011年9月9日。
(17) 「毎日新聞」2013年9月26日。
(18) 「河北新報」2011年7月18日。
(19) 「毎日新聞」2011年12月11日。
(20) 「河北新報」2011年5月4日。
(21) 高橋健介「東日本大震災後の宮城県石巻市雄勝地区における保健福祉医療システム再構築についての調査報告書」2011年4月27日。
(22) 阿部晃成「復興計画がさえぎる故郷の未来―石巻市雄勝地区の高台移転問題」『現代思想』青土社、2013年3月号。
(23) 東京大学名誉教授・科学技術振興機構前理事長・北澤宏一「再稼働される原発のリスクと再生可能エネルギーの世界の情勢」市民社会フォーラム主催、2013年8月30日。
(24) 柳田國男「雪国の春」『柳田國男全集　第3巻』筑摩書房、1997年、695ページ。
(25) 前泊博盛『日米地位協定入門』創元社、2013年。
(26) 「毎日新聞」2013年9月8日。
(27) 間宮陽介「国土強靱化基本法案を批判する」『世界』岩波書店、2013年7月号。

第3部

憲法復興学

第 10 章

大恐慌、戦争と憲法

　憲法復興学の構築のためには、憲法復興学が過去の災害復興の経験や知見をもとに構築される「経験科学」としての性格を有しているため歴史的考察が必要となる。わが国は、近代以降、度重なる地震や災害に遭遇しているにもかかわらず、憲法復興学という学問が構築されなかった。それは、戦前が軍国主義と「滅私奉公」のイデオロギーのもと、被災者の生命や生活よりも天皇制「国体」が重視されたためである。戦後は、経済効率が最優先され、「個人の人間としての尊厳」や「生存権」など人権や民主主義が十分に尊重されなかった。

　日本国憲法は、戦前の暗黒と侵略の政治を反省し、二度と不幸な歴史を繰り返してはいけないことを誓い制定されたが、以下のような歴史的経緯を確認しておくべきであろう。戦前の日本は、「超国家主義」の天皇制中央集権主義体制のもとで、文明開化、富国強兵によって西欧先進諸国に「追いつき、追い越す」ことを目標としてきた。そして、日清戦争、日露戦争、第一次世界大戦、第二次世界大戦と、約10年おきに戦争を引き起こした。だがその過程は、社会ダーヴィニズムの強者の論理、貧困と格差の拡大、民主主義の空洞化と独裁政治への道でもあった。

　1929年に発生した米国の大恐慌は、1930年に日本に波及した。当時の日本政府は、「対外競争力をつけるべく、日本経済を徹底して整理する」として緊縮財政政策をとったため、株価・物価も大暴落する。国民総生産は、1929年を100とすると、30年＝89.1、31年＝80.6、32年＝82.8と落ちこみ、失業者数は250万から300万人にも達し、農村も極度に疲弊する。この大恐慌を一つの契機として、そ

の後の強権政治へと突き進む。

　1931年に関東軍の参謀らが柳条湖の満鉄線路を爆破する満州事変、1932年には海軍青年将校らが「問答無用」とし犬養首相を射殺する「5.15事件」が起きている。1936年に皇道派青年将校らがクーデターを決行し高橋蔵相を殺害する「2.26事件」が起き東京市に戒厳令が布告される。1938年、政府に、人的・物的資源、資本、貿易、事業、出版を勅令により統制する広範な権限を認める白紙委任立法である国家総動員法が公布される。1940年に日独伊三国同盟調印。同年に大政翼賛会発足、政党の事実上の否定であった[1]。1941年には太平洋戦争が開始され、その顛末が、2,000万人ものアジア人と300万人の日本人の戦争犠牲者とヒロシマ・ナガサキの被爆というカタストロフィであった。

　憲法は、世界が経験してきた幾多の試練の中からつくりだしてきた思想と実践をもとにつくられている。憲法の成立には、直接的には日本を占領していた連合国軍総司令部（GHQ）の憲法草案が、決定的な影響を与えたといわれる。だがGHQの憲法草案のモデルとなったのが、戦前の軍国主義の下で言論や思想の自由を弾圧されていた知識人、ジャーナリストなど在野の人々で構成される憲法研究会（高野岩三郎、杉森孝次郎、森戸辰男、室伏高信、岩淵辰雄、鈴木安蔵、馬場恒吾）が提案した憲法草案要綱であったことは注目される。この要綱は、植木枝盛の私擬憲法などの自由民権運動や大正デモクラシーでの議論、フランス人権宣言、アメリカ独立宣言、ワイマール憲法などの影響を受け、国民主権、生存権を含む基本的人権の保障、平和思想などが盛り込まれていた。

　GHQのラウエル中佐・法規課長も、「この憲法草案に盛られている諸条項は、民主主義的で、賛成できるものである」と評価し、要綱に欠けていた憲法の最高法規性、違憲法令（立法）審査権、最高裁裁判官の選任方法、刑事裁判における人権保障（人身の自由規定）、地方公務員の選挙規定等の原則を追加して、「私的グループによる憲法草案に対する所見」を提出、これにコートニー・ホイットニー民政局長が署名しいわゆる「ラウエル文書」が作成された[2]。

　GHQが、日本の在野の憲法研究会の憲法草案要綱を理解し生かそうとしたのは、彼らがGHQのなかでも民政局、その主流を占めたニューディーラーたちであったことだ。ニューディーラーとは、ルーズベルト大統領が打ち出した「ニューディール政策」を積極的に担った人たちである。「ニューディール政策」

は、ルーズベルト大統領が、1930年代に大不況を打開するために打ち出した新政策を指す。当時、失業者は、労働人口の30％にあたる約1,300万人にも達し、1933年にはＧＮＰが約30％も減少していた。「ニューディール政策」は、それまでの古典的な市場主義の自由放任の経済政策を改め、政府の金融財政政策によって有効需要をつくりだすとともに、投機が行われないよう銀行業と信用及び投資の厳格な監督、労働組合の団結権、団体交渉権の保障、労働時間・最低賃金率の規制、そして農業保護、社会保障を法制度上認める社会民主主義的な新しい政策であった。

　二宮厚美によれば、ニューディールは世界的大恐慌と大不況のなか、一方でのファシズムの脅威、他方での社会主義ソ連の台頭、この両者の狭間のなかでアメリカが選び取った選択であった。いいかえると、30年代のアメリカは、第１に深刻化する不況、失業、貧困・格差問題にどう立ち向かうか、第２にナチスの独裁・恐怖政治とどう対決するか、第３に社会保障では先進をいくソ連にどう競り勝つか、この３つの課題に対する解答がニューディールの社会改良であった。戦後日本にやってきたニューディーラーが、憲法草案の作成に当たって直面した課題も、基本的にはこれにほぼ近い３つの問題であった。第１は、荒廃と貧困にあふれた敗戦直後の日本をどのようにたて直すか、第２は天皇制ファシズムと軍国主義の根をいかにして断ち切るか、第３は社会主義に対抗できる民主主義をどのようにうち立てるかであった[3]。

　ここで特に注目すべきは、ニューディール政策が、米国をファシズムやコミュニズムに追い込むことなく大恐慌を乗り切るために、芸術・文化政策を併せ持っていたことである。出口正之によれば、1935年に始まる第二期ニューディール政策では、雇用促進局（ＷＰＡ）を中心に連邦美術プロジェクト、連邦演劇プロジェクト、連邦音楽プロジェクト、連邦作家プロジェクトなどの芸術・文化政策が展開された。ここで大切なことは、政策担当者が、自由を求める芸術の公共性を強く認識していたことだ。……そこには人が国を作るという基本的な発想が見える。どのプロジェクトも失業者である芸術家を雇うばかりではなく、その一環として教育プログラムを実施している。大恐慌の最中にまさに芸術によって国を興そうという発想が散見され、ほぼそれは一世代の時間をかけて開花したといえる[4]。

大不況と貧困、格差、そしてコミュニティの崩壊を克服する方策はあるのだろうか。歴史を振り返れば、1920年代のアメリカは、人種、民族、宗教の経済的利害によって分断されていたが、ルーズベルト政権が、1930年代の大不況からの復興のためにニューディール政策を推進したことは注目すべきである。ニューディール政策では、平等や民主主義の社会規範が強調され、銀行と証券の分離、銀行審査と公的資金の注入、預金保証、労働組合の強化と雇用の保障、時短や賃金アップ、農家の所得保障を実施する。さらに富裕層に対する累進課税や社会保障制度、失業保険、公営住宅のような再分配政策によって貧困救済と所得格差の縮小が推進された。また、国民の希望や生きる意欲を高めるべく、文化・芸術・スポーツを振興し、その成果は「モダン・タイムス」や「オーケストラの少女」などの映画やベルリンオリンピックの好成績にあらわれた。

　特に注目すべきは、ルーズベルト政権がニューディール政策を進めるうえで「友愛」や「協同」による経済再建を重視していたことである。このことは、賀川豊彦が、米国大不況のさなかの1935年に、ルーズベルト政府と米国コールゲイト・ロチェスター神学校から招聘されていることからもうかがえる。賀川は、500回もの講演（百万人もの聴衆）の中で、「人格」(person)と「友愛」(brotherhood)による経済活動と経済社会への提言をおこない、大不況で苦しむ人々に関心と共感を持って迎え入れられたという。賀川は、自由競争資本主義とその代案としての各種の社会主義やファシズムの双方を批判し、「協同組合主義」ともいうべき「第3の道」を提起した。それは、単なる助け合いの協同組合ではなく、社会改革の決め手とも言うべき人間的意識の覚醒、「人間復興」を重視したもので教育や学習が強調された[5]。

　さらにニューディール政策において公的な住宅供給が景気回復の決め手の一つであった。住宅供給ほど、「反循環的」で景気を回復させるものはない。A. Hハンセンなどの経済学者が、そのように主張し政策が実行された。1930年代のニューディール政策によって、低廉住宅、慰安設備、公衆衛生、社会保障および社会厚生（養老年金、失業保険、母子及び寡婦の扶助等を含む）を政府が引き受けることで、国民の実質所得を高めることができ不況を克服する需要を創出できた[6]。

　たしかにニューディールの住宅政策は、景気回復に効果を発揮した。政府は、

1934年に全国住宅法により連邦住宅庁を、さらに1937年の新たな連邦住宅法により米国住宅公団を設置し公営住宅の建設を進めた。その結果、1940年には新設住宅戸数は60万3,000戸にまで回復した。ちなみに新設住宅は、世界恐慌前の1925年の年間93万7,000戸、恐慌後の1933年は9万3,000戸であることから、かなりの回復である。公営住宅の建設戸数も、それまでほとんどなかったものが、1939年に4,960戸、1940年に3万4,308戸、1941年に6万1,005戸と増加している。連邦住宅庁は、持家政策をすすめるため債権者をリスクから保護すべく、持家の建設・購入におけるモーゲージに公的保証を与えた。利子率も平均10％から5％以下にし、返済期間も3-5年から20年へと大幅に変更している。また持家所有者には、モーゲージの利子と不動産税を連邦の課税所得から控除する優遇措置を取っている。

特に注目すべきは、ニューディールにおける住宅政策が、住宅建設を通じて雇用創出や景気回復を図るだけでなく、美しいまちづくりを目的としていたことである。持家に対する連邦住宅庁の信用供与付き住宅融資の条件は、住宅の質が高く、古くなって売買されても住宅の価格が低下しないことを求めた。つまりこの条件は、住宅の機能面や構造面の縛りとともに、歴史的に評価の定まった建築様式でデザインすることであった。さらに公営住宅のデザイン性も非常に高いもので、住宅規模、採光、通風などは1920年代の最良のガーデン・アパートと同等であった、と言われている[7]。

ニューディーラーは、本国アメリカでのさまざまな利害対立の中で成しえなかった理想を日本で実践しようと考えていた。だからこそ彼らは、憲法草案作成、内務省や財閥の解体、戦犯の公職追放、地方自治改革など民主化のために大きな役割を果たすのである。以上のように憲法は、「個人の尊重」と人権、民主主義の思想、そして戦争と恐慌の恐怖から自由になるためのニューディールなどの経験をもとに創られたといえよう。

憲法がめざす国家の大筋は次のようなものであった。第1に、戦前の天皇制ファシズムと軍国主義を根絶し、平和的生存権を前提とした人権と国民主権に依拠した議会制民主主義や地方自治を保障する「平和と人権、民主主義の国家」である。

第2に、ファシズムと軍国主義の背景となった、世界的大恐慌と大不況をも

たらした古典的な自由放任の市場主義を反省し、戦災で荒廃し疲弊した国民の生活を再建し復興することである。そのために、「人間らしい生活」を保障する「福祉国家」「文化国家」を建設することであった。

現在の世界経済は、1929年以来の世界恐慌に立ち至っている。現在起こっている世界的危機は、実に古典的で、1929年の世界恐慌の時と同じだといわれる。杉原泰雄によれば、「百年に一度の危機」には、次のような対処が不可欠である。

第1に、「戦争の違法化」原則と徹底した軍縮の不可欠性の再確認である。今日、核兵器と生物化学兵器などの大量破壊兵器の集積と拡散を考慮するならば、戦争と軍備は、人類の存続をも否定する手段としての意味をもつに至っている。さらに膨大な軍事支出は、経済・財政・国民生活を破壊し、「人間らしい生活」の保障を不可能とする。

第2に、社会国家の原理・制度とその具体化の不可欠の確認である。現代資本主義憲法体制は、近代資本主義体制の場合と異なり、原則として、すべての国民に「人間らしい生活」の保障を求める「社会国家」の原理・制度を導入している。その基礎には、近代資本主義憲法体制下における「人類的な原体験」ともいうべき次のような悲惨な経験がある。

その一つは、「食えない人間は自由ではない」経験である。憲法でいくら自由の人権性を強調していても、社会国家理念を欠き、雇用関係も含めて私人相互関係を私的自治（契約の自由）にまかせている自由権中心の人権保障体制下では、その保障は、大部分の国民にとって、失業の自由、低賃金長時間労働の自由、文盲の自由、平均寿命の低下を意味していた。

もう一つは、自由権中心の人権保障体制は、資本主義体制の安定と存続を損ねるもので、その安定と存続のためには、すべての国民に人間らしい生活の保障を求める社会国家の原理・制度をもつ現代資本主義体制が不可欠である。

憲法には、「百年に一度の危機」に的確に対処するために必要な原理や制度が、比較的よく示されているという。なぜなら憲法は、「平和国家」原理を前提とした「平和的生存権」、「社会国家」「文化国家」の原理を前提としたもろもろの「社会権」、「人民の、人民による、人民のための政治」を求める国民主権に依拠した議会制民主主義や「充実した地方自治」の保障、およびそれらの具体化のための国民の不断の努力の必要性も明示しているからだ[8]。

問題は、憲法の原理・制度を現実の経済政策にどのように生かすかである。ケインズは、1929年の大恐慌と引き続く大不況の時代に、きわめて現実的で柔軟な経済政策と実践的方策を提起したが、現代においてもケインズの時代に向かう姿勢と発想は参考になるだろう。ケインズは、1924年に「自由放任の終焉」と題する講義をおこない、自由放任は第一次世界大戦後の経済状況に適合せず、国家の役割が重要になってきていることを宣言した[9]。

　その後ケインズは、世界的な大不況の最中の1933年に「国家的自給」という論文を発表している。その中で、19世紀の自由貿易論者は、競争的な資本主義と法の強制力によって守られた不可侵の個人間の契約の自由を基礎に組織され、不滅の共通した目的をもつ一つの型に収束していくと仮定していた。だが国際的であるが、退廃した個人主義的な資本主義は、しばしば戦争を経験したことから見ても成功したとはいえない。それは知的でも美しくもない。それは正しくなく有益でもない。さらに財のみならず資本と貸付資金の自由な移動を容認する経済的国際主義は、次の一世代の間に、別の体制下で達成されえたものよりもずっと低い物的な繁栄にこの国を陥れてしまうかもしれない。

　E. トッドによれば、1929年の世界恐慌は、経済のグローバル化と自由貿易の中で、最も活力あるアメリカやドイツなど産業経済諸国が、失業という点で最も打撃を受けた。政治面へのその帰結は、アメリカはルーズベルトのニューディール政策、ドイツはヒトラーのファシズムと全く異なった。現代の自由貿易が世界需要の崩壊をもたらしたため、輸出に頼る割合の高いドイツや日本、中国などの国は、自由貿易の内在的矛盾によって脅かされている。なぜなら、自由貿易でない国民経済の枠内では、生産に携わる労働者と、生産が対象とする購買者との基本的同一性が想定される。つまり企業主は、労働者の賃金を上げることが需要の拡大につながると考えていた。ところが自由貿易においては、生産はもっぱら他国に向けてなされることになり、賃金はコストとみなされる。その結果、賃金は可能な限り縮減され、労働者の購買力は低下せざるを得なくなり、必然的に内需は不足する。

　生産はますます国外に向けられ、労働者の賃金はますます縮小するが、企業は貿易によって利益を上げてますます巨大化し、富裕層はグローバル化された金融市場に参加して、さらに富裕化していく。グローバリゼーション下での格

差拡大の悪循環である。経済的格差があまりにも拡大してしまうと、民主主義の基盤たる国民の共通性・均質性は解体してしまう。現在全世界で進行している民主主義の空洞化とは、このような現象に他ならない。関税と貿易制限により自国経済を保護することによって、生産の多くが自国民に向けてなされる環境が整い、賃金が上昇して購買力が増加し内需が拡大し、以前とは別の形の別の種類の質の高い輸入増加となって世界貿易を刺激する[10]。

　ケインズは主張する。われわれは、自由放任の資本主義と呼ばれるような理想の原則に基づく同一の均衡を実現しようとする世界の力の意のままにされたくない。われわれが必要としているのは、将来の理想社会に向けての実験を有利に進めるために、そしてそれが過大な経済的コストを伴なわずに成し遂げられる範囲内で、国家的自給と経済的分離を進めるために、できるかぎり外部での経済的変化に干渉されないようにすることである。

　ケインズが特に強調したのは、第1に、急激な移行は多くの富の破壊を伴うので性急さに警告を発した。第2に、公平な批判に対する不寛容と弾圧とを批判した。戦争中に常に見られる無能さは、軍隊制度が高度に命令的であるために、比較的批判を免れることによって説明できるかもしれない。われわれが、まごつきながら向かっている新しい経済様式は、その本質において実験である。われわれは予め正確に何を望んでいるかについて明確な考えを持っていない。われわれは、進みながら発見するであろうし、経験を重ねて形づくっていかなければならないだろう。いまこのプロセスにとって、大胆で、自由で、かつ痛烈な批判が、究極的な成功の必要条件である。われわれは、時代の輝く精神の共同作業を必要としている[11]。

　以上、現代のように、複雑で多様化した社会において、さまざまな災害に対処するためには、憲法を現代の課題に生かす市民の力量が問われている。その際、最も大切なことは、性急な「改革」ではなく、地域に根ざした地道で着実な改革であり、自由で寛容な精神と学びあい育ちあう多様な場や機会をつくることであろう。

注
(1)　杉原泰雄『憲法と資本主義の現在』勁草書房、2010年、231－232ページ。

ドイツでも、強権政治が進行し、1932年にドイツ総選挙でナチ党第一党。1933年にヒトラー内閣成立。同年「授権法」成立（ドイツ国政府制定の法律は原則として憲法に拘束されない（第二条）とし、立憲主義体制を否定）。同年ナチ党一党独裁が樹立される。
(2) 小西豊治『憲法「押しつけ」論の幻』講談社、2006年。日本版ウィキペディア。
(3) 二宮厚美『憲法25条＋9条の新福祉国家』かもがわ出版、2005年、62ページ。
(4) 出口正之「ニューディール時代の文化政策の現代的意義―社会資本から文化資本充実の政策への転換―」『文化経済学第3巻第4号』2003年。
(5) 賀川豊彦『友愛の政治経済学』野尻武敏監修、加山久夫・石部公男訳、日本生活協同組合連合会出版部、2009年。
　賀川豊彦の「人格」と「友愛」は、キリスト教精神が根本にあるが、日本で協同組合を推進する場合、灌漑や地割制度などにみられる高度な協同と相互援助の日本の文化的伝統に頼っていることを率直に認めていた。彼はこの伝統が協同組合のさらなる発展のための完璧な論拠だと見なしていたことは注目すべきである（ロバート・シルジェン『賀川豊彦―愛と社会正義を追い求めた生涯―』賀川豊彦記念松沢資料館監訳、新教出版社、2007年、209ページ）。このことは、次のような記述にもあらわれている。「日本の農業土地は、細分せられ、どうしても、土地利用組合を作って、協同耕作に移す必要がある。徳川時代には、水害等にそなえて、11ケ国13藩に地割制度と云うものがあった。これは一種の農業協同組合であり、災害也救済組合でもあった。彼らは、平常は私有財産制度に依って耕作したけれども、水害にあうと、たちまち社会主義的になり、労働を共にし、村全体の地割を始め、互助友愛の精神を以って村民自らの力で、土地の回復に努力した。この優れたる協同組合を明治17年に政府は解散を命じたのである。しかし明治33年、産業組合の施行と共に、彼らは土地利用組合を組織し、徳川時代の美風を再興した。かくの如き訓練が、農民の間に出来て始めて農村における社会主義運営が可能になる」（賀川豊彦「人格社会主義の本質」賀川豊彦全集刊行会編『賀川豊彦全集　第13巻』キリスト新聞社、1964年、247ページ）。特に当時の人々が、地震や自然災害に対し協同して復興を図ったことは、今日の災害復興にも相通じるものがある。
(6) A. H. ハンセン『財政政策と景気循環』都留重人訳、日本評論社、1950年。
(7) 戸谷英世『アメリカの住宅生産』住まいの図書館出版局、1998年、101-102ページ。竹山清明『サステイナブルな住宅・建築デザイン』日本経済評論社、2009年、112ページ。平山洋介「アメリカの住宅政策」小玉徹・大場茂明・檜谷美恵子・平山洋介『欧米の住宅政策』ミネルヴァ書房、1999年、265-267ページ、281ページ。平山洋介によれば、建築家ブランツや建築史家ボマーは、アメリカの公営住宅が最良の都市住宅であることを述べているという。
(8) 杉原泰雄『憲法と資本主義の現在』勁草書房、2010年、188-189ページ。
(9) 間宮陽介『増補ケインズとハイエク〈自由〉の変容』筑摩書房、2006年、64-65ページ。
(10) E. トッド　石崎晴己編『自由貿易は、民主主義を滅ぼす』藤原書店、2010年、285-287ページ。E. トッド『デモクラシー以後―協調的「保護主義」の提唱』石崎晴己訳、藤原書店、2009年、12-13ページ。
(11) J. M. ケインズ「国家的自給」松川周二訳、E. トッド『デモクラシー以後―協調的「保護主義」の提唱』石崎晴己訳、藤原書店、2009年。

第 11 章

憲法復興学と公共政策

　憲法復興学は、第1に、災害を予防、減災するために、被害の実態と災害の原因、災害が発生する自然的社会的メカニズム、そして被災者の生活再建と被災地の再生のための災害復興政策を総合的に解明しなければならない。それゆえ憲法復興学は、自然科学と社会科学、人文科学などあらゆる学問領域にわたる知見が必要である。本書では、災害が自然的現象を契機としつつも、人為的社会的問題によって引き起こされることから、社会科学のアプローチから憲法復興学を構築することを目的としている。

　自然科学者や技術者は、災害現象を原因も含めて調査分析し、次の災害にそなえて準備するために、それぞれの専門分野を研究することが必要である。だが各分野の研究を検討し総合するのは社会科学者の任務である。なぜなら自然を対象とする科学技術は、直接被害を対象として調査分析し結論を出すのに対し、社会科学は、直接被害からそれを契機として派生していく社会的影響を分析し調査する。すなわち、被害を間接被害までを包含する社会現象として把握することを目的としているからである[1]。

　第2に、憲法復興学は、社会科学のなかでも公共政策学からのアプローチを重視する。なぜなら災害復興政策は、災害という異常時の公共政策であるという理由による。だが災害復興政策は、時の政府の公共政策と整合性を図るなど、平常時の公共政策と深いつながりを有している。たとえば、戦後日本の公共政策は、利潤を求める大企業の活動を効率的かつ円滑にすすめることで経済を成長させることを主たる目的としていた。そのために、地域の自然資源や文化資

源、そして行財政を総動員して、ダム、道路、新幹線、港湾、空港、原発と関連施設などの公共事業を優先して進めてきた。これらの公共事業により、鉄鋼やセメント、自動車、土木建設、金融などの産業の成長につながった。阪神・淡路大震災、東日本大震災の復興も、平常時の公共政策の延長線上であり、あるいはそれをバージョンアップしたものであった。そのため災害復興政策は、「政・官・財（業）・学・マスメディア」などの「利益共同ムラ」によって歪められた政治・行政を反映し、被災者の暮らしの再建と被災地の再生につながらず持続可能な社会を展望することができない。むしろ財政危機を深化させる不要・不急の大型公共事業や原発再稼働、原発輸出、そして特定秘密保護法や、自民党の「憲法改正草案」にみられるように戦争国家へ向かう危険性を胚胎させている。

　本来、公共政策学は、政府・自治体が主体となり、社会保障政策、環境政策、労働政策、産業政策、都市・地域政策、資源・エネルギー政策、外交政策、教育・文化政策など法的裏づけや予算措置された制度化された公共政策と、市民やＮＰＯ、企業などが「公共的課題」を解決すべく自主的・主体的に取り組む制度化されない公共政策を対象とする[2]。一方、憲法復興学は、地域の自然や歴史、文化的伝統などをふまえつつ、被災者の生活再建と被災地の再生、そして防災など人間生活のあらゆる分野を対象としつつ、且つ総合的で計画性、地域性が求められる公共政策を対象とする。それゆえ復興政策で問われているものは、災害復興における公共性とは何かである。災害復興における公共性の度合いが、限られた復興資源のなかで復興政策の優先順位を決めるのである。

　池上惇によれば、公共性とは、人間の尊厳、人権、民主主義、平和という憲法的価値をくらしの中に生かす住民の力量をサポートする共同と協力の人間関係とそれらを公然とみとめる法、行政システムである。憲法をくらしの中に生かす法と行政をつくりだすには、住民と専門家とが学びあい連携しあうコミュニケーションとネットワークが必要である。人権と民主主義の実現を求めるネットワーキングの構築には、総合性・科学性・計画性・地域性ということが必要であり、この４つが公共性の指標となる。人権、民主主義、平和などの憲法的価値は、「仕事をおこす」、「地域をつくる」、「文化を高める」、「人を育てる」という方法で実現すべきだと言うのである[3]。この公共性理論は、憲法復興学に

とって重要な視点であるといえよう。

　さらに災害復興政策にとって欠かせない点は、市民が自らの将来と地域や国の改善に自分が参加しているという感覚を共有することができるかどうかかかっている点である。自分こそが当事者であるという感覚は、工場を多くつくることでは得られない。しかし、豊かな想像力の下に構築され、知性あふれた指導に基づいて、多くの一般市民や事業体を引き込んで実施される統合的地域資源の改善事業であれば、この感覚を得ることができる。何よりも、人々は具体的な達成を通じて共通の目的に身をささげる喜びを体感できるに違いないからである[4]。

　ここでは、平常時における住宅や医療、失業保険、教育などの公共政策の水準が、災害復興における被災者の生活再建の水準を規定していることを検証する。それゆえ復興は、生活の基盤を失った被災者の生活再建と被災地の再生のために、平常時以上の特別な予算をかけ人員を動員し、組織をつくり全力を挙げて集中的に取り組むとともに、復興を契機に平常時の公共政策（社会保障など）の水準を向上させることが求められる。

　以上の問題は、阪神・淡路大震災の復興において次のような形で現れた。阪神・淡路大震災の被害は、主に建物の倒壊によって生じたため、被災者の暮らしの再建は、住宅（小規模の店舗・事務所・工場付き住宅を含む）と生活、生業の再建のための公的な個人補償が必要であった。だが、政府や被災自治体である兵庫県、神戸市も、自助努力を強調し、個人補償は私有財産制度の建前からできないと一貫して消極的であった。

　その理由は、戦後、日本の住宅政策が、「自助・自立」のイデオロギーのもと、持家に偏重し、経済成長や景気対策として位置づけられ、「人間らしい生活」を実現するための安全で住み心地よい住空間、すなわち人権を保障するものと位置づけられてこなかったからである。このような政策が、大震災で生活基盤を失い、自助努力で回復不可能な被災者に対しても「自助」の原則を強いることになり、復興がすすまない閉塞状況をつくりだしたのであった。

　地震は、人々を平等に襲うが、災害は貧困や格差をつくりだす政治や経済、社会の歪みを映し出す。戦後日本は、経済成長第一主義のもと、住宅や福祉、安全、環境、コミュニティなどの生活インフラよりも、道路、ダム、港湾、新

幹線、空港、原発などの産業インフラを優先したため、地域間、社会階層間の格差をつくりだしてきた。

　たとえば、阪神・淡路大震災の被災地神戸という都市は、低所得者層や高齢者層が滞留するインナーシティ問題をかかえていた。インナー地域では、戦前の住宅率が高く、建物の老朽化にもかかわらず改修・改善などが進んでいなかった。1993年の総務庁の「住宅・土地統計調査」によれば、1993年現在で1960年までに建築された家屋は、市内全体が14.4％であるのに対し、インナー地域の長田区32％、兵庫区30％とその割合が高くなっている。家屋倒壊率は、市内全体で16.1％であるのに対し、長田区34.6％、兵庫区21.9％であり、老朽家屋の多い区ほど倒壊率が高い。1995年度版の「防災白書」によれば、一次災害の死者は5,502人、死亡原因は老朽家屋等の倒壊による圧死、窒息死が88％、焼死10％となっている。

　さらに1996年5月に兵庫県が公表した応急仮設住宅入居者調査（調査世帯数4万2,688、有効回答数3万7,176）によると、仮設住宅に居住する人の57％が年収300万円未満であり、震災前の居住形態は民間借家45％、老朽家屋の持家27％であった。つまり公営住宅の入居資格のある低所得者層は、公営住宅の数が絶対的に少ないため、民間の老朽化した住宅に住まざるをえず、多くの犠牲者を出したのである。したがって大震災から引き出すべき教訓は、既成市街地に安全かつ快適な公営住宅を建設することである。

　東日本大震災の復興においても、平時の公共政策の問題が被災者の生活再建の困難となって現れている。政府は、ここ20年ほどの間、国際競争力強化を最優先し、規制緩和、民営化、社会保障（雇用保険、医療、生活保護などの福祉）の水準を低下させてきたが、そのことが、東日本大震災の被災者の救済と生活再建の足かせとなっている。

　この問題を雇用保険と医療を例に検証しよう。わが国の雇用保険制度は、在職時の給与の5～8割を受け取ることができるが、2000年の法改正によって自己都合退職の場合の所定給付日数が最長330日から180日に大幅に短縮されるなど切り下げが行われてきた。そのため、1975年においては失業者中の受給率が87％であったものが、現在では、失業者の2割程度しか失業手当を受給できておらず、失業者の生活保障機能を十分に果たし得ていない。そのため、雇用保

険制度は、東日本大震災における大量の失業者の救済に役立たなかったのである。

　2011年6月時点で、被災3県（岩手、宮城、福島）の有効求職者数は16万4,285人で、有効求人数は8万6,626人しかなかった。雇用保険の基本手当（以下、「失業手当」という）の受給者実人員は7万6,978人に上った。そのため厚労省は、「失業手当について、東日本大震災に対処するための特別の財政援助及び助成に関する法律によって、個別延長給付の特例措置（最大120日延長）」をとった。だが実際には延長分を含めても給付日数が210日間しかない人が多く、全体の約3割を占める。そのため、2011年10月中旬から、失業手当が打ち切りになる人が大量に出てくる。したがって、被保険者の範囲の拡大や受給資格の緩和、待機期間の廃止、所定給付日数の延長など、雇用保険制度そのものの拡充が必要であり、さらに失業手当の支給対象とならないような労働者については、普遍的な失業扶助制度を構築しなければならない[5]。

　だが野田民主党政権は、東日本大震災の被災地の一部で特例として210日間まで延長している失業手当の給付についてさらなる延長を認めず、就労支援に軸足を移す方針を決めた。だが、特に深刻な問題は原発被災地であった。震災と東京電力福島第一原発事故に伴い広域延長給付の対象となった双葉郡8町村といわき、相馬、南相馬、田村、川俣、新地、飯舘の計15市町村合わせて5,225人の受給終了時点（6月22日現在）の就職状況は、就職したり内定したりしたのは615人で全体の11.8％にとどまり、未就職者・未内定者は4,610人、88.2％に達する。未就職者・未内定者のうち、求職活動中は3,413人で65.3％を占める一方、求職活動していない受給終了者も目立つ。人数は1,113人で全体の21.3％となっている。残る84人（1.6％）は職業訓練中か受講予定者である。厚労省が就職が決まっていなかったり、就職活動をしたりしていない受給終了者に聞き取り調査したところ、避難区域再編が進まず帰還を見通せないことが大きな要因であることがわかった。三春町の仮設住宅で暮らす富岡町上手岡の男性は5月で失業手当の受給期間が終了した。求職活動を続けているが、希望する運転手の求人がなく、先が見えない状態だ。「財物賠償でまとまった生活再建資金が得られれば、新たな定住先を見つけ、職も求めやすくなる」と話し、区域再編を含め避難者の生活基盤を早急に確立する必要性を訴えている[6]。

医療の問題についても政府は、この20年ほどの間、保険料の払えない者に対しては資格証明書を発給し事実上受診を抑制すると同時に、保険料の滞納者に対しては差し押さえをおこなってきた。東日本大震災後、被災者は医療を無料で受診でき、国が窓口負担を免除した経費を負担していた。しかし2012年10月以降は、国が免除を打ち切り、地方自治体が窓口負担の２割を出した場合に限り、国が残り８割を補填する仕組みにした。ただし原発事故避難指示等対象地域は除外された。しかし宮城県は、2013年４月以降、「財政的困難」を理由に、２割の負担を打ち切り、その結果、県内の市町村が免除を中止することとなった。同様に被災した岩手県や福島県では免除を続け対象者は約25万人に達している。

　５−７万円程度の年金生活者にとって、糖尿病や高血圧などの心臓病などで医療の窓口負担が月に２−５万円では生活が成り立たない。宮城県保険医協会の仮設住宅居住者アンケート（回答者630人）によれば、「窓口負担免除打ち切りで受診状況は？」の質問に「受診するのをあきらめた」が10％、「受診回数を減らした」が26.7％、「受診する科を減らした」が6.7％、「これまで通り」が56.7％であった[7]。

　以上のような問題は、日本の社会保障水準が先進諸国に比べ低いことが背景にある。たとえば生活保護を利用する資格のある人のうち、現に利用している人の割合（2010年の捕捉率）は、日本15.3−18％、ドイツ64.6％、フランス91.6％、イギリス47−90％、スウェーデン82％で日本が一番低い[8]。また日本の働く人の法定最低賃金は、生活保護による単身最低生活費をはるかに下回る。社会的支出（社会保障や公的住宅費用、施設整備費など）の2005年のＧＤＰ比は、日本26.2％、ドイツ37.6％、フランス40.6％、イギリス28.3％、スウェーデン41.9％、アメリカ20.2％である[9]。以上のように、平常時における人間らしく生活する権利や労働権を保障する公共政策の質と水準が、災害復興における被災者の生活や生業の再建と雇用の保障の水準に決定的な影響を与えていると言えるだろう。

注
(1)　気象災害研究会『日本の台風災害』東洋経済新報社、1960年、196−197ページ。

(2) 門野圭司「公共政策学とは」www.js.yamanashi.ac.jp/research/12-kadono.htm.。
(3) 池上惇「公共性・共同性・官僚制」宮本憲一編著『公共性の政治経済学』自治体研究社、1989年。
(4) 佐藤仁『「持たざる国」の資源論—持続可能な国土をめぐるもう一つの知—』東京大学出版会、2011年、243−244ページ。アッカーマン『日本の天然資源と将来の日本経済』佐藤仁訳。
(5) 日本弁護士連合会会長・宇都宮健児「特定被災地域における失業手当の給付日数延長を求める会長声明」。2011年9月14日。
(6) 福島民報「被災者失業手当受給終了者　5,225人の9割未就職」2012年7月10日。
(7) 宮城県保険医協会「被災者の医療費一部負担金免除打ち切りに関する仮設住宅居住者アンケート結果について」2013年6月28日。
miyagi-hok.org/?p=2175
(8) 生活保護問題対策全国会議監修『生活保護「改革」ここが焦点だ！』あけび書房、2011年。
(9) 厚生労働省『政策レポート』2009年。

第12章

憲法復興学と「人間復興思想」、「被ばくの思想」

　筆者が、わが国の災害を調査・研究する中で検証したあるべき復興とは、被災者が、元、住んでいた土地（地域）に戻り、元の生活や生業を再建し雇用が保障されることである。つまり大災害以前の日常生活を取り戻し、人と人、人と土地とのつながりや愛着を再建し、被災者の「生活の質」の向上を図ること、すなわち憲法で規定している平和主義（憲法前文、9条）や「人間の尊重、幸福追求権」（13条）、生存権（25条）、労働権（27条）などの基本的人権と、自治・民主主義を保障する「人間復興」である。ここでは、憲法復興学の基本理念とも言うべき福田徳三の「人間復興思想」とヒロシマ・ナガサキの「被ばくの思想」を検証しておきたい。

　「人間復興思想」は、大正デモクラシーの旗手の一人であり経済学者でもある福田徳三が、関東大震災に際し提唱した復興思想である。福田によれば、「人間復興」とは、大災によって破壊せられた生存の機会の復興、すなわち生活、営業、及労働機会の復興を意味する。道路や建物は、この営生の機会を維持する道具立てに過ぎない。それらを、今まで以上に「復興」しても本体たり実質たる営生の機会が復興され、人々が新たな人生を創造することができなければ復興とはいえない。福田は、後藤新平の復興計画は都市の容器たる道路・公園など「物本位」の「タウン・プランニング」であり、本体たり実質たる経済復興を欠いた形式復興であると批判する。大切なのは、容器の中身である複雑な経済網の再建、すなわち「人間復興」の「エコノミック・プランニング」なのである。

　「人間復興」は、国家の本来の使命が、人間の生存権を維持し共同生活を繁栄

ならしめること、すなわち失業問題の解決と住宅の再建こそ復興の先決問題であるとの思想である。なぜなら労働と住宅は、市民生存の本拠の復興を意味し、生存の本拠の復興は経済復興の第一着手を意味するからである。

福田は言っている。「東京復興に就いて先頭に立つ市会議員、商業会議所議員、実業界の巨頭などは、焼溺死者の屍体の処理未だ半に及ばず、累々たる屍体の未だ隅田河岸に雨に曝され日に晒されつつある時に、『東京市の復興は焼失前の状態を基礎とし、且つ急速に其建設計画を定む可きこと』を決議する。この決議を正しき日本語に翻訳すれば、『東京市の復興は、地主、実業家、市政関係者其他の特権階級の焼失前に有せる特権を損せざる様に計画し、且つ速やかに其の特権が行使せられ得るよう特権目的物の回復を主要事項とすること』となる。火によって一切の醜骸を焼き尽くされて浄化した東京人にして始めて東京復興を談じ可きである。……災禍によって浄化された、純朴な相互に助け合い、いたわり合う平等の裸蟲から成る新首都の復興是れであると。この平等の素裸人こそ、最も力強く特権選挙による現帝国議会を根本から否認し、最も徹底的な男女平等比例代表の普通選挙制による立憲政治を要求す可きである。建物とか市街とかは抑も末の事である。政治上には徹底的普通選挙、法律上には名実全く相伴う権利の平等、殊に財産権に対する労働権の平等、社会上には万人普遍の生存権の保障、経済上には労働の機会の均等と其果実の確保とを興ふる事が復興第一の仕事であらねばならぬ。……軍備の大節減を断行して、復興の経費を産み出す事の急務なるを主張せんとするものである」[1]。

福田によれば、震災復興は、平等で助け合いの心を持つ被災者や市民の倫理を核として、軍備縮小による平和と政治家や財界の特権を否認し、主権在民の思想と民主主義制度によって、生存権や労働権を保障することであった。このような思想は、現憲法の生存権などに引き継がれている。

福田徳三の経済思想の背景にある思想については、福田徳三研究の第一人者である西澤保のすぐれた研究がある。西澤によれば、「福田は、恩師ブレンターノとの共著である処女作『労働経済論』から、労働問題を基礎にした厚生経済研究を意図していた。マーシャルやピグーの厚生経済学に強く惹かれながら、福田はアメリカの制度主義者と軌を一にして、ホブソンの厚生経済学から学ぶことが多かった。ホブソンは、「生活こそが富である」（There is no wealth but life）というラスキンの強い影響下に人間的福祉の経済学を構築しようとした。福田は、経済的価値と倫理的あるいは人間的価値、貨幣・富と生活との関係を扱ったホブソンの『富と生活』の着眼点が自分の新著とほぼ同じ方向を向いていることを見て『喜びを禁じ得ない』と書いたのであった」[2]。

特に本稿で注目したいのは、福田徳三が影響を受けたラスキンの思想である。福田は、ラスキンの「The Political Economy of Art（A Joy for Ever）1857年」や「Unto This Last 1862年」を引用しつつ、人間を以て単に貨幣額によって表わされたる満足のみを追求する利己主義を批判する。そして経済上の財は低き意味の善にして、倫理上の善は高き意味の財なり、乃ち経済上の富はより高き意味に至る前提であり手段であると指摘する[3]。福田は、社会改革の原理として、社会政策において生存権を出発点としつつ、最終目的をラスキンの言葉を引用して『Joy for Ever』永久の楽しみ、生活の楽しみとして位置づける。そして最大のJoyは創造にあり、創造は最も大なる楽しみ、最も大なる道徳と一致しなければならない。それゆえ真の創造は、第1に、結婚生活に於いて人間が新たな人間を作ることであり、第2に、生活品の生産、芸術、学問研究などで人間の生活に役立ち、人生を発展させるために役立つべきものが造られることであった[4]。

福田によれば、ラスキンやウイリアム・モリスも大工業を批判し手工業を評価するのは、前者において創造の生活が全く存せず、後者において僅かながら維持されているからである。イギリスのギルド社会主義、フランスのサンディカリズムもその中に創造生活の解放という正しく健全なる思想を含んでいるという[5]。

福田は、賃金奴隷を批判し、労働における創造性を次のように強調する。「総て人間の行動は自分のものにすれば楽しい。物が造出されれば更に楽しみは多くなる。経済上のデモクラシー、インダストリアル・デモクラシーが本当のデモクラシーである。何となれば、今日の政治でも社会でも法律でも何でもJoyと言う事に重きを置いて居らぬ、所有の衝動のみに重きを置いて居る。本当の生命の充実の本義に背いて少しも楽しい衝動のない生活にして居る。……之を活かすには生活に於ける創造、即ち労働と云う事を今の賃金奴隷制度から解放して、之を人生の楽しみとするようにしなければならぬ。是が本当の解放であり

ます。この解放は、今、イギリスやアメリカにおいて盛んに唱えられている『コントロール・オブ・インダストリー』（産業の共同管理）と云う事によって行われんとしつつある」[6]。この福田の思想は、今回の大震災の復興において学ぶべきものであろう。

　現憲法は、太平洋戦争とヒロシマ・ナガサキの被ばくの反省から創られ、戦争放棄と戦力不保持、交戦権の否認、「個人の尊重」と基本的人権、民主主義の保障など、人類の未来を先取りした世界が目指すべきモデル的位置を占める。とりわけ、ヒロシマ・ナガサキの被ばくの反省から創られた被ばくの思想は、原発事故や核戦争の危機から人類を救う上で決定的ともいえる位置を占める。

　ヒロシマ原爆の被ばく者は、「まどうてくれ」つまり「もとに戻してくれ」と言って亡くなっていったという。峠三吉は、「ちちをかえせ/ははをかえせ/こどもをかえせ/わたしをかえせ」という詩を書き、戦争や核のない平和な「生活をかえす」ことが、復興であると表現した[7]。被ばくの思想とは、被ばく者が、思い出したくもない辛く苦しい体験を言葉で表現し、原水爆を投下した米国を報復するのでなく、二度と同じ不幸を繰り返してはならないというメッセージを社会につたえる運動を通して、人間としての尊厳を守ろうとする「人間復興」思想である。それは、非人間的な原水爆を投下した原因である戦争と、それを引き起こした国家責任の追及、そしてその「償い」を果たさせることでもある。さらに被ばく体験を有しない人々も、被ばく者の人間としての尊厳を守るために、国家から切り捨てられ差別された被ばく者とかかわり寄り添うことでつながっていく、そのことで自らも「人間復興」をなしとげていく思想である。

　被ばくの思想は、人類を死滅させる核をこの世界からなくす反核文化を創り出すことである。「生命は、すべての人間にとって至上の価値であるから、反核文化は、人類生存のための文化—すなわち、侵略、通常戦争、ジェノサイド、植民地主義的抑圧、専制、飢餓、環境破壊、貧困、等、人間の生きる権利への侵害を糾弾するすべての文化—と連繋せざるをえない」[8]。フクシマ原発事故は、ヒロシマ・ナガサキの被ばくがあったにもかかわらず、反核文化を創りだせなかった私たちの文化的貧困の問題を鋭く突きつけている。

注
(1) 福田徳三『復興経済の原理及若干問題』同文館、1924年、145-173ページ。
(2) 西澤保「福田徳三の厚生経済研究とその国際的環境」「経済研究」Vol. 57、No. 3、一橋大学経済研究所2006年。
(3) 福田徳三『経済学全集　第1集　経済学講義　第1分冊』同文館、1927年、169-171ページ。
(4) 福田徳三『経済学全集　第6集　経済学講義　第3分冊』同文館、1927年、1064-1078ページ。
(5) 福田徳三『経済学全集　第6集　経済学講義　第3分冊』同文館、1927年、1262-1263ページ。
(6) 福田徳三『経済学全集　第6集　経済学講義　第3分冊』同文館、1927年、1085-1086ページ。
(7) 内橋克人×アーサー・ビナード「日本国憲法は最高級のレシピ本」『世界』岩波書店、2013年9月号。
(8) 芝田進午「第11章　核時代の文化と芸術」、岩垂弘編『日本原爆論大系　第6巻』日本図書センター、1999年、505ページ。

第4部

再生への道

第 13 章

憲法復興学と「知」、「倫理」

第 1 節　憲法復興学と「知」

　憲法復興学は、災害復興が「全体像を俯瞰する知」だけでなく、多様な地域と生活のもとで育まれた実践的な「知」が必要であるとの見地に立っている。この「知」は、地域の人々の生活に根ざした、自然や他者との付き合いの作法ともいうべき「知」であり、いのちと暮らしが持続するために必要な「知」なのである。以下で、憲法復興学の「知」と「知」を支える思想について検証したい。

　中東研究の第一人者である酒井啓子によれば、災害や戦争などの危機的状況に対処するためには、これからの社会科学が患者ひとりを内科、外科、神経科など複数の医師が診て、総合的に病気を判断する、総合病院的な知のシステムが求められるという。ある特定の事象について、個々の専門家の知識を俯瞰して総合的判断を示すようなシステムである。研究者が、個々の専門知の多様性を活かしながら、同じ問題意識を共有して、戦争や災害など生活を根幹から壊す事件に対処する。そこで生まれた知は、広く社会の誰もが利用できるシステムである。それゆえ戦争や災害など生活を根幹から壊す事件に対処しうる「知」をシステムとして持っておく必要があるのではないか[1]。酒井啓子の指摘は示唆に富むものであるが、次のことは無視されてはならないであろう。

　酒井が強調する「知」は、本来、自由な批判精神によって一歩一歩培われる

ものである。だが、原発開発では研究の自由が実質的に保障されていない現実がある。東京大学工学部原子力工学科1期生の安斎育郎によれば、日本学術会議で国の原子力政策を批判したのが転機となり、研究費が回されなくなり、研究発表は教授の許可制となり、大学院生を教えることも禁じられたという。研究室の隣の席にいた東電から派遣された研修医は「安斎さんが次に何をやろうとしているのか探るのが任務だった」と後に告白する。東電社員に飲みに誘われ「3年ばかり米国に留学してくれないか。費用は全部持つ」と持ちかけられたこともあったという。このように東京大学を頂点とする「原子力ムラ」は、異論を唱える人を排除する体質を持っている。「大学の原子力関連研究は、国や原子力関連企業から受け取る巨額の研究資金に依存しているが、国や企業から資金を提供してもらえるのは、原発推進の側に身を置いている研究者だけだ」[2]。

「知」の自立性と倫理性とが、巨大企業と権力による利益誘導によってそこなわれているのである。酒井の専門知の多様性とそれを俯瞰するシステムは、「原子力ムラ」の排除性、閉鎖性という体質を克服しない限り構築されないのではなかろうか。東京電力福島原子力発電所における政府の事故調査・検証委員会の中間報告も、原発災害の背景に「電力会社を規制・監督すべき立場にある経済産業省の官僚の電力会社への天下り」があり、「原子力対策において、全体像を俯瞰する視点が稀薄」であったと指摘している。

わが国の公害研究の第一人者の宇井純も、細分化された専門家集団は、イタイイタイ病や水俣病など全く新しい、社会が経験したことがなかった問題には無能力であると指摘している。日本では行政の内部やその周辺に、公害の制度的、技術的対策のためにたくさんの専門家集団が作られた。そこには問題の歴史的な把握がなく、目前の表面にあらわれた現象に対する断片的な制度的、技術的対策の積み重ねがもたらされた。問題について最もよく知っている住民は、いつも専門家集団からは疎外され軽視された。その結果として公害の認識は部分的なものとなり、間接費用が増大し、問題に対する対策の費用効果比は著しく低いものとなった。公害や労働災害などの、新しい技術の導入に伴って生ずる負の衝撃を未然に防止し、あるいは事後に救済してその被害を最小限にとどめるために、まず頼りとすべきものは、当事者としての被害者住民や労働者であり、この人々の参加を保証する手段が、結局は最も有効な技術的対策をもも

たらす。これが、われわれが日本で体験した公害や労災の試行錯誤の積み重ねである歴史から、貴重な多数の人命を犠牲として払った後に到達した結論である[3]。

以上のように被害者住民や労働者の参加は、大震災の復興においても生かすべきことであって、被災者や被ばく者の災害復興過程の参加が、人間復興にとって決定的に重要である。災害復興に求められている「知」は、専門知をシステム化した「全体像を俯瞰する知」と、地域の伝統と生活に根ざした実践的な「知」を総合化したものである。と同時に実践知が求められていることも強調しておきたい。なぜなら被災者のニーズや被災地の状況が刻々と変化する災害復旧・復興の過程では、学校で獲得される形式知にもとづく細分化された専門知だけでは的確に対応できないからである。

宇井純が批判した細分化された専門知は、学業に関わる知能、学校の秀才がもつ知能で学校で獲得される形式知であり、講義のように言語的に教えられたり、書物のように書かれた知識である。それに対して、地域の伝統と生活に根ざした被害者や住民のもつ知は、どちらかといえば暗黙知と呼ばれるように言語化できない経験知であり、仕事や生活の中で経験から直接獲得された知識である。

実践知は、経験から実践の中に埋め込まれた暗黙知を獲得し、仕事や生活における課題解決のために、暗黙知と形式知など複数の知能を用いて問題を解決し成果を創造するものである。実践知は、次のような過程を通じて獲得される。すなわち人は、仕事や生活の場において、共通の実践経験を通して暗黙知を獲得し共有する。暗黙知を他者に伝えるときは、形式知に変換して表出化する必要がある。また学校、研修や本で体系的に学んだ形式知は、現場での経験と省察を通して内面化し、暗黙知に変換するという知識の変換が重要となる[4]。

暗黙知は、個人の身体や人間ネットワークに担われている伝統や習慣、熟練とも言うべきものであるから、文化的伝統や習慣の継承と発展を含む文化資本と深くかかわる。なぜなら文化資本は、有用な物質的な富を意味するだけでなくて、書物や美術品のような芸術や文芸の成果など「目に見える」成果を含み、また、個々人が習慣や伝統を身につけた成果や知識や体験から学習した「目に見えない」成果を含んでいるからである[5]。

被災者や市民、企業、ＮＰＯ、専門家、そして被災自治体などが、災害復興において日常の仕事や生活、経営のあり方を顧みてそれらの検証を通じて、仕事や生活、経営のなかにある暗黙知を、質の高い理論や思想によって言語化、文字化する形式知へ転化するならば、その過程で被災者や市民、企業、ＮＰＯ、自治体などに知的文化的蓄積がなされ文化資本が形成される。この文化資本の蓄積のもとに、憲法を暮らしと地域再生に生かすという実践によって人間復興への道を歩むことが出来るだろう。

　しかし最も本質的に重要なことは、この「知」を支える思想である。近代の「知」は、「産業主義」という源から発し開発・成長を指向している。村上泰亮によれば、「産業主義」は人間が自然を把握し征服できるし、それが正しくもあるという信念である。それゆえ「産業主義」は、単なる制度変革ではなく定着農耕の開始や有史宗教の誕生と同じスケールの人類思想であり、それだけ根が深い問題なのである[6]。

　また「産業主義」は、第1に、デカルト主義的な世界認識に象徴される西欧的近代の基本テーゼであり、人間中心的な近代科学への信頼と軌を一にしている。つまり西洋で生まれた近代科学は、認識主体と認識対象を完全に分離する方法論のため、自然科学、社会科学、人文科学、それぞれ専門の守備範囲内で対応できる技術的な対症療法に偏る傾向が強い。そのためわが国の災害研究も、災害が主に自然的要因によって引き起こされる現象とみなされ物理的メカニズムの解明に力点が置かれ、災害技術も土木工学的アプローチが中心であった。その結果、問題を生み出した、社会や政治、経済、そして人間の問題を問わない傾向が生じた。

　しかし、地球全体を脅かすに至った環境や災害問題は、その大部分が自然を支配の対象＝モノとしてしか見ず、利潤第一主義と権力主義、官僚主義によって偏った開発・利用に起因することが明らかとなってきている。環境や災害問題に本質的な解決を求めようとするならば、その根底にある知の在り方が問われているのである。

　第2に、「産業主義」は、現在では一人当たり生産ないし所得の持続的成長を目的としている[7]。たしかに「産業主義」は、先進諸国に物質的な豊かさをもたらしたが、原発における被ばく労働や放射性廃棄物などにみられるように、貧

困弱者や未来世代に犠牲を強いることなしに成立しないという根本的な問題をはらんでいる。

　E. F. シューマッハーによれば、「産業主義」は産業活動の大部分が私的な金銭的利益のために追求されることによってさらに倍加され、次のような害悪をもたらす。
1. 社会のなかにある、ある種の有機的な関係を分断してしまったばかりか、いまだに分断している。その結果、世界人口があくなき成長を続けたあげく、ついに生存しつづけることのできる人口水準さえ超え、食糧不足などをもたらしている。
2. おもに燃料と鉱物など、すでに乏しくなった再生不能の鉱物資源の収奪を急速に続けている。
3. 人間の徳性と知性の堕落を誘い、高度に複雑な生活様式を生み出している。
4. 暴力を醸成する。それは自然に対する暴力であり、これはいついかなる瞬間にも、人間同士への暴力に発展しかねない。

　以上のような「産業主義」の悪の背景には、「産業主義」が自然界から自らを絶縁し機械的で人工的であり、しかも人間の秘める潜在能力のうちの極小部分しか活用しない傾向を持つからである。そのため「産業主義」は、ほとんどの形態の仕事をまったく無味乾燥で無意味なものにしてしまい個性を窒息させてしまう。「産業主義」は、大部分の労働者に人間的成長もなければ、「真」「善」「美」のいずれも欠いている。現代産業主義の基本的な目標は、労働者を満足感にあふれたものにすることではなく、生産性を上げることにあり、最も誇るべき業績は省力化にある。以上のような「産業社会のもつ類をみない醜悪さこそ、核爆弾を生む母胎であり、まぎれもない暴力行為の証拠にほかならない」[8]。つまり核の問題は、私たちがいかにして「産業主義」を克服できるのかを問いかけている。

　核は、自然と人間を最も深刻な危機に陥れる問題を孕んでいる。高木仁三郎によれば、問題の本質は、原子力発電技術の危険性についてのあれこれの事柄よりも、核技術というようなことを通して自然と向き合わざるを得ないところの、我々の自然に対する向き方の姿勢にこそある。私たちの自然観は、科学的・理性的なものと、感性的・身体的なものとに鋭く引き裂かれてしまっている。

そして、そのことによって私たちは自然とのトータルな結びつきを失っている。この状態から私たちの精神を解き放つ努力抜きに、現代の危機の根源に立ち向かうことはできない[9]。

　E. F. シューマッハーによれば、現代の危機は、人間にとっての二人の教師を見捨ててしまっていることにある。一人は生きたままの自然である。都市の文化は自然のシステムと絶縁してしまっている。もう一人の教師は伝統の価値観であり、それは人類にとっての伝統の英知であって、われわれが客観的科学とか称するとてつもない代物を採用することによって拒否してしまった価値観なのである[10]。楠見孝によれば、叡智とは、経験によって獲得した実践知を、個人や企業のためのパフォーマンスの発揮ではなく、そうした利害を超えたところにある幸せ（well-being）、美徳（virtue）、社会の公益（公共善 common good）の実現のために適用するものとして位置づけられている[11]。

　深刻な自然と社会の危機を克服するには、二元的に私たちの精神の内部で引き裂かれた自然観を、より新しい観点で統一的に把握しなおすような根源的な作業が不可欠である[12]。それには、人類が創り出した文化的伝統から学ぶことが必要である。それは、端的に言って、生命と人間社会が、自然と隔絶しているのではなく、生命と人間社会が自然の一部であるとみる思想であり、「天台本覚論」の「山川草木悉皆成仏」や行基の「知識結」にみられる共に生きる「生活の知恵」である。また科学の発展にとって、好奇心は非常に重要な要素であるが、それが多くの人々に影響をあたえるため、多くの人々の役立ち公益に適う公共性を持たなければならない[13]。つまり正義や公正といった倫理が科学や技術に求められている。

第2節　憲法復興学と「倫理」

　現代の危機を克服するには、憲法理念にもとづく政治、経済、社会の構築と、内的自発性、すなわち新しい道徳的エネルギーが求められている。この新しい道徳的エネルギーは、憲法の理念をより深め内実化するために必要なことであり、新しい道徳的エネルギーの拠り所となるのが憲法なのである。だからこそ災害復興や経済復興に、憲法復興学が求められているのである。カール・ポラ

ンニーは、市場原理主義が悪徳、堕落、犯罪、飢餓などの社会的混乱をもたらし人間と社会を崩壊させてしまうため、それを克服するには民衆政治が道徳的確信と文化的諸制度を構築しなければならないと主張した。

ポランニーによれば、市場システムは、本源的生産要素である労働、土地、貨幣を市場に組み込み、商品化した擬制的システムである。なぜなら、労働、土地、貨幣は、「販売を目的として生産されるもの」ではないからだ。この市場システムは、たとえば労働力を処理する場合、労働力というレッテルの貼ってある肉体的、心理的、道徳的実在としての「人間」を処理することになる。

もし文化的諸制度という保護の被いがとり去られれば、人間は社会に生身をさらす結果になり、悪徳、堕落、犯罪、飢餓という激しい社会的混乱の犠牲となって死滅する。自然は個々の元素に分解され、近隣、風景は汚され、河川は汚染され、軍事的安全は脅かされ、食料、原料の生産力は破壊される。最後に、市場による購買力管理は企業を周期的に破産させる。なぜなら、貨幣の払底と過多は企業にとっては未開社会での洪水、干魃と同じくらいの災難であろうから。だが経済的利己心に依存する財閥など所有の特権者にとっては、道徳的な確信に基づいて所有権を規制しようとする民衆政治は危険なものであった。この民衆政治のあらゆる形態に対する資本主義の攻撃の最新の形態がファシズムであった[14]。

たしかに現代の政治と経済においても、市場を形成してきたのは政治であり、最上層が残りすべてを搾取できる仕組みを構築したのも政治であった。経済制度は、法と規制がなければ機能せず、その活動は法的枠組みの中に限定される。経済界のエリートたちが築き上げてきたのは、他者の犠牲のもとで自分が利益を得る枠組みだ。当然、この経済制度は効率的でもなければ公平でもない。

政治制度が金銭的利益に敏感な場合、経済的な不平等の拡大は、政治権力の不均衡の拡大を招き、政治と経済の悪循環を生じさせる。このような政治と経済が、弱肉強食や弱いものいじめなど、モラルなき行動や観念を助長する。それが、いわゆる「社会常識」になり、モラルなき「社会常識」によって政治と経済が形作られ、この相互作用が貧困と格差、そして民主主義の破壊に拍車をかけテロや戦争の土壌を形成していく[15]。

このように自分の利益を得るために、他者を犠牲にする資本主義システム

を改革するうえで、モラルを重視した改革者としてイタリアのグラムシがあげられる。片桐薫によれば、グラムシは、マルクスをはじめ先人の思想と実践に学びつつ、20世紀前半の激動の時代に立ち向かったが、社会改革をめざすうえで内的自発性と自由の関係が決定的に重要な問題となることを指摘した。グラムシにとって自由は、ブルジョア的な利己的自由ではなく、さりとて機械的・権威的秩序でもない。自由の問題は、法律や外的強制力によらない個々人および集団の内的意思や自発性により取り組まなければならない。人々の自由における「合意」の形式は、「知的道徳的指導」によるべきだと強調する。

　現代の科学技術革命は、産業構造を変えただけではなく、私たちの意識そのものをも変え、そのなかで人類の文化そのものの多様性と豊かさは増し、しかも自由の領域が広がるとともに、新しい複雑な問題が提起されるようになってきている。大量の化石燃料を消費する高度産業社会は、「便利で効率的」な「ゆたかな社会」をつくったが、人類がかつて経験したことがない深刻な諸問題を地球規模で引き起こしている。その一例が環境問題で、地球温暖化に伴う気候変動による集中豪雨と洪水、干ばつ、海面上昇、オゾン層や森林の破壊、そして使用済み核燃料の廃棄処理などの問題は、いまだ有効な対策がとられず、人類の未来にとって致命的な結果をもたらす。したがって科学技術の発展や産業発展には、社会的影響の観点から有効な制限を加えるような道徳が必要となっている[16]。

　そのことは、福島原発事故後、ドイツは原発廃止を決定したが、その背景にキリスト教精神と倫理があったことにも現われている。メルケル首相は、諮問機関として「原発問題倫理委員会」を設置し、その答申を受け2022年までに全原発を停止することを決定した。「原発問題倫理委員会」は、原発停止において伝統的英知であるキリスト教の伝統とヨーロッパ文化を重視している。「倫理委員会」によれば、問われているのは、人間の自然との付き合い、すなわち社会と自然の関係に関する問いである、という。キリスト教の伝統とヨーロッパ文化は、自然に対する人間の特別の義務を課している。それは、人間が自然に対して生態学的な責任を持ち、環境を保存・保護し、環境を自分たちの目的のために破壊することなく有用性を高め、未来における生活条件の保障の見通しを保持することを目指さなければならない、というものである。

人間は、技術的に可能なことであれば何をやってもよいわけではない。だから、倫理的判断が必要なのである。とりわけ原子力エネルギー技術が、「永続的な負荷」という性格を持つため批判的な評価は特に重要である。すなわち、原子力エネルギーの利用やその終結、他のエネルギー生産の形態への切り替え等に関する決定は、すべて、社会による価値決定に基づくものであって、これは技術的あるいは経済的な観点よりも先行している。その際に、鍵となる概念は、「持続可能性」と「責任」である。安全は、環境が損なわれていないこと、社会において正義が成り立っていること、経済が健全であるという持続可能性の3つの柱の上に成り立つ。これらの原理の上に整備されたエネルギー供給は、国内の雇用や生活水準や社会平和にとっての長期的な基盤なのである[17]。

注
(1) 酒井啓子「専門知を結ぶシステムを」『朝日新聞』2011年9月29日。
(2) 『毎日新聞』2012年1月22日。
(3) 宇仁純「技術導入の社会に与えた負の衝撃」『国連大学人間と社会の開発プログラム研究報告』1982年、d-arch.ide.go.jp/je_archive/society/wp_unu_jpn81.html。
(4) 楠見孝「実践知と熟達者とは」金井壽宏・楠見孝編『実践知—エキスパートの知性』有斐閣、2012年、5-14ページ。
(5) 池上惇『文化と固有価値の経済学』岩波書店、2003年、18ページ、71ページ。
(6) 村上泰亮『反古典の政治経済学　上—進歩史観の黄昏』中央公論社、1992年、348ページ。
(7) 村上泰亮『反古典の政治経済学　上—進歩史観の黄昏』中央公論社、1992年、54-55ページ。
(8) E. F. シューマッハー『宴のあとの経済学』長洲一二監訳・伊藤拓一訳、筑摩書房、2011年、42-53ページ。
(9) 高木仁三郎『チェルノブイリ—最後の警告—』七つ森書館、1986年、175ページ。
(10) E. F. シューマッハー『宴のあとの経済学』長洲一二監訳・伊藤拓一訳、筑摩書房、2011年、184ページ。
(11) 楠見孝「実践知の獲得」、金井壽宏・楠見孝編『実践知—エキスパートの知性』有斐閣、2012年、39ページ。
(12) 高木仁三郎『チェルノブイリ—最後の警告—』七つ森書館、1986年、175ページ。
(13) 高木仁三郎『原発事故はなぜくりかえすのか』岩波書店、2000年、102-103ページ。
(14) カール・ポランニー『市場社会と人間の自由—社会哲学論選』若森みどり・植村邦彦・若森章孝訳、大月書店、2012年、第8章、第9章。カール・ポランニー『大転換—市場社会の形成と崩壊—』吉沢英成・野口建彦・長尾史郎・杉村芳美訳、東洋経済新報社、1975年、95-98ページ。
(15) ジョセフ・E・スティグリッツ『世界の99%を貧困にする経済』徳間書店、2012年、27ページ。
(16) 片桐薫「グラムシと現代政治—自由と道徳をめぐって」。会報『Marxism & Radicalism Review』バックナンバー、www2.ttcn.ne.jp/~space303mr/newpage26.htm。
(17) 吉田文和・M. シュラーズ編訳『ドイツ脱原発倫理委員会報告：社会共同によるエネルギーシフトの道すじ』大月書店、2013年。

第14章

憲法復興学と新しい社会を構想した人々

　憲法は、フランス人権宣言、アメリカ独立宣言、ワイマール憲法など、西欧の「個人の尊重」と人権、民主主義の思想、そして悲惨な戦争体験と、恐慌の恐怖から自由になるためのニューディールなどの経験をもとに創られた。憲法を、わが国の人々の暮らしと地域再生に生かすには、それぞれの地域の先人の知恵と風土、伝統や文化を発掘し、西欧の人権と民主主義思想の憲法理念と融合させ発展させることが大切である。この章では、新しい社会を構想した人々の思想と「生活の知恵」を検証したい。

第1節　「菜園家族」

　小貫雅男・伊藤恵子によれば、日本国憲法の「平和主義」、「基本的人権の尊重」、「主権在民」の三原則の精神に、いのちを吹き込むには、新しい人間の生き方「菜園家族」の道を選び誠実に歩むことである[1]。
　「菜園家族」とは、人々は週のうち2日間だけ「従来型の仕事」、つまり民間の企業や国または地方の公的機関の職場に勤務する。そして、残りの5日間は、暮らしの基礎である「菜園」での栽培や手づくりの加工の仕事をして生活するか、あるいは商業や手工業、サービス業など非農業生産部門の自営業を営む。週のこの5日間は、3世代の家族構成員が力を合わせ、それぞれの年齢や経験に応じて個性を発揮しつつ、自家の生産活動や家業に勤しむと同時に、ゆとりのある育児、子どもの教育、風土に根ざした文化芸術活動、スポーツ・娯楽な

ど、自由自在に人間らしい豊かな創造活動にも携わる[2]。

「菜園家族」構想によるこの社会の特徴は、大きく３つのセクターから成り立つ複合社会である。第１は、きわめて厳格に規制され調整された資本主義セクターである。第２は、週休五日制のワークシェアリングによる三世代「菜園家族」を主体に、その他「匠・商基盤」の自営業を含む家族経営小セクターである。第３は、国や都道府県・市町村の行政官庁、教育・文化・医療・社会福祉等の国立機関、その他の公共性の高い事業機関やＮＰＯや協同組合などからなる公共セクターである。「菜園家族」構想は、「戦後高度経済成長の過程で衰退した家族と、森と海を結ぶ流域地域圏を一体的に蘇らせ、農山漁村の過疎高齢化と都市平野部の過密を同時に解消し、『菜園家族』を基調とする抗市場免疫の自律的世界をすなわち自然循環型共生の地域社会を、国土全体にバランスよく構築することをめざしている」[3]。

マルクスは、その著「ドイツ・イデオロギー」で、精神的労働と肉体的労働の分割は、都市と農村の分離であり、さらに資本と土地所有との分離にあったことを指摘した。またハワードは、その著「田園都市」において、失業や高家賃、自然が失われ生活環境が悪化する都市問題を解決すべく、都市の経済的メリットと農村の自然環境とを結合した「都市と農村の結婚」による田園都市を創ろうとした。ある意味で「菜園家族」は、マルクスやハワードの問題意識を継承しながら、問題を克服する一つの方向性を提起したといえるであろう。なぜなら「菜園家族」は、資本の本源的蓄積によって暴力的に「大地から切り離され、自立の基盤を失った賃金労働者」が、大地とつながり、家族、コミュニティの再生による「人間復活の高度自然社会」を目指す構想であるからだ。

確かに「菜園家族」は、「市場原理に抗する免疫的自律世界」と「大地に根ざした精神性豊かな生活世界を創造」する可能性を秘めている。だが「大地から切り離された賃金労働者」が失ったものとは、何百年、何千年もの間に築かれてきた、人と人、人と自然との付き合いの作法であり、日本の自然と風土、地域の生活に根ざして培われてきた文化的伝統ではなかろうか。

今、必要なことは、日本の自然と地域の生活に根ざした伝統的英知と、憲法の「人間の尊厳」、平和と人権、民主主義の理念とを融合させ、一人ひとりが体験しつつ身につけた伝統や習慣、知識と、その交流と学習から獲得した「目に

見えない」文化資本の社会的な蓄積である。そのような地道な営みが、「人間復興」と「持続可能な生活」に通じる道であるだろう。このことを以下で検証しよう。

第2節　憲法復興学と「生活の知恵」

　憲法を人々の暮らしと地域の再生に生かすには、先人のすぐれた思想と実践、そして生活の知恵から学ぶことが必要である。世界が生んだ偉大な思想家であり実践家でもあった釈尊は、『阿含経典』の「城邑」（まち）のなかで次のように語っている。正覚者への道は、過去の正覚者がたどった古道、古径のなかにあり、この道はもともとあったもので、自分はそれを再発見しただけであるという。それは例えてみれば、道なき道の林をさ迷い歩く中、ふと、古人のたどった古道を発見し、その道を進みて古い城邑を発見したようなものである。釈尊の「古道」とは、その地域における先人の「生活の知恵」を指す。釈尊の発見した思想は、人類史上稀有なものであるが、彼が暮らした地域の伝統や宗教、文化から大きな影響を受けていることも確かであろう[4]。

　「生活の知恵」とは、人間が生きていくためのARTともいうべき技法のことで、自然・宇宙と調和し、他者や異文化、動物、草木などと共に生きる知恵である。この知恵は、たとえば天台密教の中で生まれた「天台本覚論」の「山川草木悉皆成仏」にも見出せる。それは、人間ばかりかすべての生きとし生けるもの、山や川のような無機物に至るまで仏になることができるという思想である[5]。

　この思想は、日本に仏教が伝来して以来、日本の神と仏教とが交わり、習合して創造されたものである。仏教は、日本の文化や風土に受容され融合されつつ、それぞれの時代に影響されつつ新たな思想を育んできた。もともと古代の日本人は、山、川、巨石、巨木、動物、植物などといった自然物や、火、雨、風、雷などといった自然現象の中に霊や神を感じ見出していた。このような文化的伝統は、仏教と触れ合う事で、仏教の教えである人間が成仏できるように、人間につながる他の一切のものが成仏できるとする「天台本覚論」が創造された[6]。

「生活の知恵」と祭り

　災害列島日本に住み暮らす人々は、自然の厳しい環境のもと、たび重なる災害の苦難に遭遇してきた。このような苦難を克服するために、互いに助け合い思いやる共同体の社会をつくり、自然（神）を畏れ敬い、感謝するとともに、自治や連帯意識を育む祭りを行なう「生活の知恵」を育んできた。祭りは、日本人が、災害と向き合い、希望を持って生きる力、再生、復興の精神性をあらわしている。

　たしかに日本は祭りの国である。まちや村には、地域の文化的伝統に根づいた固有の祭りがある。南相馬市の桜井勝延市長は、東日本大震災直後の５月に、７月に予定されている相馬野馬追祭りを「何としても続けなければなりません。これは我々の尊厳に関わることなんです」と述べた。５月といえば、被災地は未だ悲しみに打ちひしがれ、生活に不安を抱いている時期である。にもかかわらず祭りが必要と判断されたのは、この地に生きる人々の尊厳に関わるからであろう[7]。

　震災後、さまざまな苦難のある中で、多くの被災地で祭りが行われた。祭りは、地域の人々の技、知識、労力などを持ち寄り協力することによって可能となる集団的営みである。そこには、メンバーがお互いに心を通わせ、絆を強める共同体の連帯意識がある。災害列島に生きる私たちは、古代から先人の生活の知恵というべき祭りという営みの中に、苦悩と希望を分かち合ってきた。

　もともと祭りの興りは、災害からの復興、再生のためであり、「死」から「生」を蘇えさせるための共同体の儀式であった。それは日本最古の歴史書である「古事記」からもうかがえる。「古事記」では、災害からの復興、再生に祭りがおこなわれることが描かれている。「泣きわめき荒ぶる」神のスサノヲは、イザナギの禊払いをしている時に生まれ、海原の統治を命じられる。だがスサノヲは、姉アマテラス（太陽を神格化した神）との祈請に勝った勢いで、アマテラスの作った田を荒らし、田の用水路を埋め、織物を織る女性の邪魔をするなど災害をもたらした。アマテラスは、スサノヲの傍若無人の振る舞いに怒り「天の岩屋戸」に隠れ世界は闇に包まれる。

　スサノヲの「スサ」は荒むという動詞と親近性をもち、「オ」は男の意味で「荒ぶる男」である。スサノヲが来ると「山川悉動　国土皆震」と書かれている

第14章　憲法復興学と新しい社会を構想した人々　205

ように、彼の「泣きわめき荒らぶる」行為は、自然の暴風雨や雷、地震などを意味し、緑の山を枯れさせ、海や河川を枯らし、人間を短命たらしめる。

　高天原の八百万の神々は、「天の岩屋戸」に隠れたアマテラスを引き出すために、知恵の神である思金神の提案で、常世（古代の列島人が考えた理想郷で、かつ祖霊たちが住む心の故郷）の長鳴鳥を集めて鳴かせ、夜明けが近いことを知らせる。職人がつくった鏡や勾玉などの工芸品や榊で飾り、笹の葉をもって踊り祝詞を奏上するなどの祭り事をおこない、アマテラスの好奇心を呼び起こす。そして「天の岩屋戸」からアマテラスを引き出すことに成功し、世界は再び明るくなる、という物語である。アマテラスが「天の岩屋戸」に隠れることを、岡正雄のように「死ぬ」という意味に理解すれば、神々が「天の岩屋戸」の前で行う祭りは、一度は死んだアマテラスを再生、復興させるための儀式ということになる。古代社会における祭りは、自然すなわちスサノヲの「荒らぶる行為」の災害によってもたらされた人々の「死」から「生」を蘇えさせるための共同体の儀式であったと言えよう[8]。

　このような祭りは、古代社会以前の縄文時代の人々の「生と死の輪廻」の世界観と相通じるものがある。縄文時代の人々は、春には植物が一斉に芽吹き「生」が輝き、冬には枯れていく「死」があり、生と死が輪廻するものとして世界をイメージしていた。そして人間だけでなく、生き物や木や石などにも魂（神）が宿ると考えた。「死」をまぬがれない人間の再生を願い、魂の永遠を祈り埋葬などの儀式（まつりごと）をおこなったのであろう。

第3節　「古道」と田中正造

　先人の生活の知恵は、田中正造（1841-1913年）の思想と実践の中にも現れている。田中正造は、日本における公害問題の原点ともいえる足尾鉱毒事件に立ち向かった政治家であり市民運動家でもあった。田中正造の思想の根底には、第1に、「我常に語るに、世界人類はもちろん、鳥獣虫魚山川草樹、およそ天地間の動植物は、何一つとして我に教えざるなければ、これ皆我が良師なり」（1909年8月27日の日記）と記しているように、世界の人びとや鳥、魚、虫、木などから謙虚に学び、共に生きていく「生活の知恵」があった。第2に、「人は天

地の間に生まれたので、土地を離れて生活のあろうはずが無い」(『海陸軍全廃』1908年4月5日の演説)と述べ、生命と生活の源が天と地(土地)にあることを深く理解していた。だからこそ、農民の先祖代々の経験から獲得した土地に対する伝統的な感覚も、子々孫々に伝えるために天から一時的に預かっているというものになるのであった[9]。

　田中正造によれば、鉱毒が垂れ流された渡良瀬川は、古来からこの地域で暮らす人々の生命と生活を支え天産をもたらしてきた。渡良瀬川は、①田園を灌漑し土地を肥やし、②絹綿の洗染に適し機業を発達させ、③水車の動力、飲料、運輸の便となり、④野菜、魚、虫、貝、水鳥の生育の場となった。そして渡良瀬川を中に挿んで発達してきた桐生、足利、太田、館林、佐野、藤岡などの都市も、古来渡良瀬川本支流の水運と近傍村落を以て成立の基礎としていた。これらの都市は、付近村落の農家を顧客とし、農家の為にその需用品を供給し、またその生産品を吸収して、集散に貨殖し、漸次発達進化した。然るに第一の顧客と頼みし付近の村落は、鉱毒の為にその生産力を奪われ、総ての農産、副産、水産等の生業は減少し、遂に村落の疲弊と共に、都市が衰退していく[10]。

　つまり古来から、日本人の生命と生活は、農村によって支えられ、その農村を基盤として都市が生まれ発達してきた。それゆえ、農村を破壊することは野蛮国のすることである。真の文明国になるには、足尾銅山の事業所を閉鎖し、農村を再生させることである。このような趣旨のことを、2014年1月18日放映されたNHKテレビ「足尾から来た女」で、百軒の家を首都東京に、一軒の家を渡良瀬川の谷中村に例えて、田中正造に次のように語らせている。「百軒の家のために1軒の家を殺すのは野蛮だ。町のために村をつぶすのも野蛮国だ。なぜ野蛮か。都をつくったのは町なんだ。町をつくったのは村なんだ。百軒の家も1軒の家から始まったんだ。その1軒を殺す都は、おのれの首を絞めるようなものだ。そんなことをする野蛮国は必ず滅びる」。

　田中は、古河財閥による足尾銅山の鉱毒によって、農業、漁業などの生業や生存権、財産権、自治権を奪う政治を、「今文明ハ虚偽虚飾なり、私欲なり、露骨的強欲なり」と批判した。「強欲な文明」の登場は、「古来の文明を野蛮ニ回ら」した結果であった。田中によれば、近代文明によって野蛮とされた古来の文明は、人為によらない「天地」や「天然」とともに生きる「公共協力相愛の

第14章　憲法復興学と新しい社会を構想した人々　207

生活」による村の自治であった。正造のこの自然観は、自然と作為を対立的にみる近代啓蒙主義的な自然観とは根本的に異なるものであった。それは、官主導で上から一方的に自然を搾取して経済開発を進めようとした政府に対抗する「民のエコロジカルな公共哲学」であった。それゆえ田中は、「真の文明ハ山を荒さず、川を荒さず、村を破らず、人を殺さざるべし」と本来の文明のあり方を洞察したのだった[11]。

　古来の文明社会においては、「名主は村内百姓の公選に依りて挙げられ、これに村内一切の公務を委ね且非常の権力を授けて、村費臨時費の徴収及び支払等悉くその意に一任し以てこれが決算報告をなさしむるに過ぎず」[12]という「自治的好慣例」が形造られていた。だが「幕末期の領主経済の窮乏化を背景に、領主による領民収奪の強化とそのための百姓分断策として、今まで公選されていた名主をはじめ村役人を領主が上から任命、罷免、休役などに処した」[13]。田中正造は、このような幕末期の領主権力の腐敗と収奪強化、自治的村落秩序の破壊に対し、正直、勤勉、節倹といった民衆道徳を拠り所に抵抗したのであった。

　田中は、1912年の日記につぎのように記している。「地主ニあらざるも、家主ニあらざるも、自治人民の自治権ハ住民より発動すべし」[14]と住民の自治を強調した。そして住民自治は、住民のこころのありようによって決まると次のように述べている。「公私の内、公ハ公ニ用ゆ。たとへば藤岡町の運命を考るハ公心なり。公ニ対して私心を用へば害なり、毒なり。故に町村ハ町村自治権を公けの重き権利とせり。町村を破る破らざるハ人民の心ニありて、政府ニハあらざるなり」[15]。それゆえ「政府の不善は人民の不善であり、政府の腐敗は人民の腐敗であり、したがって政府の悪事は人民の正からざるの反響」[16]である。「日本人は公共心、公益心を失い、公共団体上の道徳心や人民相愛の道徳心を失っている」[17]と人民を批判することも忘れてはいなかった。

　また田中は、「日露開戦への足音の高まる1903年、日本ではじめての非戦争論を唱え、世界の軍備廃絶を訴えた。世界史の帝国主義突入段階において、田中は帝国主義列強の領土・経済再分割に呼応する日本の対ロシア・満州侵略政策の推進―満州問題を煽動する大倉・古河・三井・三菱・浅野ら財閥資本の特質を明確に捉えていた。しかも軍備こそは、彼ら資本の帝国主義的化身であった。国家権力によって破壊・亡滅させられようとする谷中村に住みつくことは、相

手の国家を否定し返し、国家以前の権利—生存権と自治権を主張して、国家権力と対峙することであった」[18]。

　自然は、人々に恩恵をもたらすとともに時には人に危害を及ぼす。また人間が形成する社会も、そのありようによっては人々に災厄をもたらす。そのため人々は、知識結という形でつながり合いながら、生命や生活の危険と向き合いつつ、互いに学びあい育ちあう「人間発達の知識結」という「生活の知恵」を創り出す。田中正造も「智識あるものは智識を他人に恵めよ。足手あるものは足手を寄付せよ。金銭あるもまた同じ。かく互いに長短補足して一致漸くなる」（1909年11月11日）と述べ、行基の「知識結」と同じ内容の主張をしている。田中は、「人間発達の知識結」を「公共協力相愛の生活」という言葉で表現し村の自治の重要性を強調した。それは、ある意味で、歴史の中で権力者や強者、勝者によって無視され葬り去られようとした文化的伝統といえるかもしれない。

注
(1) 小貫雅男・伊藤恵子『グローバル市場原理に抗する静かなるレボリューション―自然循環型共生社会への道―』御茶の水書房、2013年、344ページ。
(2) 小貫雅男・伊藤恵子『グローバル市場原理に抗する静かなるレボリューション―自然循環型共生社会への道―』御茶の水書房、2013年、169-170ページ。
(3) 小貫雅男・伊藤恵子『グローバル市場原理に抗する静かなるレボリューション―自然循環型共生社会への道―』御茶の水書房、2013年、174ページ。
(4) 『阿含経典』増谷文雄編訳、筑摩書房、1979年。釈徹宗「初歩からの仏教入門」週刊朝日百科『仏教を歩く』朝日新聞出版、NO.1、2013年。
(5) 池上惇『文化と固有価値の経済学』岩波書店、2003年、15ページ。梅原猛『梅原猛の「歎異抄」入門』PHP研究所、2004年、32ページ。武田鏡村『仏教―〈不安〉の時代の羅針盤』新曜社、1987年、153ページ、189ページ。
(6) それぞれの地域の文化的伝統と異文化とが融合し新たな文化を創造することは、以下のように、アメリカ民主主義においてもみられる。D. A. グリンデとB. E. ジョハンセンによれば、「アメリカ民主主義は、アメリカ先住民とヨーロッパの政治理論の融合であり、米国憲法の歴史的血脈はヨーロッパとアメリカの両方にルーツを持ち、先住民の各種政体は間違いなく重要な貢献を果たした」（D. A. グリンデ・B. E. ジョハンセン『アメリカ建国とイロコイ民主制』星川淳訳、みすず書房、2006年、22ページ、288ページ）のであった。
　　星川淳は、米国連邦議会上下院も、アメリカ民主主義がアメリカ先住民の社会運営、特にイロコイ連邦から影響を受けたことを認めていると次のように指摘している。「ジョージ・ワシントンとベンジャミン・フランクリンに代表される憲法制定者たちが、イロコイ六連邦の諸理念、諸原理、および統治実践を大いに称讚したと知られていることに鑑み、当初の13植民地が一つの共和制へと連合するにあたり、イロコイ連邦をはっきりと模範にし、同連邦におけるその他の民主原理を合衆国憲法そのものにも取り入れたことに鑑み、上院は（下院と共同で）以下、決議する。1. 連邦議会は合衆国憲法制定200年を記念して、アメリカ共和

制がイロコイ連邦その他のインディアン諸邦に対し、彼らの開明的かつ民主的な統治原理と、独立したインディアン諸邦による自由な連合の模範から受けた歴史的意義を認めるものである」(同上、訳者あとがき、367-369ページ)。
(7) 東日本大震災復興構想会議委員・内館牧子「東北の夏、祭りに寄せて」『毎日新聞』2013年7月18日。また相馬野馬追祭りは、平将門の騎馬訓練が発祥といわれ、将門の強さを伝える祭りでもある。祭りの将門の旗印は、黒地に赤の日の丸で、闇を照らす太陽をあらわしている。ただし将門は怨霊、祟りの神として、日本三大祭りの一つである神田明神祭の神でもある。当時、飢饉や疫病などの災害が起きると、朝廷の悪い政治に対する将門の怒り、祟りとみなされた。平将門の乱の顛末を描いた初期軍記物語である「将門記」には、「人の世界に生き残っている人々よ、ほかの人たちのために慈悲を施し、悪行を消すため善行を積むようにせよ」と記されている(NHKBSプレミアム「BS2歴史館 日本最強の怨霊 平将門」2013年9月19日放送。)。この「将門記」のメッセージは、私たちが、如何に被災者と被災地と向き合い関わるべきかを示唆しているように思える。
(8) 『古事記』、A. スラヴィク『日本文化の古層』住谷一彦・クライナー・ヨーゼフ訳、未来社、1984年。石田英一郎・江上波夫・岡正雄・八幡一郎共編『日本民族の起源』平凡社、1958年。菅田正昭『日本の祭り』実業之日本社、2007年。
(9) 小松裕『真の文明は人を殺さず—田中正造の言葉に学ぶ明日の日本』小学館、2011年、124-125ページ、142-145ページ。
(10) 田中正造「足尾鉱毒問題」『警世』第22号、1901年9月25日。由井正臣・小松裕編『田中正造文集(一)鉱毒と政治』岩波書店、2004年、280-282ページ。
(11) 「1912年6月17日の日記」田中正造全集編纂会編『田中正造全集第13巻』岩波書店、1977年、260ページ。山脇直司『公共哲学とは何か』筑摩書房、2004年、98-100ページ。
(12) 田中正造全集編纂会編『田中正造全集第1巻』岩波書店、1977年、13ページ。
(13) 由井正臣の解説、由井正臣・小松裕編『田中正造文集(一)鉱毒と政治』岩波書店、2004年、385ページ。
(14) 田中正造全集編纂会編『田中正造全集第13巻』岩波書店、1977年、366ページ。
(15) 同『田中正造全集第18巻』岩波書店、1980年、630ページ。
(16) 同『田中正造全集第12巻』岩波書店、1978年、184ページ。
(17) 同『田中正造全集第12巻』岩波書店、1978年、423ページ。
(18) 同東海林吉郎・菅井益郎「足尾銅山鉱毒事件」宇井純編『技術と産業公害』東京大学出版会、1985年、d-arch.ide.go.jp/je_archive/society/book_unu_jpe5_a.html。

第15章

人間発達の知識結

第1節　賃金奴隷と「伝統と習慣」

　災害資本主義の根本問題は、マルクスが「資本論」で指摘したように、資本の本源的蓄積にある。それは、農村の生産者すなわち農民からの土地収奪を基礎として、労働者を自分の労働条件の所有から分離し、生産者が自分の労働力を商品として売ることでしか生活できない「賃金奴隷」という存在に堕してしまったことに見出される[1]。つまり賃金労働者とは、賃金がなければ生きていくことができない、いわば大地（生産手段）から切り離された根なし草同然の極めて不安定な人間の社会的生存形態なのである[2]。ここに災害資本主義の核心的問題である恐慌と投機、貧困と格差の根源的問題がある。なぜなら資本主義は、そのもののうちに恐慌と投機、金融化とグローバル化へと突き進む内在的傾向を有しているが、「賃金奴隷」の存在こそ資本主義を成立せしめる条件であるからだ[3]。

　だが問題は、「大地から切り離された賃金労働者」が失ったものとは、大地（自然）だけでなく、何百年、何千年もの間に築かれてきた、人と人、人と大地（自然）との付き合いの作法であった。つまり地域の気候や風土、地理などの自然と生活に根ざして培われてきた文化的伝統、たとえば中世の5－6世紀にもわたる手工業時代に築き上げられてきた熟練や創造性などの職人技と、個人的諸権利や民主的な自治である[4]。

アメリカ制度学派で進化論的経済学の創始者とされるソースタイン・ヴェブレンも、「伝統と習慣」が、人間や社会にとって決定的に重要な問題であることを強調した。彼によれば、「人間の本性は、行動をするということにある。たんに、外部的な力を受けて、喜びや苦しみを味わう、受動的な存在ではない。人間は、たんなる欲望の塊りとして、環境の影響を受けて、その力に翻弄されるにまかせるという受動的な存在ではない。絶えず新しい展開を求めて、夢をもち、その夢を実現しようとする本源的な性向と歴史的に受け継いできた習慣をもった、一個の有機体的存在である」。人間の行動は、「各人のもっている世襲的な特質、過去の経験が、それぞれ特定の社会的な伝統、習慣、物質的な環境のもとで、累積的につくり出したものであって、生活のプロセスにおいて、つぎの段階に移るための出発点を与えるものである」[5]。

　またヴェブレンは、人間行動における主要な原動力が「本能」にあることを強調している。「本能」には、集団本位の思慮深い性癖と、自己本位の収奪的な性癖とがあり、前者の主要なものが、「職人技本能、親性性向、暇な好奇心」、後者に属するものが、「闘争嗜好、自己誇示、支配、威信」などである。「職人技本能」は、熟練と創造的な仕事、実際的な工夫、効率と節約への方策と計画、事実についての技術的な精通に関わりを持つ性癖であり生活に役立つものである。「親性性向」は、「親らしい心遣い」であり、社会全体の福利を追求し、来るべき世代の福利を求める非利己的な傾向にほかならない。職人技本能と親性性向とは、その相互助長がきわめて広範かつ密接であって、協調的に機能しながら、社会全体の福利を実現するための手段として、物的財貨の効率的な生産の実現を促進する。「暇な好奇心」は、科学的真理を追究する性向で、これを用いて行為者の利用できる知識の中に引き入れられる物質的な情報は、職人技本能の目的を助けるようになる[6]。生活の諸目標は、「本能的性癖」によって選定されるが、諸目標を実現する「方法、手段」は、過去からの伝統に関わるもの、過去の世代の経験を通じて蓄積されてきた思考習慣の遺産によって規制されるのである[7]。

　日本における文化的な「伝統と習慣」は、①「天台本覚論」の「山川草木悉皆成仏」にみられる生きとし生けるものが共に生きる共生思想と、仏僧行基が実践した「知識結」によって、つながり助けあい、学びあい育ちあう文化であ

り、②職人技本能とも言うべき、勤勉で誠実に仕事をし、知恵や熟練、技、判断力などの成果を高め、生活をより良くしようとする希望の文化である。だが、権力と金銭欲によって人と自然を支配する金銭的権力的な「伝統と習慣」が、資本の本源的蓄積と近代的産業社会の過程のなかで肥大化し、社会や経済、文化を支配していく。それは、地域の気候や風土に根ざした文化的な「伝統と習慣」を経済発展の障害とみなし駆逐し解体させていく過程でもあった。

　本書で問題とする「開発・成長型復興」と「復興災害」も、金銭的権力的な「伝統と習慣」に位置づけられる。それに抗する人間復興と地域再生の道は、文化的な「伝統、習慣」と憲法を暮らしと地域再生に活かす実践知とその交流によって、学びあい育ちあう「人間発達の知識結」によって見つけ出されるであろう。

第2節　知識結と民主主義の創造

　田中正造は、日本古来の「公共協力相愛の生活」の思想を発掘し実践したが、その先駆者として律令国家時代の8世紀ごろに活躍した行基菩薩があげられる。仏僧行基は、朝鮮半島の渡来系氏族の末裔で、生誕の地は河内地方、大工や土木技術の集団を率いていたといわれている。

　当時は、現在の日本と同様、政変、飢饉、大地震など過酷な時代であった。710年の平城京遷都にともない藤原京の3倍もの規模を持つ平城京の造営工事が始まる。律令国家体制の下、それに従事させられた役民は、過重な労働と負担に耐えかねて、各地に膨大な流浪・逃亡、餓死者が続出する。当時の僧侶は、「僧尼令」にみられるように、国家に奉仕するよう統制され、個人で民衆救済を行うことは禁じられていた。

　だが行基は、国家の迫害や弾圧にもかかわらず、敢然と救済に乗り出し、役民を病と飢餓から救済する布施屋や福祉、医療施設を各地に建設し、病人を治癒する温泉をひらく。さらに地域の経済活動を活性化するために、橋を架け道や港、溜池（狭山池の改修など）をつくり、全国を歩き地図をつくったと伝えられている。かれは、この事業を遂行するために、従来、地方統治の単位であった村や郷などのコミュニティに代わって、民衆救済事業を遂行するための、新

たなアソシエーションを創りだした。これは、「知識結（ちしきゆい）」と呼ばれて、民衆の生命と暮らしを支える人と人とのつながりである。

若井敏明によれば、「知識」とは「友人、知人」という意味で用いられるのが原義で、「仏典の善知識と関係を生じて、僧尼の勧化に応じて、結縁の為に財物を浄捨」することとされる。すなわち知あり徳ある僧尼の指導の下、善き友とともに、財物を寄付することである。そして知識結とは、知識が団体を結成することとされ、古代社会では知識による事業が広く行われていた。つまり知識結とは、僧の指導によって人々が資財、労働力、技能などを提供し、協力して、民衆救済事業、福祉、医療、建築、土木、寺院などを造る団体を意味した[8]。これら造営のための資財や労力などは、膨大なものになるが、国家に依存するのでなく、すべて民間によってまかなわれたことは、行基の教化力・指導力、また農民の行基に対する信頼が大きかったことを物語っている。このように、行基は身をもって布施の徳を実践する菩薩行（利他行）を実践し、殺生の罪が如何に重いかを説いた。

さらに行基が、縄文時代以来の日本人の宗教である神道（森や川などの自然や自然現象を敬いそれらに神を見いだす信仰）と、外来の仏教とを習合する神仏習合を築いた人であることは興味深い。なぜなら「天台本覚論」の「山川草木悉皆成仏」という共生思想が、神仏習合を発展させ創造されたからである。井上正によれば、日本列島の全域に、民衆のための仏教が浸透していったのは8世紀前半で、その伝道を身をもって推進したのは行基とその集団であった。行基仏教の核心は、行基の宗教体験の中から形成された。山林修業の間に、当時の日本人にとって神そのものに近い存在であった霊木に化現する仏を感得し、霊木化現仏を柱とする神仏一如の境地を得て市井に身を投じた[9]。つまり、行基は、日本の伝統であった神道と外来仏教とを融合し、各人の持ち味や専門性を生かして被災者と支援者が人間として発達していく「知識結」、すなわち共に生きていくための「生活の知恵」を創造したのであった。

行基の切りひらいた「知識結」は、14世紀には「講」として知られる一種の信用組織のなかにも見いだすことができる。講は一つのグループで、皆の貯蓄を共同管理し、その資金の中から利用できる分を貸し出すというもので、借金は基金に数回にわたり貯蓄するという形で返済された。より現代的な信用組合

形態の「報徳社」は、農村改革者の二宮尊徳によって1843年に開発されている。それは、イギリスのロッチデール先駆者協同組合が小売店を設立したのとほぼ同じ時代のことであった。19世紀の終わりまでに、このような結社が日本の900を超える村々にあった。

　近代日本のボランティアと協同組合運動の先駆者である賀川豊彦は、日本の農村などにみられる協同や助け合いの伝統文化が、協同組合を進めていく上で決定的に重要な問題であることを強調した。賀川によれば、日本の農業土地は細分されているため、土地利用組合を作って、協同耕作に移す必要がある。徳川時代には、水害等にそなえて、11カ国13藩に地割制度というものがあった。これは一種の農業協同組合であり、災害地救済組合でもあった。彼らは、平常は私有財産制度に依って耕作したけれども、災害に見舞われると、たちまち社会主義的になり、労働を共にし、村全体の地割を始め、互助友愛の精神を以って村民自らの力で、土地の回復に努力したのであった[10]。

　行基の思想と実践によるこの「知識結」は、飢餓や貧困などで苦しむ人々を救済するために、インドや中国、朝鮮などの大陸文化（仏教や知識、技術など）を学び、智慧や技、資金、土地、労働などを提供し合う中で、協力し信頼し合うコミュニティを形成することであった。だが行基の時代は、現在のように個人の権利や責任が法的に認められていたわけでなく、「個性を活かし創造性を育て合う人間として発達する」という明確な目標は持ちにくい状況下にあった。確かに日本の地域社会には、地域住民が農漁業や冠婚葬祭などで話し合い、助け合い、心を通わせる「結」や「もやい」という自治的な伝統が根づいていた。しかし「結」や「もやい」は、ともすれば共同体や国家、企業といった組織のために活用され、一人ひとりの人間発達に貢献しない、むしろ犠牲にされる場合もあったのではないか。それゆえ、個人の人権や個性が尊重された「人間発達の『知識結』」の方が、つながり分かち合い、共感と想像、創造性が求められる現代社会にふさわしい概念であろう。

　この「人間発達の『知識結』」は、近代日本の自由民権運動のなかにも見いだされ、現在の日本国憲法にも影響を与えたのではないか。たとえば、自由民権運動は、地域の豪農層が運動の主体となるにつれ、学習熱が高まり、各地の学習結社を創設していった。なかでも「知識結」ともいうべき、相互扶助として

の災害保険共済、無尽講、貧民救助、互助会を含むいわゆる保険共済を実践していた。しかも、その相互共済思想も個人主義やエゴイズムの方向をとることなく、自ら進んで他者を助けるヒューマニズムの実践の方向に向かった。この自由民権の共済制度は、西欧モデルの直輸入ではなく自生的に展開していたのであった[11]。それと同時に、自由民権運動は、アメリカやフランスなどの人権、民主主義思想の影響を受けた植木枝盛の私擬憲法草案を生み、それが、終戦後、憲法学者である鈴木安蔵ら7人の民間有識者がつくった憲法草案に大きな影響を与えた。彼らの憲法草案が、連合国軍総司令部（GHQ）が日本政府に示した憲法案の下敷きとなっている。

　以上のような日本の文化的伝統は、阪神・淡路大震災の被災者の救済にも生かされた。阪神・淡路大震災は、ボランティア元年と呼ばれ、100万人以上ものボランティアが被災地に駆けつけ、その中から福祉や文化、医療、災害復興政策研究などを担う人材が育ち、NPO、NGOなどが多数輩出し、他の地域や他国の災害復興に貢献し、経験交流などをおこなっている。これら一連の活動を契機に、わが国で最初の「特定非営利活動促進法」（1998年）が制定された。さらに神戸空港住民投票条例制定運動で提起された「大事なことはみんなで決めよう」という理念は、平成の市町村合併における住民投票運動など全国各地で実践されている。それらに共通しているのは、市民が互いの異なる意見をも尊重しつつ対話、学習し、まちづくりのための力量を高めていることである。

　阪神・淡路大震災からの教訓は、創造性の源泉である市民の自主性や協同性、市民相互のコミュニケーションや学習によって高められた潜在的能力を活かす民主主義と地方自治を創造することである。そして地域社会に渦巻いている不安と疑心暗鬼をなくし市民、企業、行政相互の信頼と互恵的な関係を築くことである。そのためには徹底した情報の公開と市民の学習権の確立、NPOなど市民の自主的活動の強化とそれにもとづく市民参画が不可欠である。このことこそ市民の生活と営業、地域経済再建の道であり、日本の都市再生の鍵でもあるだろう。

　阪神・淡路大震災で芽生えた、市民のボランタリー（自発的）な意思に基づく運動は、東日本大震災後の脱原発の新しい市民運動に発展していることが注目される。首相官邸前や全国各地で繰り広げられた市民の脱原発デモは、従来の

ような政党や労働組合などによる中央指令型、組織動員でなく、一人ひとりが自主的主体的に考えて参加し、自由な交流を繰り広げている。そのことが、世論を動かし一定の政治的な効果を生んでいる。このデモの特徴は、第1に、「原発は危険」「放射能は恐ろしい」という生活者の実感、感情を大切にしつつ、地方に原発を押しつけた都市の問題を意識し、被災地の復興支援と連動していること。第2に、グローバル化、市場主義化、そして巨大開発による家族や地域の共同体の解体に抗し、困難な生活を克服すべく、生活を下支えする地域社会の再建を展望していることである[12]。

第2節　日本の文化的伝統を活かしたまちづくりと復興支援

　遠野市は、太平洋側の釜石市と内陸部の花巻市の中ほどに位置し、「明治三陸津波」(1896年) や「昭和三陸地震津波」(1933年)、そして「東日本大震災」(2011年) で被災した沿岸部の復興支援で重要な役割を果たしてきた。また住田町は木造仮設住宅などで復興支援をおこなっているが、地元の気仙杉を使った気仙大工などの職人の技術を生かす伝統が大きな役割を果たした。これらは、遠野市や住田町の文化的伝統とそれを活かしたまちづくりが深く関係している。以下で検証しよう。

遠野市の文化的伝統

　柳田國男は、「遠野物語」の序文において次のような文を記した。「国内の山村にして遠野よりさらに物深き所にはまた無数の山神山人の伝説あるべし。願わくはこれを語りて平地人を戦慄せしめよ。この書のごときは陳勝呉広のみ」[13]。柄谷行人によれば、柳田が「山人」と呼んだのは、先住民の狩猟採集民 (縄文人) であって、彼らは稲作農民によって追いつめられて吸収されるか山に逃れた。山人が暮らす山地は、平地の世界が国家によって統治されているのに対して、自由で平等な世界が残存する。『遠野物語』の序文の「平地人を戦慄せしめよ」は、平地人が見失った世界……かつての宮崎県椎葉村の焼畑狩猟の世界にみられた、土地の共同所有や生産の「協同自助」を再喚起することであった[14]。

遠野の歴史は古く、縄文時代の「綾織新田遺跡」、「権現前遺跡」、「上甲子遺跡」などが発掘され、その後の蝦夷の時代にも郷内には集落があった。人々が生活を営むことのできる恵まれた風土があったからであろう。その後、連綿と尽きることなく、遠野郷の人々はこの地を耕し、子々孫々、伝承文化を築いてきた。平安期に大和朝廷の支配下におさめられたあと、鎌倉時代には阿曽沼氏の治下に入り、江戸時代には遠野南部氏の配下となっても、それぞれの下で独自の文化を育み、継承してきた。確かに遠野を含む東北の歴史は、坂上田村麻呂将軍によって象徴される蝦夷征伐や、国家による国教である仏教の普及に象徴されるように大和文化の影響を受けている。だが国家的背景なしに自らの意志で民衆救済のために民間の宗教家が入り込んできたことが底流にあり、東北独自の文化を育むうえで重要な役割を果たしている[15]。

　東北を巡った僧は、遠く奈良時代の頃、行基菩薩が天台寺（岩手県二戸郡浄法寺村）などの開基になぞらえられていることからもうかがえる。その後、天台宗の最澄を師とする慈覚大師円仁が、岩手県平泉の中尊寺、毛越寺、福島県伊達郡の霊山寺、宮城県松島の瑞巌寺、山形県東村山郡の立石寺、青森県下北郡の恐山の地蔵堂などを開基したと伝えられている。

　遠野にも昔から伝わる慈覚大師円仁の伝説がある。850年頃、諸国巡暦中の慈覚大師は、遠野において霊木を得、この1本のカツラの木から七体の観音菩薩像を刻み、遠野郷の7カ所に祀った遠野七観音である。大師は、各地に寺を建立し教を布したのであるが、同時に、民を豊かにするために、道路の開鑿や灌漑、開墾、麻布の製造技術の教育、最上川の砂金採取など産業上の指導もおこなっている[16]。

　梅原猛によれば、円仁は「山川草木悉皆成仏」という天台本覚論を唱えた僧であった。「山川草木悉皆成仏」とは、山や川も木や植物や魚も、みんな人間のように生き仏性を持っている。そして、それらはすべて成仏できるという考え方で、縄文時代以来の伝統的な思想だといえる[17]。円仁が開基した平泉の中尊寺、毛越寺などの平泉の文化遺産は、2011年に世界遺産に登録された。平泉の庭園及び寺院は、仏教が中国・朝鮮半島を経由して日本に伝播し、縄文時代以来の自然崇拝思想と融合して独特の発展を遂げ、それが作庭技術や仏堂建築に反映されつくられている。浄土庭園の大きな特徴は、日本の伝統的な考え方で

ある「自然との融合」が典型的にあらわれているところにある。背後の小山が庭園の一部として取りこまれていることなど、庭園は周囲の自然地形や景観と調和すべきである、という考え方があった。人間を自然の一部とするこうした見方は、現代で言う「自然との共生」に通じるものがあるといえるだろう。

また中尊寺の建立供養願文に次のような文が記されている。「攻めてきた官軍（都の軍隊）も守った蝦夷も　度重なる戦いで　命を落とした者は　古来幾多あったろうか　いや　みちのくにおいては　人だけではなく　けものや鳥や　魚貝も　昔も今もはかりしれないほど犠牲になっている　霊魂は皆　次の世の別に移り去ったが　朽ちた骨は塵となって　今なおこの世に憾みを遺している　鐘の音が大地を動かす毎に　罪なく犠牲になった霊が　安らかな浄土に導かれますように」。つまり中尊寺建立の目的が「戦争で亡くなった全てのものを、敵味方の区別なく極楽浄土へと導きたい」という願いにある。こうした「心の平和」を希求する考え方は、ユネスコ憲章にある「戦争は人の心の中で生まれるものであるから、人の心の中に平和の砦を築かなければならない」とする理念とも共通する。このような「人と人との共生」思想が、12世紀の時代に東北の地で生まれていた[18]。

以上のように円仁は、中尊寺の建立などにみられるような布教を行うとともに、民の暮らしを豊かにするために道路の開鑿や灌漑などを実践している。これは、技術者集団を率いた行基の知識結の実践と共通するものである。つまり東北の暮らしや文化の底流にあるのは、「山川草木悉皆成仏」にみられる「人と自然との共生」、行基の知識結の「人と人との共生」を実践した円仁などの思想と実践の記憶であろう。

遠野市のまちづくりと復興支援

遠野市民の戦後は、戦争によって破壊された生活やコミュニティ、そして傷つけられた心から人間的復興をめざすことであった。それは、古くから地域に根づいていた神楽や獅子踊りなどの郷土芸能や祭りの記憶を呼び戻し、その復活によって人々が心を通わせてつながることであった。郷土芸能や祭りは、単なる娯楽や日常生活のフラストレーションの場であるだけでなく、遠野人としての存在価値であり生きがいでもある。1960年代に入り遠野市の青年団が、わ

らび座などのプロの演劇団を招き、観劇した住民が感銘を受ける。これを契機に演劇に加え、住民によるオリジナル音楽や郷土芸能を演じる場や機会を提供する市民センターが構想されていく。

　この時期は、高度経済成長の中で、純農村地域の遠野市は、かつての地域住民の連帯意識が薄れ、地域社会の解体が徐々に進行していた。こうした状況に対する危機意識を背景に、地域住民の間から新たな地域づくりの意識が芽生えるようになり、行政側もそうした市民と一体となって、新たな地域環境づくりに乗り出し市民センター構想を打ち出す。

　よりよい地域社会を実現していくためには、その構成員である市民自らの参画と力がなければならない。市民センターはその拠点、市民と行政との接点として「健康で安全で文化的で、明るく人間性豊かな生活を営むために必要な行政サービス体制の協調化を図るとともに、市民の生活文化の向上と福祉の増進のための施設と機会を提供し、あわせて近隣社会における自主的連帯的地域活動と相互の交流を助長し、市民の積極的な社会参加を促し、もって地方自治の本旨に即する新しい市民社会の形成に資する」(遠野市民センター条例第4条)ことを基本理念として設置された。

　市民センターは、日常の市民生活に直結するサービス行政について、市長と教育委員会両機関の協調にたった〈総合行政的総合施設機能〉化の新しい試みである。所長以下44名の職員(社会教育指導員及び社会体育指導員7名)および、旧村(綾織・小友・附馬牛・松崎・土淵・青笹・上郷)のそれぞれの地区センターに、所長、公民館主事、保健師の3人が割り当てられ、地区の下位生活圏の集落センター(およそ160か所)とのネットワーク化を図ることを目的としている。

　市民センターは、市街地の中心にあって田園都市遠野生活圏の中核機能をもち、地区センターは合併以前の旧村を単位とした農村日常生活圏の中核施設である。それらの基本理念の発揮は、市民センター開設(1971年)と同時に市民宣言された遠野市民憲章「わたしたちは、清らかな山河、澄みきった空気のもと、語りつがれてきた民話とゆかしい文化をもつ心のふるさと遠野の市民であることを誇り、このまちをさらに豊かな田園都市にするため、ここに、この憲章をさだめます」の推進、すなわち地域社会の構成員である市民自体の地域参加への実践如何にゆだねられている[19]。

地区センターは、地区の婦人会や消防団、老人クラブ、自治会、小中学校PTAなどの住民組織の連合である地域づくり連絡協議会が運営していたが、東日本大震災の後方支援の基地として重要な役割を果たした。大震災後、市民センターと地区センターのある地域に居住していた職員は、後方支援のために各センターに結集し、地区の行政区長を通じ地区住民にボランティアや支援物資の提供を呼びかける。それぞれの地区の特徴を生かした支援がおこなわれた。たとえば松崎地区センターは、市の社会福祉協議会があり市の福祉行政を担っていた経緯から災害ボランティアや支援物資の受け入れを、上郷地区センターは沿岸に近いために避難所を、農業が盛んな綾織地区センターはお米などの農作物の支援をおこなう。地元の建設会社が震災直後の停電に際し、無償で大型発電機と燃料を提供し、避難者のための暖房をしている。炊き出し延べ2,050人、物資仕分け延べ1,300人がボランティアで参加し、行政だけの対応が困難なためボランティアセンターが設立される。被災地へ救援物資（燃料18ℓ、衣類・寝具12万5,000枚、食料11万箱、おにぎり14万個、米3万8,000kg、飲料水21.2万ℓなど）の搬送250回、被災地への搬送は遠野市や県トラック協会などがボランティアでおこなわれた[20]。

住田町のまちづくりと復興支援

　日本の文化的伝統ともいうべき「知識結」を実践した行基は、困窮した被災者や貧困者を救うべく、生活を支える知識と技術、すなわち病を治す薬草の知識や、灌漑、橋、道路などの土木・建築技術者集団を率いていた。もともと技術は、切実な生活問題、とくに食料問題を解決しようとする民衆の労働と知恵の結晶であった。この技術の本来の姿を科学技術時代のエンジニアやいわゆる「科学主義者達」は忘れがちである。結局そのために彼等は民衆の生活よりも、むしろ「科学」から「技術」が生まれたのだと言う倒錯した観念をいだく様になった[21]。このような倒錯した観念の顛末が、原発事故であったといえるかもしれない。

　井野博満も成熟技術と「生活圏」を強調する。井野によれば、生活（環境）を維持し改善するためには、新技術（ハイテク）もときとして役立つかもしれない。だが人びとがコミュニティをつくりあげるなかで、人びとの知恵として蓄

積されてきた成熟技術（ローテク）と人びとの連帯が重要であるという。これらのことは、阪神大震災や中越地震などの災害に際し学んだことでもある。これからの技術は、省力技術よりも、風力、太陽光、バイオマスなど省資源・省エネ技術を使って、生活環境の改善をはかる市民主導型の中間技術が求められる。それらは概して金はかからないが、人手がかかる技術や事業ということになる。さらに内需振興・雇用対策という方向性ともマッチする。たしかにこれらの生活重視産業は、「経済成長」にさほど結びつかないだろうが、人びとの生活を確実に豊かにし、雇用を増やし、働く喜びを復活させるであろう[22]。

　先端的な巨大技術が導入されるなら、生産の場から多くの人々が排除されて大量の失業者を生み出してしまう。それだけではなく、労働そのものが細切れの非人間的なものになってしまう。それよりはむしろ身の丈の「中間技術」を用いることによって、より多くの人々が生産に参加し、自身の「頭と手」を活用しながら、仕事の持つ機能を果たすことが大切である。インドの社会と経済の実態に深く憂慮したガンジーは、「奇跡をなしとげるのは、大量生産ではなく大衆による生産だけだ」と主張したのは、どんな社会でも、究極の資源は労働力であって、この力は底知れぬ創造性に富んでいるからであった[23]。

　今回の大震災復興においても、まちづくりの伝統と習慣のなかで培われてきた自然との付き合い方や生き方、そして漁師や農民、大工、建築家などの職人たちの技術を生かす特筆すべき取り組みがみられる。たとえば、津波被災地の後方支援を行っている岩手県住田町では、優れた伝統的建築技術をもつ地元の気仙大工などの職人によって気仙杉を使い、１戸ずつ独立した木造仮設住宅を建設している。そのメリットは、①地元に復興資金が循環し被災地経済の活性化に役立つ。②プレハブの仮設住宅は、建設しても２年後に解体しなければならず、総費用は約500万円もかかる。木造にすれば、１戸当たり約250万円で建設でき、解体せずに災害公営住宅として使用することができる。③被災者の仮設住宅から災害公営住宅への引っ越し費用や引っ越しに伴う心理的負担が軽減される。④鉄骨系プレハブよりも除湿性や断熱性など居住性が優れている。⑤日本は国土の７割近くが森林であるが、木材自給率は３割にも満たない。身近な森林の木材を活用することで地球環境保全にも貢献できることである。

　以上の背景に、住田町の自然資源と伝統文化を活かしたまちづくりの取り組

みがある。住田町は、人口6,394人、総面積3万3,483ha、森林面積が3万0,289haで総面積の90％を占める。森林面積のうち人工林が53％、町有林は40％である（2010年）。同町は、貿易自由化による木材価格の低下に危機感をもち、町の自然資源である森林を生かすべく、1978年に町長をトップとした林業関係者などの住田町林業振興協議会が中心となり、20年計画で「木材生産、流通、加工これに住宅生産、販売を通じた地域経済の発展」をめざす「住田町林業振興計画」を策定した。さらに1994年には、「豊かさの創造」を題目に「情報を媒体とした生産、流通、加工のシステムの構築と、真の『豊かさ』の源泉としての森林保全の林業」をめざす「第2次計画（10年計画）」を策定する。

　このような計画を実行すべく、1978年に第三セクター「住田住宅産業」を設立し、気仙スギを使った「気仙大工」の伝統技法を生かした産地直送住宅の供給を開始した。1993年には大工職人の担い手不足を補うとともに工期の短縮、付加価値の高い地域材の大量かつ安定的な供給を目的に「けせんプレカット事業協同組合」を設立し、1998年に国産スギ養成材の工場「三陸木材高次加工協同組合」を設立している。さらに2002年には、森林所有者への利益還元、川下へ安定的に木材を供給するために「協同組合さんりくランバー」が木材加工システムの最終施設として設立された。図1のように、生産・流通・加工販売という「川上から川下まで」の地域林業システムは、木材の流れが良くなることで、山も工場もメーカー、さらには施主まで良くなる仕組みである。表1のように4つの事業団体で計234人もの雇用を生み出している。これ以外に気仙地方

図1　住田町の林業循環型システム

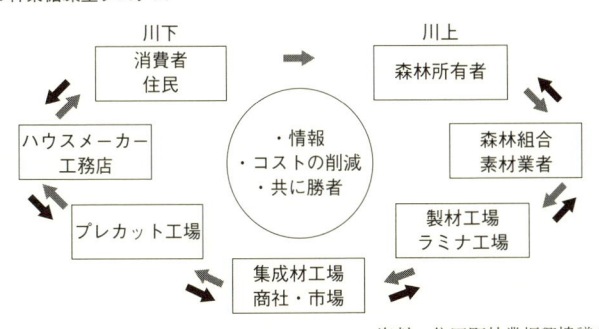

資料．住田町林業振興協議会資料より作成

表1　住田町林業関係従事者数（2011年）

事業者	雇用数	正規・臨時		
住田住宅産業 K.K	10人	正規	10人	男 8人 女 2人
		臨時	0人	
けせんプレカット事業協同組合	139人	正規	113人	男 96人 女 17人
		臨時	26人	男 21人 女 5人
三陸木材高次加工協同組合	65人	正規	56人	男 51人 女 5人
		臨時	9人	男 4人 女 5人
協同組合さくりくランバー	20人	正規	10人	男 10人 女 0人
		臨時	10人	男 4人 女 6人
合計	234人	正規	189人	男 165人 女 24人
		臨時	45人	男 29人 女 16人

資料．住田町産業振興課資料より作成

　森林組合（住田町、大船渡市、旧三陸町の森林組合が合併）は、78人（正規18人、臨時2人、作業員58人）を雇用している。さらに林業だけではなく、山が良くなることで、川や海の人にも喜んでもらえるのである。
　同町は、「森林・林業日本一のまちづくり」をめざし、①環境と調和しながら循環する森林・林業の実現、②「住田町」自身を森林・林業のブランドとして発信、③森林・林業日本一のまちづくりに対する町民の理解と協働を目標としている。
　以上のようなまちづくりで注目すべきは、職人集団の気仙大工である。気仙大工は、もともと気仙地区（大船渡市・陸前高田市・住田町）を中心とした大工集団で、民家の建築はもちろん、寺院造営、建具づくり、細工までもこなす多能な集団である。藩政時代から「南行き」と称した出稼ぎをしていたが、明治期の東北本線の開通以来、関東地方や北海道など、出稼ぎ範囲が広がり、関東

大震災後の復興、東京・銀座の歌舞伎座の建築や大阪城天守閣の復元などでも活躍した（岩手県ホームページ）。

多彩な技能を持つ気仙大工の源流は、東北地方の木地師(きじし)といわれる。木地師は、木取伐採を行い、これが林業経営上では除伐作業となり、美林の育成を助けることから、木地師は各地林業地帯の大恩人であった。さらに日常生活で使用される什器類や原始宗教崇拝の対象物またはそれらに供えられる器物も生産している。木地師は、郷土史家の山田原三によれば、豊臣秀吉天下統一の時、会津地方を領有した蒲生氏郷が近江地方より商人、木地師等を移住させたのがはじまりと言われる[24]。

蒲生氏郷は、楽市楽座の制度を取り入れ商工業を振興するなど文武にすぐれ、近江商人発祥に大きな影響を及ぼした。近江商人は「三方よし」と言われるように、自分の利益だけでなく相手の利益、そして社会の利益も大切にしたことで厚い信用を得たが、近江の「木地師も生産技能者でありながら、直接販売にも携わることを苦にしなかった。今日でいう製造・販売の能力を備えていた集団だったといえる。……木地師は、技能者であり農業生産・狩猟者であり商売人など多彩な性格」[25]を持っていたのである。

このように木地師に担われた林業と気仙大工などの木造建築業は、近代以前までは全国各地にみられた。そのなかでも良い木造建築は、①優れたデザイン、すなわち木の特性を発揮したデザイン、②地域の風土、文化、環境と調和したデザイン、③山側と製材所、工務店、職人技術の良い連携、施工者の技能、技術の発揮、④耐久性と安全性、省エネルギー性に優れているものであった。そして良い木造建築の条件として、①大工、左官、瓦葺き職人、建具職などの職人の育成と技術が継承されていること、②職人の適切な報酬、③健全な森林の育成管理による国土の保全があげられる[26]。

だが木造建築は、近代以降、特に戦後から1980年代までの高度成長時代に衰退化の一途をたどった。その背景には、第1に、急速な工業化、都市化の中で都市防災のための不燃化を目標とした都市づくりが、木造建築から鉄筋コンクリート建築を促し、そのための法・制度が整備されたこと、第2に、大資本の住宅メーカーが、大都市の急速な人口増加の受け皿として大量の住宅建設をまかなうべく、大量の安価な外材を輸入し、プレハブ化、工業化などの大量生産

システムを住宅産業に導入したことである。だがそのために、地域と生活に根ざした木地師や建築職人は駆逐され、大企業の下請けシステムの中で利用され、職人の地域性や総合性、文化性・倫理性は失われた、ことがあげられる。

　以上の過程で、木造建築を主軸においた法整備の不備と、モデル建築の不足、有効な普及促進の政策不足とが相俟って、使い手（建築主、利用者）と作り手（設計者、施工者）とが分断され、森林や自然素材に対する理解が不足するようになった。そして消費的な流行のデザインを好む悪しき風潮のなかで、日本的な美意識が見失われていった。

　だが1980年代に入って、多くの人々は「物の豊かさよりも心の豊かさ」を求めるようになり、木材のもつ柔らかさ、ぬくもり、自然らしさなどが見直されるようになっている。また近年になって、地球環境や資源問題の観点から木材利用を再評価する動きが高まっている。この動きを本格化するには、①国産木材、地域材の安定供給が可能となるよう、林業の復興が重要で、林業の構造改善、流通の整備。②植林、育林と材の供給を行っている林業に資金が還元できる「ものづくり」や「経済」の仕組みの整備、③伝統工法の法整備と、そのための研究投資と教育投資。そして木造建築教育は、大学だけでなく小学校、中学校、高等学校でも行い、大工、左官の手仕事の教育と育成、熟練の格付など属人的な視覚で社会の信用を得る制度の整備などが求められる[27]。

　全国的な法・制度の整備とともに、住田町のようなまちづくりの実践を発展させることが重要である。住田町は、戦後の高度成長期、全国的な工業化と都市化の波に取り残され過疎化が進んでいる。だが、伝統的な森林の整備（造林・下刈り・間伐）と木材加工・流通までを有機的に結んだ産業循環を図る地域林業を推進している。特に持続可能な森林経営を目指す森林認証を受けた木材を利用した住宅の建築や、環境に優しい負荷のかからない木質バイオマスなどのエネルギー政策を進めている[28]。

　木質バイオマスは、住田町が1998年に集中豪雨に見舞われ、土場や山林に放置された残材の一部が流失し、洪水に拍車をかけ大水害が発生し、下流域に被害がもたらされたことが契機となっている。このような災害を繰り返さないために、山林の荒廃を防ぐための森林管理の徹底が必要であるが、同時に林業廃棄物をエネルギーとして利用すれば、自前のエネルギー資源となる。それは、

化石燃料の削減・地球環境問題への寄与、さらには新たな雇用創出などによる地域産業振興につながるのである。

住田町のような取り組みをより発展させるには、農林漁業収入だけでは生活できないという現状を打開すべく、太陽光、風力、バイオマスなどの再生可能エネルギーを農漁村に導入し、農家所得を倍増させる政策を展開すべきである。北澤宏一によれば、2008年現在の農業従事者は、70歳以上が46.8％に達し、農家一軒当たり平均農業所得145万円／年に過ぎない。このままでは若者は、生活できないからという理由で農業に従事しないのが現状である。もし農家一軒当たり200平米の太陽電池を設置すれば、農業所得は倍増可能である。そのための投資は約800万円であるが７年で元がとれる。デンマーク、スウェーデンなどの国も農家共同所有方式で所得増に成功している[29]。

日本社会は、大災害によって荒廃した地域を再生すべくさまざまな創意工夫によるまちづくりを展開してきた。阪神・淡路大震災では、100万人以上ものボランティアが活躍し、1998年のＮＰＯ法を生み出す契機となった。市民のボランタリー（自発的）な意思に基づく運動は、東日本大震災後の脱原発の新しい市民運動にまで発展している。首相官邸前や全国各地で繰り広げられた市民の脱原発デモでは、一人ひとりが自主的主体的に考えて参加し、自由な交流を繰り広げている。そのことが、世論を動かし一定の政治的な効果を生んでいる。また地方に原発を押しつけた都市の問題を意識し、被災地の復興支援と連動している。そしてグローバル化、市場主義化、そして巨大開発によってもたらされた困難な生活を克服すべく、生活を下支えする地域社会の再建を展望している。

福島県会津地方の農村地域の喜多方市でも、東京などの大都市のサラリーマン経験者のＩターン組を中心に、手づくりの有機農業や豆腐、そばなどの生産と商いを行い、その創造的成果を消費者に提供し対話を通じて成果の質を上げ、公正な評価によって職人的能力を維持し発展させている。さらに彼らはＮＰＯなど緩やかにつながる組織を立ち上げ、古き時代の旅籠屋の古民家を交流の拠点として、原発被災地である福島のこれからのまちづくりを展望しようとしている。

大災害は、甚大な被害をもたらしたが、復興の過程で憲法を暮らしと地域再生に生かす新しい取り組みも生まれてきている。阪神・淡路大震災を契機に生

まれたボランティアやNPO、NGO、そして東日本大震災後の脱原発デモ、福島県会津地方の喜多方市の地元の有志による自然再生エネルギーによる民間電力会社をつくる動きなど、草の根からの自主的主体的な市民の動きである。これらを発展させるためには、憲法を暮らしと地域再生に生かす主体の形成が必要である。それには、一人ひとりが、地域に根ざした生業を基礎に、「人間発達の知識結」による熟練、技巧、判断力、創造力など「人的文化資本」を体化するとともに、地域の文化的伝統や習慣などの「地域的文化資本」の社会的な蓄積が求められる。

　「人間復興」と持続可能な地域へと再生していくためには、市民、自治体、企業、NPOなどが、地域の生活や労働、経営などの実践知を交流し学び合い育ちあう「人間発達の知識結」によって新たな文化資本を形成することが必要であろう。

注
(1) マルクス『資本論（3）』岡崎次郎訳、大月書店、1972年、358－360ページ。
(2) 小貫雅男・伊藤恵子『グローバル市場原理に抗する静かなるレボリューション──自然循環型共生社会への道──』御茶の水書房、2013年、63ページ。
(3) デヴィッド・ハーヴェイ『資本の〈謎〉』森田成也他訳、作品社、2012年、374ページ。
(4) ヴェブレン『ヴェブレン　経済的文明論──職人技本能と産業技術の発展──』松尾博訳、ミネルヴァ書房、1997年、195－238ページ。
(5) "Why is Economics not an Evolutionary Science ? QJE,July1898. 宇沢弘文『ヴェブレン』岩波書店、2000年、50－51ページ。
(6) ヴェブレン『ヴェブレン　経済的文明論──職人技本能と産業技術の発展──』松尾博訳、ミネルヴァ書房、1997年、訳者まえがき。
(7) ヴェブレン『ヴェブレン　経済的文明論──職人技本能と産業技術の発展──』松尾博訳、ミネルヴァ書房、1997年、7－8ページ。
(8) 若井敏明「行基と知識結」速水侑編『行基』吉川弘文館、2004年。
(9) 亀田隆之著『日本古代用水史の研究』吉川弘文館、1973年、196－197ページ、『行基菩薩千二百五十年御遠忌記念誌』行基菩薩ゆかりの寺院、1998年。梅原猛『神殺しの日本　反時代的密語』朝日新聞出版、2011年、37ページ、52ページ。井上正「霊木に出現する仏──列島に根付いた神仏習合──」林屋辰三郎編『民衆生活の日本史・木』思文閣、1994年。
(10) 賀川豊彦「人格社会主義の本質」賀川豊彦全集刊行会編『賀川豊彦全集　第13巻』キリスト新聞社、1964年、247ページ。ロバート・シルジェン『賀川豊彦─愛と社会正義を追い求めた生涯─』賀川豊彦記念松沢資料館監訳、新教出版社、2007年、209－210ページ。
(11) 小林惟司「自由民権運動と保険思想──岡山美作郷党親睦会の場合──」www.jili.or.jp/research/search/pdf/C_77_5.pdf。
(12) 山内明美・木下ちがや・小熊英二「大震災は何を変えたか」『現代思想』青土社、2013年3月号。

(13) 柳田國男「遠野物語」『遠野物語・山の人生』岩波書店、1993年、7ページ、初出1910年。
(14) 柳田國男著・柄谷行人編『「小さきもの」の思想』文藝春秋、2014年、36－37ページ。「毎日新聞」2014年3月6日夕刊。
(15) 遠野市『遠野市制30年の歩み』1984年。遠野市立博物館『国指定史跡　綾織新田遺跡展』2003年。遠野市『遠野市史　第1巻』1974年、338ページ。
(16) 本多綱祐『慈覚大師伝』天台宗教学部、1962年。遠野市立博物館『遠野七観音』1988年。
(17) 梅原猛氏　講演録2｜「ふくし」を思う｜日本福祉大学　ふくし新書＋F。www.n-fukushi.ac.jp/pr/chi/umehara/page02.html。
(18) 口語訳／平泉文化遺産センター館長　大矢邦宣。岩手県教育委員会事務局生涯学習文化課『平泉』2013年。
(19) 千葉富三「トオノピアプラン」都市計画協会『新都市』1978年10月号。地区センターの保健師は、1990年代に成人病対策などに専門化すべく中央の「福祉の里」に集中化された。そのため地区センターは、所長、公民館主事、地域活動専門員（非常勤）に変更された。これにより地域の実情に詳しい保健師がいなくなり、きめ細かい健康相談や栄養指導が行き届かないという問題が危惧される。
(20) 井面仁志「東日本大震災被災地における遠野市の対応」www.kagawa-u.ac.jp/files/9213/6376/6975/inomo.pdf。遠野市『遠野市制20年の歩み』1976年。遠野市『遠野市制30年の歩み』1984年。遠野市のまちづくりについては、千葉富三（元遠野市職員）、菊池新一（遠野山・里・暮らしネットワーク会長）、前川さおり（遠野文化研究センター学芸員）からのヒヤリングを参考にしている。
(21) 『島恭彦著作集6 東洋社会論』有斐閣、1983年、140ページ。
(22) 井野博満「技術とは何か」現代技術史研究会編『徹底検証　21世紀の全技術』藤原書店、2010年、413－416ページ。
(23) E. F. シューマッハー『スモール　イズ　ビューティフル』小島慶三・酒井懋訳、講談社、1986年、204ページ。
(24) 山田原三編著「気仙之木地挽　古里の足跡2」共和印刷企画センター、1999年。
(25) 「木地師と気仙大工(2)」『東海新報』2009年1月24日。
(26) 特定非営利活動法人木の建築フォラム「木の建築の質の向上に関する検討―アンケート及び有識者意見交換会による調査結果のまとめ」2009年6月29日社会資本整備審議会建築分科会第19回基本制度部会発表資料。
(27) 特定非営利活動法人木の建築フォラム「木の建築の質の向上に関する検討―アンケート及び有識者意見交換会による調査結果のまとめ」2009年6月29日社会資本整備審議会建築分科会第19回基本制度部会発表資料。
(28) 住田町のまちづくりは、2011年12月26日に住田町長のヒヤリングと、「住田町林業振興計画書」1978年、「第2次住田町林業振興計画書」1994年、「住田町史　第3巻　産業・経済編」2001年、住田町HP「地域経営に関する研究レポート」2003年、などを参考にした。
(29) 北澤宏一「再稼働される原発のリスクと再生可能エネルギーの世界の情勢」市民社会フォーラム主催、2013年8月30日。

補論

宮沢賢治と金子みすゞ
——文明と文化のはざまで——

第1節　近代化とは何だったのか

　現在、私たちは、人類の存在そのものを脅かす地球温暖化や核戦争・テロの危険性、原発災害、そして貧困・格差などの深刻な問題に直面している。これらの問題は、近代という時代に起源をもっている。いうまでもなく近代は、高度の科学・技術と国民国家システムや資本制市場経済システムをつくり出した。それは、大量の資源とエネルギーの投入による大量生産・流通・消費・廃棄社会にみられるように、便利で「効率的」で「豊かな」社会を現出したが、人間や社会そのものを崩壊させるリスクを高めてきていることも疑い得ない。私たちは、急速な近代化や都市化の行き着いたところの閉塞感のなかにいると言っても過言ではない。

　近代化のもたらす問題の震源は、次の2点に要約されるだろう。第1に、近代科学の問題である。近代哲学の父といわれるデカルトによれば、無限の物質世界を作り、それに運動を与えたのが神であるが、その後は、自然の運動法則によって現在のような世界が形成されたという。このようにデカルトは、自然を物質と運動のみで捉える機械的自然学をうちたてた。それと同時に、「私は考える、それ故に私は在る」という定義をして、私をわたしたらしめているのは身体＝物質ではなく、精神＝意識であるという、物質と精神を分離した二元論を主張した。このようにデカルトは、人間を自然と切り離して、主体としての

人間と客体としての自然を分離し、理性を持った人間は自然を含めた秩序を認識できるとし、近代科学の哲学的基礎をつくったのである[1]。

　第2に、経済を飛躍的に「発展」させた経済的自由主義思想である。この始祖であるアダム・スミスは、人々は利己心にもとづいて自らの利益や効用を最大化するという「合理的」行為を行えば、「見えざる手」によって経済社会はうまく機能する（資源配分は最適になる）と主張した。この利己的行動は、公正な第三者の「共感」を得る範囲内でなければならないこともスミスは承知していた。だが、その後、ハイエクやフリードマンらの経済学者たちは、共感や公正、正義による社会保障制度や税制度そしてルールよりも、「お金さえ儲かれば何をやってもいいんだ」という市場原理を優先させる「新自由主義」思想をうちたてて、現在、それが英米諸国や日本や中国など世界を席巻している。

　だがデカルト的二元論や、自己中心のエゴイズムと「効率性」の追求は、人と自然との相互依存性と、人と人との信頼や絆、連帯を断ち切り、地域共同体を解体させ、孤独と不安、道徳的退廃の傾向を強めた。また自然とのつながりをも絶ち、自然の多様性を無視し、環境を破壊するなど、「現代文明」の閉塞状況をつくりだしていることも否定できない。

　ところで今、宮沢賢治や金子みすゞの詩や童話が静かなブームを呼び起こしているが、そこには、近代の枠組みでは捉えきれない大きくて深い思想、あるいは近代の問題を超克するような思想が内包されているからではなかろうか。同時代を生きた宮沢賢治（1896年－1933年）と金子みすゞ（1903年－1930年）の思想の根底には、人が他の人を理解し、他の生き物にも共感できるのは、他の人にも自分と同じように心があり、また人以外の生き物にも「心」があり、他の人や他の生き物と共に生きているという共生思想があるのではないか。「雨ニモマケズ」や「私と小鳥と鈴と」の詩が、小学校の教科書に掲載されているように、多くの日本人の魂を揺さぶり共感を呼ぶのは、私たちのなかに賢治やみすゞの感性と共鳴するものが秘められているからであろう。ここでは、彼らの作品を紹介する中で、人と人、人と自然との共生を示唆する日本の文化的伝統を検証したい。

第2節　宮沢賢治と金子みすゞ

　現代の科学は、150億年前にビッグバンが起こり宇宙が誕生し、45億年前に地球が誕生し、36億年前に生命が誕生し、現代人の直接の祖先が10万年前にアフリカで誕生したことを明らかにしている。松井孝典によれば、ビッグバン以降の宇宙、地球、生命の歴史における発展とは「分化」の歴史であるという。分化とは、均質だった状態から無数の異質なものが生まれ、それらの様々な階層構造からなる重層構造に変わっていくことである。宇宙も地球も生命も、冷却する過程で分化し、ビッグバンという均質な状態から無数の異質なものが生まれ、現在のような複雑な階層構造の自然に変わっていった。確かに人類の歴史も、近代科学革命が起こる17世紀以前には、世界のさまざまな地域に多様な文明が存在していた。ところが近代科学革命によって、近代文明がヨーロッパで始まると、近代文明が世界を席巻し、現在はアメリカ型のライフスタイルが世界を支配している。これは分化（発展）というよりは単純化・均質化（後退）であろう。

　そこで重要になるのは、新しい世界観をつくり出すことであるという。人類の革命の中には、農業革命（農耕の発見）、都市革命（都市の成立）、科学革命（近代科学の勃興）などがあるが、これらはある意味で科学や技術革新だけによって解決できた。ところが、環境革命というのは科学や技術革新だけでは克服できず、近代以降の精神革命（哲学や普遍宗教の誕生）に代わる、あるいはそれを超克する宗教や心の革命が必要となる。今まで10個食べていたパンを5個に減らしても満足できる精神状態をつくり出さないことには、人間圏はパニックに陥るため、欲望抑制の哲学が必要なのであるという[2]。

　以上のような人類史的課題を、今から百年以上も前に洞察していたのが宮沢賢治であった。賢治は、『農民芸術概論綱要』において新しい人類の理想を掲げ次のように述べている。

「近代科学の実証と求道者たちの実験とわれらの直観の一致において論じたい
　世界全体が幸福にならないうちは個人の幸福はあり得ない

自我の意識は個人から集団社会宇宙へと次第に進化する……
新たな時代は世界が一つの意識になり生物となる方向にある
正しく強く生きるとは銀河系を自らの中に意識してこれに応じて行くことである
（中略）
農民芸術とは宇宙感情の地人個性と通ずる具体的な表現である
（中略）
風とゆききし雲からエネルギーをとれ……」

　賢治の哲学の本質は、科学と宗教の一致であった。これは世界、銀河系の宇宙（星）も人間も一つの意識の現れとみて、それらを一致させること、すなわち個人の自我が、社会、世界、そして宇宙へと昇華することで、宇宙の意識と一体となるところに、人間の生きる目的ないし価値を見出すものである。この思想の根源には、「梵我一如」すなわち個としての自分と永遠不滅の宇宙、世界とは同じで、それを悟る事こそ最高の境地とする考え方がある。金子みすゞも、個の中に神（宇宙原理）がやどるという「梵我一如」の世界を「蜂と神さま」という詩でうたっている。

「蜂はお花のなかに、お花はお庭のなかに、
　お庭は土塀のなかに、土塀は町のなかに、
　町は日本のなかに、日本は世界のなかに、
　世界は神さまのなかに。
　さうして、さうして、神さまは、
　小ちやな蜂のなかに。」

　蜂やお花や町、日本や世界は、相互に依存して存在しているが、その中を貫いているのは、すべてのものの中に、神さま、すなわち世界、宇宙があるという考え方である。このような世界観は、「私と小鳥と鈴と」の詩にも貫かれている。

「私が両手をひろげても、

お空はちつとも飛べないが、
　飛べる小鳥は私のやうに、
　地面を速く走れない。
　私がからだをゆすつても、
　きれいな音は出ないけど、
　あの鳴る鈴は私のやうに
　たくさんな唄は知らないよ。
　鈴と、小鳥と、それから私、
　みんなちがつて、みんないい。」

　この詩は、私（人間）と小鳥（動物）と鈴（モノ）とに、それぞれの持ち味を認め、互いに補いあい、相互の個性を尊重し、それを生かすことに価値をみようとしている。世界にあるすべてのものの違いの中に意味を見出しえたのは、超自然（神）が世界をつくり、すべてのものに神がやどっているからであり、それゆえすべてのものが平等であり価値があるからである。
　ところで、賢治が自分の童話集の序に「これらのわたくしのおはなしは、みんな林や野はらや鉄道線路やらで、虹や月あかりからもらってきたのです」[3]と記しているが、賢治にとって、林や野はら、虹や月あかり、動物たちは、支配し征服する対象ではなく、直接に交わり、話し合い、相互にその価値を認め合い、愛し合う存在であった。それは童話「なめとこ山の熊」にあらわれている。
　熊を撃たずには暮らしていけない猟師の小十郎は、本当は熊のことばだってわかるくらい熊が好きで、熊も小十郎を好きであった。小十郎は、熊から「おまえは何がほしくておれを殺すんだ」と言われると、「もうおれなどは何か栗かしだのみでも食っていてそれで死ぬならおれも死んでもいいような気がする」ほど熊のことを愛し、撃ち取った熊の死体をみては拝まざるをえないのである。熊も「おお小十郎おまえを殺すつもりはなかった」と死んだ小十郎を祈る。
　佐治芳彦によれば、ここには「人間による人間以外の生物の生命を断つ行為（仏教でいう『殺生』）についての心理的なひだ」がにじみ出ているという。この「小十郎の生命のトータルにおけるバランスの回復。この感覚こそ、きっと日本人の宗教的心情のエッセンシャルなものである。おそらく後世、仏教が入った

とき、西欧人には、とうてい理解不能な、菩薩行としての〈捨身飼虎〉の観念を日本人がそのまんまなんらの抵抗感もなく受け入れ、また仏教の精髄を〈山川草木悉皆成仏〉としてとらえたのも、はるか昔の縄文人のこの生命感を受けついでいたからであろう」[4]。

童話「狼森と笊森、盗森」にも、百姓が森を開墾し、木をとり家を建て火をたき畑を耕すときにも、いちいち森に「ここへ畑起こしてもいいか」「すこし木をもらってもいいかあ」など森に話しかけ「いいぞお」との森の了解を得る場面がある。確かに開墾することは森の命を切り刻むことであり、それゆえ森の了解なしにおこなえないことを重要なメッセージとして伝えている[5]。森も、人間と同様に心や人格あるものとして接しているありさまがうかがえる。

以上のような思想は、金子みすゞの「鯨法会」や「大漁」の詩にもあらわれている。

「鯨法会」
鯨法会は春のくれ、海に飛魚採れるころ。
濱のお寺で鳴る鐘が、ゆれて水面をわたるとき、
村の漁夫が羽織着て、濱のお寺へいそぐとき、
沖で鯨の子がひとり、その鳴る鐘をききながら、
死んだ父さま、母さまを、こひし、こひしと泣いてます。
海のおもてを、鐘の音は、海のどこまで、ひびくやら。

「大漁」
朝焼小焼だ　大漁だ
大羽鰮の　大漁だ
濱は祭りの　やうだけど
海のなかでは　何萬の
鰮のとむらひ　するだろう

この2つの詩には、人は他の生き物を殺さずには生きていけないという厳粛な宿命をもっていること、また人間だけでなく鯨や魚にも生命と心があり、人

間が自然と共生していくための大切なメッセージを秘めている。

　みすゞのふるさと長門市通や仙崎は、捕鯨や鰯漁などを生業とした漁師町である。通には、子鯨や胎内にいた赤子鯨の鯨墓、そして鯨の供養碑がある。さらに全国にも例を見ないことであるが、死んだ子鯨に戒名をつけて過去帳に残し、今も毎年法要を営んでいる。仙崎にも「魚霊の碑」などがあり、殺生された魚たちへの供養の心が息づいている。人間と同じように鯨や魚を供養するならわしは、この地に根付いた仏教（浄土宗）を欠いては語れない。この地域は、江戸中期に法岸上人が、幕末まで法洲、法道の三上人が、長門市青海島において、輩出し、法然上人の精神を継承し、綱ひきの念仏、子守念仏、妊婦が胎児のために称える念仏など、念仏が平生の生活に生かされ、心の支えと命の根源となっている。地域の人々の生活に根ざした法岸上人の念仏は、生涯教育としてのものであって、幼児教育に意をそそぎ、子ども念仏をはじめ、世界最初の日曜学校の基盤もつくったほど、宗教心の篤いところなのである[6]。つまりみすゞの詩は、ふるさと仙崎の捕鯨や漁業、そして浄土宗を背景にして生れた宗教的な精神風土を無視しては理解できないのである。たしかに宮沢賢治や金子みすゞの「世界」には、動植物や風や光と対話し交歓し、あるいは同化すること、そこに自我や人間の「救済」の道があり、人間を自然から切り離し、人間以外のものを支配していくことを進歩と考えた近代文明の価値観を相対化する視点があるように思える。

第3節　文明と文化のはざまで

　現在、戦争やテロをなくす「平和革命」、地球温暖化を防止する「環境革命」、そして貧困や飢餓をなくす「経済革命」が求められている。そのためには、人が人や自然を支配し、征服し差別する欲求、マネーを追い求める飽くなき貨幣欲求などの欲望を抑制し、人と人とが信頼し助け合い、自然と共存することに価値を見出す「宗教」や精神が求められている。その意味で日本人の価値観を支える宗教観と宗教意識が再評価されてもいいのではないか。なぜなら日本人の宗教観の根底に、「山川草木悉皆成仏」と言われるように、山や川、草や木、風や光など、一切の存在に生命や霊魂を認めるアニミズムがあるからである。

このようなアニミズムと土着の神道とが混合したのが、「神仏習合」といわれる日本独自の仏教であった。宮沢賢治と金子みすゞは、このような仏教の影響を受けつつ、日本の「辺境」である東北の寒村の花巻や、長門仙崎において、地域の風土や文化に根ざし、宇宙意識につらなる精神的文化、すなわち人間が自然の多様性を活かしながら自然と共生していく文化を独自に創造していったといえるであろう。だが彼らが生きたのは、弱肉強食の日本資本主義の勃興期、国家主義のさなかにあって、近代科学・技術や「廃仏毀釈」による現人神の天皇を絶対とする文明の時代であった。それゆえと言おうか、生前において彼らの思想や作品は、多くの人々に理解されず、孤独で薄幸な人生を送らざるを得なかった。その意味で宮沢賢治や金子みすゞは、文明と文化のはざまで苦悩した詩人ではなかったか。だとすれば、「近代文明」の行き詰まりにある現在、私たちは宮沢賢治や金子みすゞから学ぶべきものがあるのではないだろうか[7]。

注
(1) 村上陽一郎『近代科学を超えて』講談社、1986年。
(2) 松井孝典・安田喜憲『地球文明の寿命』PHP研究所、2001年、173-191ページ。
(3) 『注文の多い料理店』ポプラ社、序、1978年。
(4) 佐治芳彦『縄文の神とユダヤの神』徳間書店、1989年。綱澤満昭『宮沢賢治　縄文の記憶』風媒社、1990年、134ページ。
(5) 宮沢賢治「狼森と笊森、盗森」『注文の多い料理店』ポプラ社、1978年、28-30ページ。
(6) 『浄土宗新聞』1981年7月1日。
(7) この補論は、梅垣邦胤『経済システムと人間自然・土地自然』勁草書房、2008年の第4章「文芸作品における人間自然・土地自然」から示唆されている。

おわりに

　私のささやかな研究は、民間企業でのサラリーマン生活、地方自治体の公務員として現場で働いた経験、看護師の妻との共働き、子育てなど、労働と生活の体験が色濃く反映している。妻が夜勤のときは、食事の支度、入浴、絵本の読み聞かせ、そして日曜日などは六甲山ハイキングやスキーなど、子どもとのコミュニケーションは、今となってはかけがえのない貴重な宝物となった。また手作りの共同の保育所や学童保育所づくりの体験は、子どもたちの成長にとって異年齢の集団と専門的保育士が必要であること、と同時に親も成長する親集団が必要であることを学んだ。これらの体験は、私の研究の基本に生活者の視点を置くことにつながっていった。

　子育てが一段落した後、重森暁先生（前大阪経済大学学長）のイタリア・ボローニャ市の調査に同行させていただいた。現代という時代は、画一的な大量生産・消費の経済システムや巨大開発が、伝統や文化、特に手仕事、職人性、そして家族やコミュニティ、人々のモラルまでも崩壊させている。ボローニャ調査は、これらの問題を克服すべく、「創造都市」として注目されているボローニャの職人業と生活文化のまちづくりを検証することであった。ここで学んだことは、地域や都市の産業の背後に、歴史や市民的文化的伝統などが息づいていることだった。

　当時、私の住み働く神戸市は、「山を削り海を埋め立てる」一石二鳥の開発方式による、人工島とニュータウンの建設、それらの造成地の土地売却による収益確保で都市経営を「成功」させていた。そして「住み・働き・学び・憩う」人工島のポートアイランド島造成と、それを祝うポートピア博覧会、ユニバーシアード、フェスピックなどのイベントを成功させた神戸市都市経営は、全国の地方自治体が見習うべきモデルでもあった。だが私は、この都市経営が、人口増とインフレ・地価上昇を前提とした高度成長型の都市運営であるためいづれ破綻するに違いないと思っていた。

　当時、神戸市都市経営に対する研究者や専門家、メディアなどの評価は、どちらかといえば、自治体の採算性や収益を重視した経営的視点からのものであ

り、そのシステムを歴史的構造的視点から検証したものは皆無であった。拙著『神戸都市財政の研究』(1997年) では、第1に、神戸市の都市経営の源流は、戦前の満州の都市計画や朝鮮釜山港の港湾開発の方式にあること、第2に、それらを戦後の神戸市の都市づくりに生かした植民地型都市計画であったこと、第3に、神戸市の都市経営は、「最小の経費で最大の市民福祉」「やさしさとぬくもりの市政」との理念を掲げたが、その実際は成長優先の開発行政であったこと、第4に、そのため大阪湾の埋め立てによる水質汚濁や山林破壊などの環境破壊、高齢者や子ども、働く女性の多くを占める社会的弱者に対する施策が遅れがちであったことを検証した。以上のように私の神戸研究は、共働き・子育ての体験から得た生活者の視点と、ボローニャ調査から学んだ、都市や地域研究における歴史的文化的視点から検証したものであった。

また阪神・淡路大震災は、被害の階層性、すなわち日常の貧富の格差が被害の格差につながる問題を提起した。復興過程においても、復興における政治・行政の人為的原因による「復興災害」が起きた。これらは、神戸市都市経営だけでなく、日本の大都市に共通してみられる都市政策の問題であろう。

さらに、上記のように私が発掘した植民地型の開発と成長方式が、環境問題の原点とされる水俣病事件に相通じる問題をはらんでいることを、拙著『創造的地方自治と地域再生』(2006年) で検証した。水俣病事件の調査 (1998年) では、水俣病の被害者が、天草から移り住んだ貧しい漁師の家族に集中していた。そして自分で漁した魚しか食することができない貧困な人々に、被害が集中するという環境問題の格差構造が見出された。原田正純は、水俣病問題の本質が、「有機水銀は小なる原因であり、チッソが流したということは中なる原因であり、大なる原因は『人を人と思わない状況』、人間疎外、人権無視、差別の存在にある」と述べている。水俣病事件の主要な原因が、有機水銀をタレ流した新日本窒素肥料株式会社が、第二次世界大戦時の植民地朝鮮で工場経営を営み、そこでの差別的な労務と住民管理を、戦後の水俣に持ち込んだことにあったと指摘している (原田正純『水俣が映す世界』日本評論社、1989年)。国 (当時の厚生省) も、徹底した原因を追及して発生を阻止する責任を果たさず、被害を拡大させてしまった。つまり国や企業の差別的体質の、戦前と戦後の連続性の中で水俣病事件が引き起こされ、多くの患者が棄民されたのであった。

以上のように戦後は、ある意味で、戦前の過ちを繰り返してきた時代であったといえるかもしれない。この過ちを繰り返す体質は、今回の東日本大震災の復興においても現われている。阪神・淡路大震災の復興において、道路（高速道路）や高規格港湾、大規模な土地区画整理、再開発による復興が「成功」だったとして、その手法が東日本大震災の復興においても踏襲され、津波区域の建築制限と土地区画整理事業、高規格の防潮堤や高台移転のニュータウン建設などが推進されている。さらにこのような事業をすすめるために、神戸市発の「住民参加のまちづくり協議会方式」も導入されている。しかしこの方式は、行政の決めた都市計画の枠組みの中で、住民の意思やニーズと若干の微調整をおこなうものであるが、基本的には都市計画を円滑にすすめるための行政の下請け機関としての性格をぬぐいさることはできない。

　さらに問題は、東日本大震災を契機に、一部のグローバル企業とゼネコンなどの大企業の利益のため、さらなる開発・成長を志向し、言論・表現・報道の自由などを否定する特定秘密保護法にみられる「知らしむべからず　依らしむべし」の「独裁政治体制」と戦争国家への画策が繰り広げられていることである。これらの問題を如何にして克服していくのか。さまざまな政策と実践が必要であるが、本書は、憲法を暮らしと地域再生に生かす法・制度と日本の文化的伝統を活かす生活の知恵が求められていることを検証した。

　私の好きな宮沢賢治の「注文の多い料理店」序文につぎのような文章がある。「これらのわたくしのおはなしは、みんな林や野はらや鉄道線路やらで、虹や月あかりからもらってきたのです。ほんとうに、かしわばやしの青い夕方を、ひとりで通りかかったり、十一月の山の風のなかに、ふるえながら立ったりしますと、もうどうしてもこんな気がしてしかたないのです。ほんとうにもう、どうしてもこんなことがあるようでしかたないということを、わたくしはそのとおり書いたまでです」。

　賢治にとって、林や野はら、虹や月あかり、動物たちは、支配し征服する対象ではなく、直接に交わり、話し合い、相互にその価値を認め合い、愛し合う存在であった。宮沢賢治は、貧しい農民を救うために献身したが、私は、俗人で小心者というべきか、残念ながら、宮沢賢治のような深くて豊かな人間的な感性を持ち合わせていない。宮沢賢治と比較することは心が引けるが、宮沢賢

治の作品が「林や野はらや鉄道線路やらで、虹や月あかりからもらってきた」のに対し、私のささやかな研究は、少しばかりの文献研究と各地のフィールドワークでお話を伺った人々や、その地域の景観と香りから感じ学んだことによっている。

特に、京都大学大学院でご指導いただいた池上惇先生、植田和弘先生、岡田知弘先生、共同研究させていただいた広原盛明先生（元京都府立大学学長）、基礎経済科学研究所でご指導いただいた重森暁先生（前大阪経済大学学長）、森岡孝二先生（関西大学教授）、藤岡惇先生（立命館大学教授）、中谷武雄先生（基礎経済科学研究所理事長）など多くの先生から学び「もらってきた」ものである。また阪神・淡路大震災で倒壊した真っ暗な街をさまよい歩いたこと、東日本大震災の原発被災地で人々がいなくなった街、津波で何もかもが消し去られた荒廃地は、脳裏に深く刻み込まれている。

私の研究は、兵庫県震災復興研究センター（塩崎賢明、西川栄一、出口俊一）、被災地ＮＧＯ協働センター（村井雅清、細川裕子、増島智子、吉椿雅道）、まち・コミュニケーション（田中保三、宮定章）、神戸ＹＷＣＡ（平和活動部）、夢野北学童保育所など、神戸のＮＰＯやＮＧＯで活躍されている先生や市民の皆さん、そして各地で生活に根ざした活動をされている人たちから学んでいる。またこのたびの出版に際し水曜社の仙道弘生社長に大変お世話になりました。お礼申し上げます。言うまでもないことですが、私の妻・幸恵のサポートがなければ研究生活を続けることはできませんでした。感謝。

索引

安斎育郎 …………………………………… 194
池上惇 ………………… 14, 179, 184, 201, 209, 241
伊藤恵子 …………………………… 202, 209, 228
井野博満 ……………………………………… 221, 229
インナーシティ問題 ……… 100, 101, 116, 119, 123, 137, 181
ヴァイツゼッカー …………………………… 55, 61
宇井純 …………………………… 194, 195, 201, 210
植田和弘 …………………………… 25, 66, 68, 241
ヴェブレン ……………………… 21, 22, 25, 212, 228
梅原猛 …………………………… 14, 209, 218, 228, 229
大内秀明 ……………………………………… 75, 78
岡田知弘 …………………………… 78, 90, 98, 241
小貫雅男 ……………………………… 202, 209, 228
賀川豊彦 ……………………………… 172, 177, 215, 228
金子みすゞ ……… 230, 231, 232, 233, 235, 236, 237
蒲生氏郷 ……………………………………… 225
ガルブレイス …………………………………… 43, 53
河上肇 ………………………………………… 47, 49
ガンジー ……………………………………… 222
関東大震災 ……… 5, 7, 17, 21, 24, 31, 32, 81, 82, 83, 86, 88, 94, 115, 164, 185, 224
木村春彦 ……………………………… 33, 34, 35, 39
行基 ……… 10, 13, 198, 209, 212, 213, 214, 215, 218, 219, 221, 228
クライン ………………… 15, 16, 25, 40, 41, 50, 53
クラウゼヴィッツ ……………………………… 58, 61
クルーグマン …………………………… 46, 47, 53
ケインズ ………………………… 50, 175, 176, 177
原子力基本法 ………………………… 7, 73, 161, 162
憲法復興学 …… 7, 8, 9, 24, 169, 178, 179, 185, 193, 198, 202, 204
国土強靱化基本法 …………………… 7, 162, 163, 165
後藤新平 ……………………… 81, 83, 84, 85, 88, 185
孤独死 ……… 20, 45, 46, 49, 53, 105, 107, 108, 118, 143, 145, 164
災害資本主義 ……………… 15, 24, 38, 40, 50, 55, 211
佐藤武夫 ……………………………………… 33, 34, 39
椎名麻紗枝 …………………………………… 94, 97, 99
島恭彦 ………………………… 36, 37, 39, 88, 229
シューマッハー ……………………… 197, 198, 201, 229
進藤榮一 ……………………………………… 92, 98
スティグリッツ ……………… 52, 54, 61, 62, 201
ソディ ……………………………… 63, 64, 65, 67, 68
高木仁三郎 …………………… 63, 69, 78, 197, 201
高橋哲哉 ……………………………………… 89, 98
田中正造 ……… 9, 10, 13, 14, 206, 207, 208, 209, 210, 213
田中利幸 ……………………………………… 71, 78
知識結 …… 10, 13, 14, 23, 24, 198, 209, 211, 212, 213, 214, 215, 219, 221, 228
デイリー ………………………… 63, 66, 67, 68
寺田寅彦 ……………………………… 4, 32, 38, 39
トッド ………………………………………… 175, 177
豊下楢彦 ………………………………………… 78, 91, 98
二宮厚美 ……………………………………… 171, 177
二宮尊徳 ……………………………………… 215
ハーヴェイ ……………………… 51, 52, 53, 54, 228
阪神・淡路大震災 ……… 4, 5, 7, 10, 15, 17, 20, 21, 36, 44, 47, 57, 100, 101, 111, 113, 115, 117, 119, 125, 126, 128, 142, 143, 145, 147, 153, 154, 164, 179, 180, 181, 216, 227, 239, 240, 241
東日本大震災 ……… 4, 5, 6, 7, 8, 11, 15, 17, 21, 24, 36, 57, 63, 75, 78, 81, 122, 141, 143, 144, 145, 146, 147, 148, 149, 151, 153, 154, 161, 162, 164, 165, 179, 181, 182, 183, 205, 210, 216, 217, 221, 227, 228, 229, 240, 241
福田徳三 ……………………… 185, 186, 187, 189
ポランニー ……………………… 60, 62, 198, 199, 201
孫崎享 ……………………………… 74, 78, 91, 98
マルクス ……………………… 51, 53, 200, 203, 211, 228
宮沢賢治 …………………… 230, 231, 232, 236, 237, 240
宮本憲一 ……………………………… 36, 37, 39, 184
柳田國男 …………………………… 160, 165, 217, 229
米沢富美子 …………………………………… 23, 25
ラスキン ……………………………………… 67, 187
ルクセンブルク ……………………………… 51, 54
渡辺洋三 ……………………………………… 111, 139

池田　清（いけだ　きよし）

大阪市生まれ。関西学院大学経済学部卒、経済学博士（京都大学）。北九州市立大学法学部、下関市立大学経済学部の教授を経て、神戸松蔭女子学院大学人間科学部教授。専門は都市政策。著書に『神戸都市財政の研究』学文社、『創造的地方自治と地域再生』日本経済評論社。論文に「阪神・淡路大震災15年―創造的復興から人間復興へ―」岩波書店『世界』2010年2月号、「宮崎県綾町のまちづくりと地域再生の実験」東京市政調査会『都市問題』第94巻第8号2003年8月号など多数。

災害資本主義と「復興災害」
―人間復興と地域生活再生のために―

発行日　2014年10月8日　初版第一刷発行

著　者　池田 清
発行人　仙道 弘生
発行所　株式会社 水曜社
　　　　〒160-0022 東京都新宿区新宿1-14-12
　　　　TEL03-3351-8768　FAX03-5362-7279
　　　　URL www.bookdom.net/suiyosha/
印　刷　日本ハイコム 株式会社

©IKEDA Kiyoshi, 2014, Printed in Japan　ISBN978-4-88065-345-7 C0036

本書の無断複製（コピー）は、著作権法上の例外を除き、著作権侵害となります。
定価はカバーに表示してあります。乱丁・落丁本はお取り替えいたします。

文化とまちづくり叢書 地域社会の明日を描く――。

創造の場から創造のまちへ
クリエイティブシティのクオリア
萩原雅也 著
2,700 円

医学を基礎とするまちづくり
Medicine-Based Town
細井裕司・後藤春彦 編著
2,700 円

文化資本としてのデザイン活動
ラテンアメリカ諸国の新潮流
鈴木美和子 著
2,500 円

障害者の芸術表現
共生的なまちづくりにむけて
川井田祥子 著
2,500 円

文化と固有価値のまちづくり
人間復興と地域再生のために
池上惇 著
2,800 円

愛される音楽ホールのつくりかた
沖縄シュガーホールとコミュニティ
中村透 著
2,700 円

文化からの復興
市民と震災といわきアリオスと
ニッセイ基礎研究所
いわき芸術文化交流館アリオス 編著
1,800 円

チケットを売り切る劇場
兵庫県立芸術文化センターの軌跡
垣内恵美子・林伸光 編著
佐渡裕 特別対談
2,500 円

文化財の価値を評価する
景観・観光・まちづくり
垣内恵美子 編著
岩本博幸・氏家清和・奥山忠裕・児玉剛史 著
2,800 円

官民協働の文化政策
人材・資金・場
松本茂章 著
2,800 円

公共文化施設の公共性
運営・連携・哲学
藤野一夫 編
3,200 円

企業メセナの理論と実践
なぜ企業はアートを支援するのか
菅家正瑞 監修編・佐藤正治 編
2,700 円

創造都市と社会包摂
文化多様性・市民知・まちづくり
佐々木雅幸・水内俊雄 編著
3,200 円

全国の書店でお買い求めください。価格はすべて税別です。